秦鞍马骑兵俑（秦始皇帝陵博物院藏）

马踏匈奴（陕西省兴平市霍去病墓前）

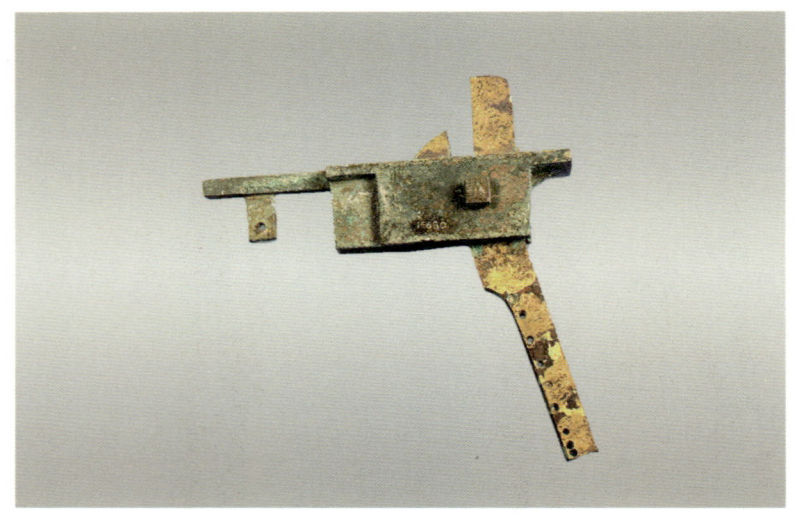

西汉铜弩机（中国人民革命军事博物馆藏）

铜鎏金木芯马镫（出土于北燕宰相冯素弗之墓，辽宁省博物馆藏）

《五百强盗成佛图》(莫高窟二八五窟)
图中骑兵装备即南北朝的甲骑具装

《中兴瑞应图》(局部) [宋] 佚名 (旧传萧照) 绘
图中可见金军骑兵人马皆披重甲

《元世祖出猎图》［元］刘贯道 绘
图中可见蒙古骑兵形貌

元代火铳(中国人民革命军事博物馆藏)

红夷大炮(中国人民革命军事博物馆藏)

定辽大将军铜炮(辽宁省博物馆藏)
明崇祯十五年(1642),吴三桂加授提督,镇守山海关时所铸

努尔哈赤盔甲(故宫博物院藏)

明朝末期,明军装备多为布面铁甲,甲片藏于布面之下。努尔哈赤这套盔甲形制与明军布面铁甲较为近似

《董卫国纪功图》（局部）［清］黄璧 绘
图中可见三藩之乱时清军装备的鸟枪、红衣大炮和楯车

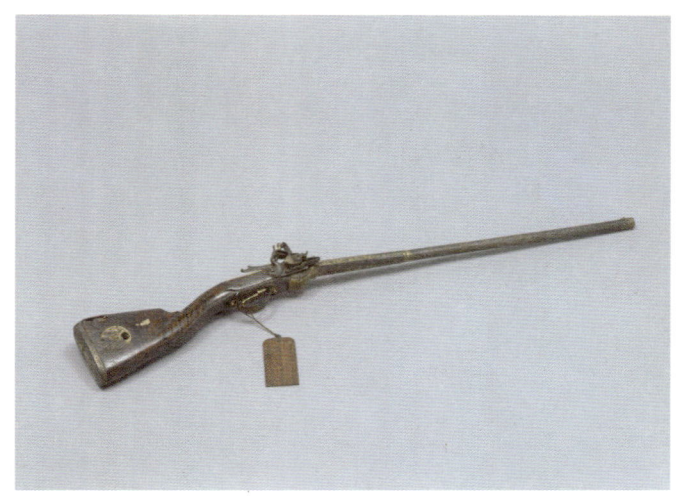

康熙御制火枪（故宫博物院藏）

《阿玉锡持矛荡寇图》［意］郎世宁 绘
图中可见阿玉锡背挂火枪，腰系箭囊，右手持长矛，同时装备冷、热兵器

慌牌以嚇馬歲刃以擊人牌通身轉手眼相通用以衛身用以制敵習練純熟為攻馬陣之勁卒藤牌練法當如此

藤牌練法（出自《兵技指掌圖說》）

16—17世紀的俄軍步兵主力射擊軍

神威无敌大将军炮（中国人民革命军事博物馆藏）

威远将军炮（中国人民革命军事博物馆藏）
铸造于乌兰布通之战同年

《平定准部回部得胜图》之《和落霍澌之捷》〔意〕郎世宁等 绘
图中可见准噶尔部持火枪的骑兵

和落霍澌之捷
今春我師勦逐衷
首我寶和落霍澌
斬將搴旗早枳捷
酬芳領賚已有差
卹今生解保因奇
回源赴狄軍桑伊
散秩大臣首授職
乃散偶亂如駱鷗
西詢波而殺敢歘
炸㫺催欲天尊其
波衆擕有子好騎
覩知我寡設計奇
輻重遠行誘我逐
屍伏賊撐陰賊官
軍四百路馳玉少
騎示弱山之陷我
進波乃衆涌集銳
破如兩縮環施我
鋒突入天齊發賊
乃衰慣俗解陵廣
摇悅徑彳逐命大
𣲖大膊張軍威藏
波廣俚近四百負
傷通者數冬譽
天助嶺乎慶書勇
是誠

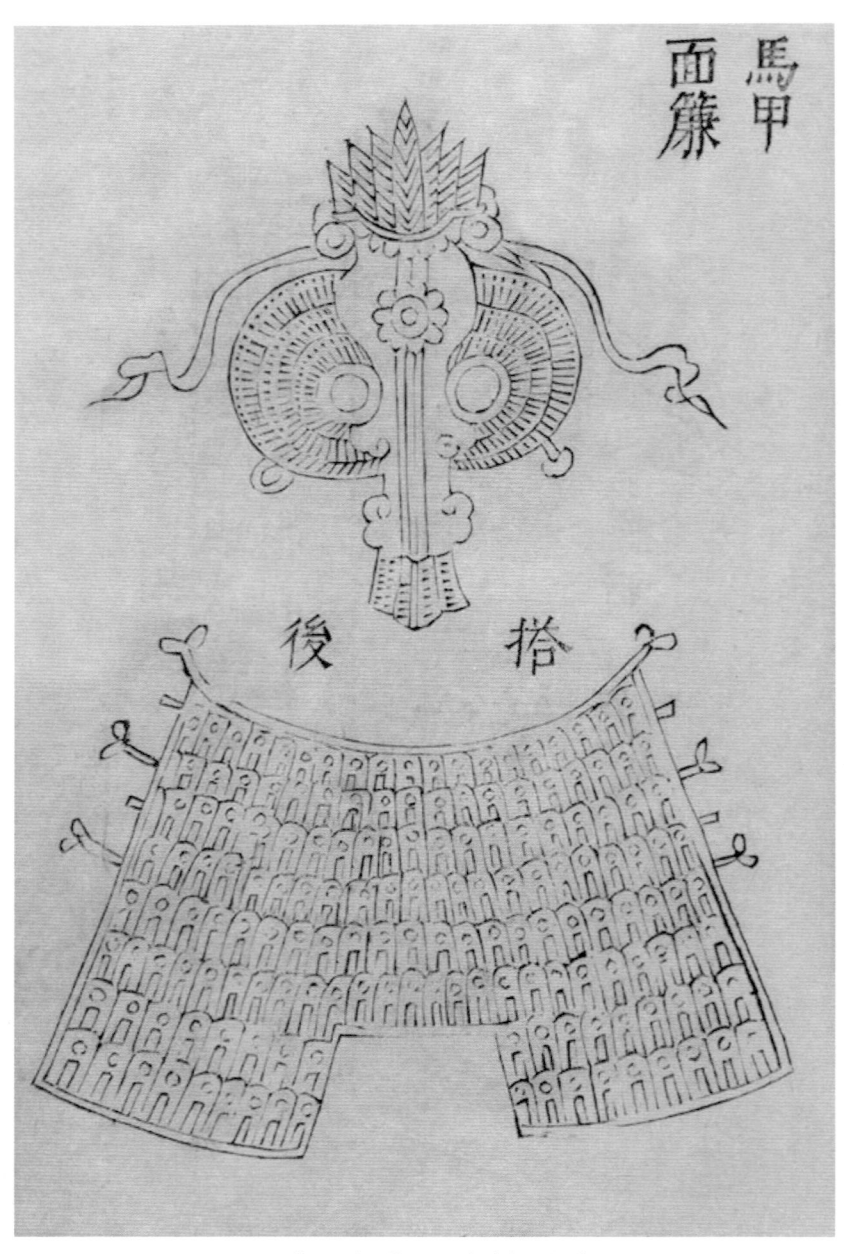

马具装：面帘、搭后（出自《武经总要》）

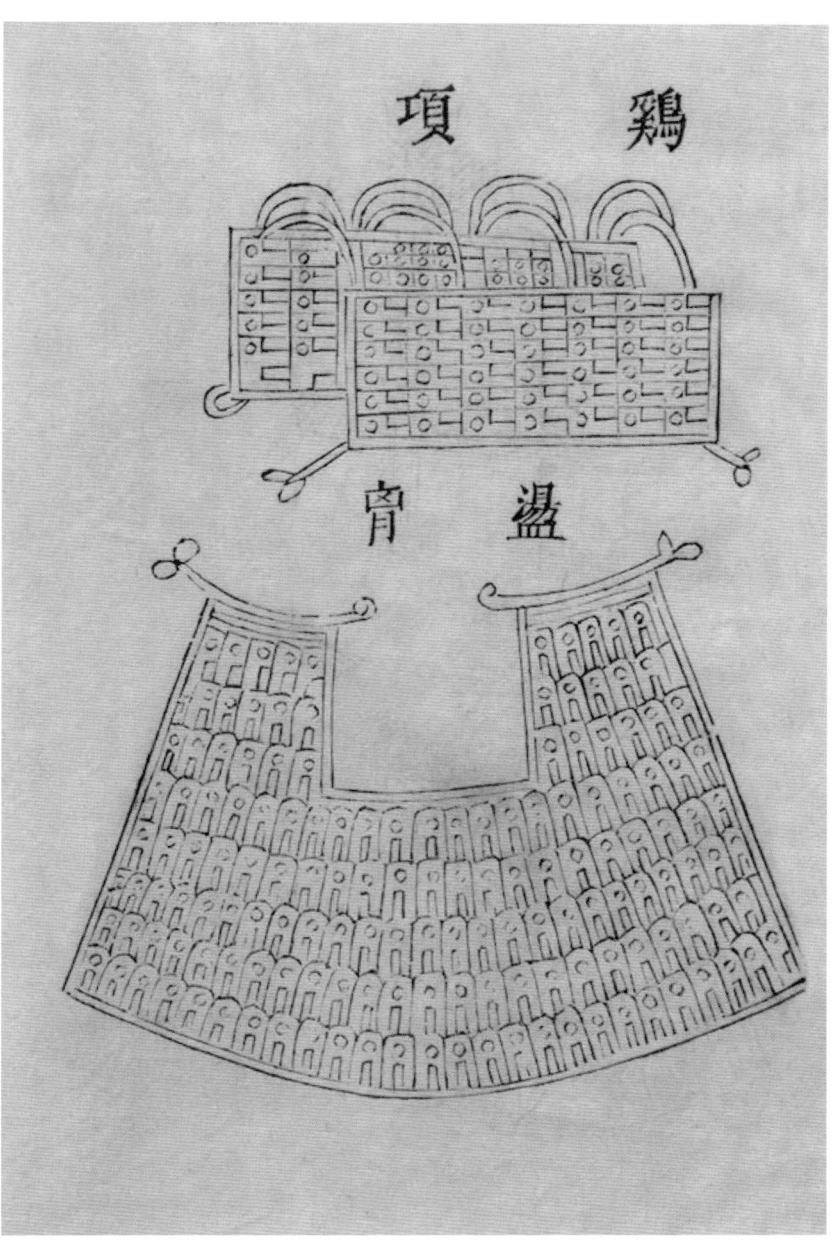

马具装：鸡项、当（荡）胸（出自《武经总要》）

马具装：半面帘、身甲（出自《武经总要》）

最具有教训意义的事情莫过于回忆他人的灾难,
要学会如何庄严地忍受命运的变化,
这是唯一的方法。

——［古希腊］波里比阿

大争之世

改变古代中国的十五次战争

张明扬 著

天地出版社 TIANDI PRESS

目　录

导言：古代的军事竞争与武器、战术革新..................001

第一章　长平之战：胡服骑射的幻影..................015
　　秦赵必有一战 //017
　　秦赵国力对比 //022
　　赵军骑兵隐身之谜 //025
　　复盘赵国之失 //031

第二章　楚汉战争：第二次"秦灭六国"..................039
　　"新秦国"的崛起 //041
　　四面楚歌 //044
　　骑兵的彭城奇迹 //047
　　通往垓下之路 //054

第三章　战匈奴：武帝的骑兵革命..................061
　　四大战役 //063
　　骑兵革命 //067
　　后卫霍时代 //071
　　李陵战败与步骑之争 //075

第四章　诸葛亮北伐：小国的北方强邻 ················· 083
　　"不伐贼，王业亦亡" //085
　　被迫修改的《隆中对》//089
　　为什么是陇西？//095
　　日落五丈原 //100
　　诸葛亮与司马懿 //106

第五章　淝水之战：百万大军的诅咒 ················· 111
　　淝水之战前史 //114
　　百万大军罗生门 //117
　　马镫时代的淝水之战 //126

第六章　唐灭东突厥汗国：师夷骑兵以制夷 ··············· 137
　　重骑兵的衰落 //139
　　以突厥为师 //142
　　先师夷，再制夷 //149
　　闪电战之王李靖 //154

第七章　唐灭高句丽：七十年的持久战 ················ 161
　　隋炀帝的东北亚体系 //163
　　唐太宗的战略转变 //173
　　唐高宗的东北亚大战 //180

第八章　岳飞战兀术：铁浮屠之踵 ··················· 187
　　甲骑具装的复兴 //189
　　宋、金军力消长 //194
　　砍马腿战术 //203
　　直捣黄龙再评估 //212

第九章　蒙古灭金：骑兵的终极版本 219

野狐岭：一战定兴亡 //221

速决战打成了持久战 //226

失踪的女真铁骑 //229

轻重骑兵之争 //235

从三峰山到蔡州 //242

第十章　朱棣北伐：神机营开火 249

朱元璋北伐 //251

明蒙骑兵对决 //254

神机营来了 //259

神机营末路 //268

第十一章　万历朝鲜战争：东亚火器争霸赛 273

铁炮 vs 佛郎机 //276

李如松功败垂成 //279

再战 //284

第十二章　宁远之战：红夷大炮进化论 289

从萨尔浒到宁远 //292

凭坚城以用大炮 //297

从佛郎机到红夷大炮 //305

红夷大炮后传 //310

第十三章　三藩之乱：吴三桂的散装联盟 319

西南鼙鼓动地来 //321

康熙帝的至暗时刻 //325

"多国部队"的命门 //330

多元大帝国的底蕴 //335

第十四章　雅克萨之战：棱堡的秘密 ……………………………341

俄式堡垒战术 //343

火绳枪 vs 藤牌军 //350

雅克萨与棱堡 //354

第十五章　康熙帝亲征：火器时代的骑兵对决 ……………361

噶尔丹的骆驼炮 //363

谁赢了乌兰布通之战？ //367

昭莫多没有奇迹 //374

主要参考书目 …………………………………………………379
后　　记 …………………………………………………………387

导言：古代的军事竞争与武器、战术革新

威廉·麦克尼尔在其名著《竞逐富强：公元1000年以来的技术、军事与社会》中认为，欧洲长期的列国分立带来激烈的军事和政治竞争，由此产生的生存压力迫使各国必须不断进行军事技术和军事体制变革，从而造就了欧洲近代的军事神话。

这一规律自然是"欧洲式"的，毕竟也只有欧洲在近代借此机会脱颖而出。但从中国古代战争史来看，这一规律也有其世界性的一面。在古代中国，来自周边的军事竞争压力往往也会在中原政权催生主动或被动的军事革新。比如明清鼎革前二十余年的大规模军事对抗，为两大帝国创造出一个研发、装备和应用新型火器的"绝佳"竞争环境。

军事革新可能是物质性的，即新武器、新装备的诞生，如大黄弩、诸葛连弩、甲骑具装、马镫、陌刀、神臂弓、火铳……

军事革新也有可能是知识性的，即战术的革新，如赵武灵王的胡服骑射、项羽的骑兵长途奔袭、卫青和霍去病的骑兵冲击战术、刘裕的却月阵、李靖的"不停顿连续作战"、刘锜和岳飞的砍马腿战法、朱棣的火器轮射战术、戚继光的车营战术、袁崇焕的"凭坚城以用大炮"……

在大多数时候，武器技术革新和战术革新并不是割裂的，而是互相激荡、启发的。技术革新促进战术革新，新式装备需要新战术、新战法使其战力最大化，如佛郎机在明军中大量装备后，戚继光为其量身定制了车营战术，还编练了中国骑兵史上最早的

"骑炮兵";战术革新又对武器的进一步革新提出新的要求,比如骑兵正面冲击战术发明后,急需一种让骑兵在冲击时不易从马背上跌落的"新马具",马镫就这么问世了。

在中国古代战争的语境中,军事竞争促进武器和战术革新方面有两点特别值得关注。

第一,草原游牧骑兵对中原政权千年如一日的军事压力。古代中原政权的军事革新动力和压力大都来自北方骑兵。如果细分的话,这种应对草原骑兵的军事革新可以分三类:第一类是"以骑制骑",比如赵武灵王的胡服骑射、汉武帝的骑兵革命、西晋后中原王朝成熟的马镫、唐高祖组建的突厥化的轻骑兵军团都属于此类;第二类是"以步制骑",比如汉武帝时代的弓弩革新,李陵的大车配弓弩战术,刘裕的却月阵,由李靖发明、李嗣业发扬光大的陌刀战法,北宋中前期的"弹性防御"战术,宋神宗时代的神臂弓和斩马刀,刘锜、岳飞的砍马腿战法;第三类是"以火制骑",即以火器对抗骑兵,如元代始见的铜制火铳、朱棣亲自创建的神机营、嘉靖时代复制的葡萄牙新式火器佛郎机、明末的红夷大炮和袁崇焕的"炮骑协同"战术。

第二,军事革新的中西共振。从本质上,武器是一种商品,战术是一种知识,二者都可以经由欧亚大陆或海洋贸易网络传播。马镫有可能就是中国率先发明,然后传播至中亚和西方的;在蒙古西征中,蒙古人将从金和南宋获得的火器及其战术带往阿拉伯地区,再经由阿拉伯人传播至欧洲;明代中晚期,在火器制造技术上已青出于蓝的欧洲开始"反哺"中国,经由两次大航海时代"西炮东传",佛郎机和红夷大炮技术先后传至中国,与明军共同面对满蒙骑兵的军事压力。

从赵武灵王时代到康熙时代,在不断出现的军事压力下,中国的军事科技革新与战术革新事实上从未真正停止过。

为了对抗机动灵活的北方骑兵,赵武灵王抛弃了统治中原地区战争上千年的笨重战车,进行了胡服骑射改革,建立了中国历史上第一支独立作战的骑兵军团,这也让赵武灵王成为中国骑兵之父。

但在长平之战中,赵国骑兵暴露了前马镫时代骑兵的最大弱点,即只适合侦察、骚扰、追击败退敌军和破袭粮道这些非核心任务,无法在大规模战争中正面对峙步兵军阵,从而"隐身"于长平之战。赵国无法让作为最大军事强点的骑兵有效地发挥作用,反而与秦国最能彰显秦军纪律性和兵力优势的步兵军团战斗,赵国在长平之战中的失败也就不言而喻了。

在战车漫长的半衰期中,除了"胡服骑射"这一方向的军事变革,还有"毁车为行",也就是变车兵为步兵军阵的变革方向。在长平之战时,赵国代表了变车兵为骑兵的变革,而秦军的步兵军阵则代表了车兵到步兵的变革。

仅就军事上而言,"毁车为行"是比"胡服骑射"更接近当时战争本质的深刻变革。

长平之战正处于钢铁兵器与青铜兵器的激荡更迭时代,相对而言,赵军的铁制兵器普及度高于秦军,但发展尚不成熟的钢铁兵器在战场上对阵发展完备的青铜兵器,不能取得压倒性优势,因此也不足以成为改写长平之战的变量。

楚汉相争时期,刘邦迅速占领关中后,很快就拥有了媲美战国强秦的国力体量，与项羽的几次大战几乎都处于以众击寡的有利态势。在彭城之战中，为了对抗刘邦近六十万大军，项羽亲率三万骑兵突袭彭城，以快制多，最大限度地发挥了骑兵的长途奔袭能力与机动性优势，创造了骑兵第一次大规模歼灭步兵集团的中国战史纪录，成为继"胡服骑射"之后中国骑兵史的第二个里程碑。

为了消解楚军的骑兵优势，刘邦战后痛定思痛，以原秦军骑兵为班底组建汉军骑兵，以骑制骑。在垓下之战中穷追不舍，逼得项羽自刎于乌江的就是这支汉军骑兵。

在汉武帝时代，为了对抗匈奴的骑兵优势，刘彻也采取了"以骑制骑"的大战略。在"文景之治"积累的雄厚国力支撑下，武帝倾全力发展马政，很快具备了一次性派遣数万甚至十万骑兵出塞的能力。即使有了马和骑兵，汉军仍然面临骑射能力逊于匈奴骑兵的压力。

为了对抗骑兵的骑射优势，卫青和霍去病率先在汉军中发起了骑兵战术革新：不与匈奴人较量他们擅长的远距离骑射，而是将中原步兵擅长的正面冲击战术移植到骑兵身上。[①]

尽管依靠骑兵战术革新，汉军骑兵一路追亡逐北，将匈奴骑兵从漠南赶到漠北，但战争中巨大的战马损失很快又让汉帝国陷入了缺马的窘境。到了汉武帝后期，缺马的冷酷现实成了李陵五千步兵出塞的时代背景，李陵虽兵败被俘，但这支精英步兵在

---

① 李硕《南北战争三百年：中国4—6世纪的军事与政权》，上海人民出版社，2018年1月版，43页。

绝对兵力劣势下的顽强表现，却显示了汉军"以步制骑"能力的飙升。

在匈奴骑兵的压力下，制弩技术在汉武帝时代产生了一次技术革新。与秦弩相比，汉弩无论是在射程、强度还是在射击精度上都突飞猛进，这也可以视作西汉军工业对匈奴骑射优势的一种极有针对性的回应。在李陵军最后的时光里，弩成为他们最后的倔强：五十万支箭射尽之后，李陵军方才溃败。

在三国时，曹军拥有强大的骑兵优势，特别是曹军的精锐骑兵部队虎豹骑，战力强劲。据说诸葛亮为了在北伐时对抗强大的曹军骑兵，发明了"诸葛连弩"，"矢长八寸，一弩十矢俱发"。在追击蜀汉军队时被射杀的大将张郃，就有可能死于此弩。诸葛亮还编练了一套称为"八阵图"的阵法，自称"八阵既成，自今行师，庶不覆败"。而今看来，"八阵图"很可能是一种应对骑兵快速冲击的步兵密集结阵。为了解决北伐时的后勤运输问题，蜀汉还研发了"木牛流马"。如果撇去那些怪力乱神的包装，简单说就是木牛为车，流马为舟，系统性升级了蜀汉的后勤运输体系。

在两晋南北朝时期，作为骑兵史上最重要技术革新的马镫横空出世，这给了骑兵更高的平衡性，令骑兵在高速冲击中不易从马背上跌落。有论者称，这也是中原王朝在北方游牧民族骑兵优势压力下的一种"回应式"创新，马镫可以缩减中原骑兵掌握骑射技术的训练时间，提高中原王朝编练骑兵军团的效率。

如同所有的军事技术一样，改良马镫是基于中原王朝的利益考量，但一旦公之于世，谁也不能控制它的流向与应用场景。马镫让中国骑兵得以正式进入重骑兵时代，甲骑具装成为北朝骑兵最鲜明的特点。这也让骑兵第一次具备了在正面决战中突破步兵密集结阵的能力。

但在淝水之战中，前秦骑兵并未成功扭转前秦的数十万大军溃败的结果，反而成就了北府兵"以步制骑"的神话；刘裕北伐时，两千名北府兵凭借其首创的却月阵大败三万北魏重骑兵。号称在战国后就被淘汰的战车在重骑兵大行于世的时代压力下得到某种"复兴"，成为步兵军团防御骑兵冲击的最佳屏障。

唐开国时，为了对抗突厥轻骑兵的机动性优势，李渊启动了骑兵革新，挥别了北朝以来盛行的重骑兵风潮，以突厥为师，建立了一支轻骑兵。正是凭借这支"突厥化"的轻骑兵，唐军成功扫平了中原群雄。李世民登基后，唐军轻骑兵又"以骑制骑"，以闪电般的速度消灭了东突厥汗国，一跃为东亚强国。可以说，大唐帝国兴盛于轻骑兵的马背上。

而在盛唐，随着边境战事的扩大，为了缓解战马不足的状况，唐军不得不重新续上"以步制骑"的中原军队传统，将李靖发明的新式武器陌刀与陌刀战术发扬光大。李嗣业和他的陌刀军，以其"人马俱碎"的巨大威力声震安西，成为那个时代游牧骑兵的终极噩梦。

在北宋，为了对抗辽国的骑兵优势，宋军逐渐发展出了"弹性防御"战术，放弃了五代时崇尚野战和速决战的进攻主义取向。① 到了宋神宗时代，为了对付西夏骑兵，宋朝军工业连续贡

---

① 曾瑞龙《经略幽燕：宋辽战争军事灾难的战略分析》，浙江大学出版社，2019年7月版，245—263页。

献了两大军备技术革新,研制出斩马刀和神臂弓这两种新式武器,一近战,一远战,丰富了宋军步兵对战党项骑兵的武库。

到了靖康时代,金军凭借其重骑兵优势,成就了女真"满万不可敌"的战争神话。为了回应这一压力,岳飞一方面"以骑制骑",建立了以岳云为核心的岳家军骑兵队;另一方面又在"以步制骑"的战法上取得了新的突破,在郾城之战中以砍马腿战术大破金军最精锐的超重装骑兵铁浮屠。

蒙古崛起时,蒙古人将骑兵的机动性发挥到了人类骑兵史上的极致,"机动性使蒙古人造就了一种不可复制的战争风格,直到二十世纪机动车辆应用于军队,这种情况才有所改观"[1]。凭借无与伦比的机动性,蒙古骑兵也成了马镫时代骑兵战术的集大成者,将骑射战术和正面冲击战术结合得无懈可击。

在蒙古骑兵的绝对优势之下,原本以骑兵起家的金军眼见在野战中不敌蒙古人,便开始在防御上下功夫,将新生的火器引入守城战。金开兴元年(1232)三月,赤盏合喜守汴京时,金军使用了当时威力最大的投掷火器——震天雷,"铁罐盛药,以火点之,炮起火发,其声如雷,闻百里外"(《金史·列传卷五十一》)。但就如初生的铁制兵器并未扭转赵国的长平败局一样,新生的火器同样未能拯救金国的亡国气运。

在元灭宋的关键一役——襄阳之战中,为了攻克宋军坚城,元军中的伊斯兰兵器专家改造了投石机,增加了它的攻击距离和提

---

[1] [美]梅天穆、马晓林、求芝蓉译《世界历史上的蒙古征服》,民主与建设出版社,2017年10月版,123页。

高了它的准确率，建造出当时威力巨大的投石机——"回回炮"。据说它抛射的巨石重达一百五十斤，"声如雷霆，震城中。城中汹汹，诸将多逾城降者"。最终元军顺利轰开了樊城，逼得襄阳也开城投降。不过，"回回炮"并不是火炮。

明初，明成祖朱棣为彻底解决蒙古问题，五次亲征漠北。为了对抗蒙古骑兵，朱棣在朱元璋时代火器飞跃的基础上，进一步改进了火铳技术。在完成第一次火器革命后，明军从一支冷兵器军队逐步变成冷、热兵器混用的军队。

也是在朱棣时代，明军还进行了一次重大战术革新。虽经技术迭代，但当时的火铳发射过慢，无法应对蒙古骑兵的快速冲击。明军在此时升级了"叠阵"战术，将火器部队分为三行，更迭射击。虽然存在争议，但这很有可能是全球最早的"轮射战术"的雏形。

在技术革命和战术革新的同时，为了更好地发挥火器的效能，朱棣还进行了兵种配置上的变革。第一次亲征漠北前，朱棣创建了神机营，这也是中国历史上首次组建专用火器的部队，比西班牙创建火枪兵还要早一百年左右。

明初的火铳代表了当时世界火器技术的最高水平。但此后，在列国竞争的刺激下，欧洲的火器研发制造进入了快车道，逐步超越了相对停滞的明朝。

在嘉靖朝，蒙古人自土木堡时代以来军事能力又一次进入上行期，对明军北方边防施加了千钧重压。为了对抗蒙古骑兵，明朝在嘉靖初年开始对葡萄牙的佛郎机进行仿制，稍晚又引入了火绳枪，希望能够借助这些比国产火铳更先进的欧洲火器抵御蒙古骑兵的进犯。

在第一次西炮东传中，戚继光成为当时明军系统内最积极的西方火器应用者，戚家军是当时明军装备西式火器最多的部队。

边患严峻，促使明军对新式火器保持着学习的积极性。到了万历末年，随着满洲八旗的崛起，明军在辽东的边防压力与日俱增。万历四十七年（1619），明军惨败于萨尔浒。徐光启等一批明朝士大夫深感包括佛郎机在内的明军现有火器已无法应对八旗军的强力挑战，主动派人赴澳门采购新一代火炮——红夷大炮，之后还展开了规模浩大的仿制工作，是为第二次西炮东传。

在天启六年（1626）的宁远之战中，袁崇焕首次携红夷大炮亮相，力挫努尔哈赤亲率的后金大军。明军取得了双方开战八年以来的首次大捷。《明季北略》称，宁远之战中的红夷大炮"每炮所中，糜烂可数里"。为了将红夷大炮的战力发挥到极致，袁崇焕还围绕大炮设计了两套新战术："凭坚城以用大炮"和"炮骑协同"。前者的要义是在军力处于弱势的情况下，坚决避免野战；后者的要义是关宁铁骑"依城而战"，在火炮火力的掩护下和清军骑兵进行有限度的野战。

但红夷大炮救得了宁远城，却救不了大明朝，这就好比二战末期的喷气式飞机和V2火箭救不了纳粹德国的大败局。

红夷大炮的威力惊醒了以皇太极为代表的八旗精英，他们做出了"以炮制炮"的应对措施。后金很快开始了对红夷大炮的仿制，为避"夷"字之讳，改称"红衣大炮"。吴桥兵变后，孔有德、耿仲明率军投靠后金，不仅给皇太极带来了二十门质量更精良的红衣大炮，还送上了一支向葡萄牙人学习过的工匠和炮手团队。

清军的火炮战力很快就后来居上，并在东亚有史以来最大的火炮对战——松锦之战中，彻底压制了明军的炮兵。入关后，红衣大炮成为关内各大坚城的噩梦。"徐光启等天主教人士原本希冀能利用红夷大炮帮助明朝救亡图存，但历史的发展往往事与愿违，这种新型火器最后却成为清朝得以吞并大明的利器。"①

在明亡清兴的鼎革时代，清帝国成为骑兵与火器均领先于同时代竞争对手的超级军事强国。

康熙时代，中国古代火器部队抵达了巅峰。在东北，清军的大炮遭遇了俄国堡垒战术的挑战，在红衣大炮的基础上，清朝研发出了"神威无敌大将军炮"这样的攻城重炮。俄罗斯凭借西式造城法，将雅克萨城打造为一座具有欧洲棱堡色彩的坚城。清军除了围而不攻，别无良策。

在西北，清军大炮遭遇了准噶尔"骆驼炮"战术的挑战。准噶尔军这种大量配备火器的骑兵军团，是清军前所未遇的劲敌。征讨准噶尔的战争几乎完全以野战为主，清军的重型火炮不仅缺乏机动性，更不利于远征。初战失利后，康熙帝开始为清军大量配备子母炮等适合远征的轻型火炮。为了对抗准噶尔骑兵的快速冲击，清军还引入了鹿角木移动在前、火器部队轮射在后的"连环本栅"战术，最终在昭莫多之战中取得了对准噶尔的决定性胜利。

如果说清初强敌环伺，成就了皇太极至康熙朝火器的极速演进；那么，正是在康熙帝平定准噶尔之后，清帝国周边再无可危及其政权生存的强力竞争对手，没有敌人可以强大到逼迫清军推

---

① 黄一农《红夷大炮与明清战争》，四川人民出版社，2022年7月版，382页。

进军事创新。

清军纵然江河日下，也没有动力走出舒适区。中国火器发展自此彻底陷入停滞，甚至有所倒退：鸦片战争时，清军使用的火炮在作战效能上甚至还有可能不如康熙时期。

在《三体》中，三体文明用"质子"锁死了地球基础科学，从这个角度出发，清朝统治者之所以锁死军事科技发展的"质子"，就是缘自目空一切和狭隘的心灵。

第一章

长平之战：胡服骑射的幻影

1995年4月，山西省高平市永录村村民李珠海在修整田地时，意外挖出了累累白骨，两千多年前长平之战留下的尸骨坑在不期然间重见天日。

公元前260年，秦、赵两大军事强国在长平展开了战国时代最大规模的会战。会战的结果是赵军四十五万人全军覆没，而秦军也付出了伤亡过半的惨重代价。

在战国的时间线上，往前看，长平之战距秦国启动商鞅变法（前359）差不多一百年，往后看，长平之战距秦始皇一统天下（前221）也仅四十年。

想要认真审视长平之战，自然避不开纸上谈兵的赵括、老成持重的廉颇与绝代军神白起这些直接当事人。但如果将其置于整个战国时期，自全局观察变法后的秦国如何一步步地与经胡服骑射洗礼后的赵国走到"必有一战"，复盘赵国是否有机会打赢这一场宿命之战，那么，这可能是一次更激荡的思维实验。

秦赵必有一战

春秋时期与战国时期相去不远，战争规模和战争形态却发生了亘古未有的变化。

春秋时，"战争大多在数日之内即决定胜负，战争的胜败往往取决于一次性的冲锋。即使比较持久的围城战，也只或三日或五日",“投入的兵力一般也不过数万,战车不过数百乘";而到了战国,当普遍兵役制开始实行之后,"交战双方参战的兵力之众,历时之长,都是前所未闻的",动员几十万军队,打上几个月甚至几年都是常规操作,比如赵国就曾出动二十万大军进攻中山国,一打就是五年。①

可以说,战国时代的战争规模已高度接近近代战争。

在纵横家口中,秦国"虎贲之士百余万",楚国"带甲百万",齐、赵、燕"带甲数十万",魏国杂七杂八加起来有七十万,韩国"卒三十万",尽管这些数字存在着相当大的夸张成分,但如果把后勤人员等纳入统计口径,不单纯计算"战兵"的话,考虑到普遍兵役制的实行,"纵横家这些话也是有根据的,与事实也不会相差太远"②。而秦军之强,也和秦国实行普遍兵役制的力度密切相关,长平之战时,秦国甚至将征兵年龄下调到十五岁。

在战争形态上,战国时期大规模的步骑兵野战和包围战已代替了春秋式的整齐冲击战。③以宋襄公为代表的那种春秋贵族式战争思想被以杀伤对方有生力量为目标的歼灭战所代替,也就是《孟子·离娄上》中的"争地以战,杀人盈野;争城以战,杀人盈城",而长平之战的主角白起正是战国式战争的最佳代言人。

战国时代的第一个强权国家是魏国。公元前408年,魏军在吴起的率领下尽收秦国的河西之地,确立了战国第一军事强国的地

---

① 陈恩林《先秦军事制度研究》,吉林文史出版社,1991年10月版,160页。
② 陈恩林《先秦军事制度研究》,吉林文史出版社,1991年10月版,172页。
③ 杨宽《春秋战国间封建的军事组织和战争的变化》,《历史教学》,1954年第4期。

位。吴起训练的精锐重装步兵——"魏武卒"成为当时宇内第一强兵。

尽管魏国此时的军事实力远胜于秦国，但战略野心堪比一战时的德国——魏国在各条战线上均招惹强敌，成为众矢之的。战事纷繁，国力日减，魏国在公元前353年的桂陵之战和公元前341年的马陵之战中相继惨败于齐国，大将庞涓兵败身亡，这标志着魏国丧失了第一强权国家的地位，并且直接跌落至二流国家行列，一直都未曾恢复元气，直至亡国。

在魏国丢掉强国地位的同一时间，秦国凭借商鞅变法国力大增成为最大的赢家，不仅在公元前330年尽数收复了河西地区，还占领了魏国黄河以西的全部领土。但在此刻，秦国还远不是后世的"强秦""暴秦"，其综合国力和齐、楚两国处于同一水平线上，并称此时的战国三强。

秦国的崛起伴随着齐、楚两国的次第衰落，而且几乎处于同一时间线上。先说齐国，齐国在齐湣王时代甚至隐隐有战国第一强国的威势，但同样犯了当年魏国穷兵黩武、四处树敌的战略错误，秦、燕、赵、魏、韩五国合纵攻齐，不可一世的齐湣王在逃亡途中被杀。尽管孤胆英雄田单横空出世，令齐国奇迹般地复国，但齐国自此也彻底退出了与秦、楚争雄的竞赛，从此心灰意冷地"光荣孤立"，直至亡国。

再看楚国。灭掉越国之后，楚国一度是战国七雄中人口最多、土地最广的超级强国，但其举世无双的军事潜力却始终没有转化为战场上的真实军力，并且被秦国一点点地削弱和消耗。在公元前312年的丹阳之战中惨败于秦国之后，楚怀王冲冠一怒，举倾国之兵发动蓝田之战,一度打到了距咸阳只有百里之遥的蓝田,秦军战局之不顺甚至到了需要秦王祭天祈神的境地。若不是韩魏联军当时突然在楚国背后捅了关键性的一刀,逼迫楚国紧急从前线退兵,蓝田之战的结局犹未可知。一旦秦军在家门口咸阳战败,就有可能影响到战国的最终结局。

蓝田之战后,楚国对秦国基本只有招架之力,丧失了战略主动权。公元前279年至公元前278年,在秦昭襄王时代著名的"将相铁三角"魏冉、司马错和白起的勠力同心之下,楚军主力在鄢郢之战中惨败,甚至放弃了国都郢都。此败令屈原绝望,投江自尽。

齐、楚两强的相继败落最终成就了秦国,由此,秦国彻底确立了虎狼之秦的超强地位,并一直保持到秦王扫六合之时。

历史终结了吗?不,还有一个最后的变数,这就是兴也勃焉的赵国。顺便说一句,受制于地理位置和国力,韩、燕两国在战国时代一直都是陪跑者。

在秦国拿齐、楚两国开刀的同时,赵武灵王在公元前307年进行了"胡服骑射"大变革,仅用了十年左右的时间,便将毫无亮点的赵国变成了生机勃勃的新兴强权国家。钮先钟先生在《中国历史中的决定性会战》一书中说:"幸有赵国崛起,始能对秦国产生制衡作用,使其兴起不至于一帆风顺,并延长战国时代达数十年之久。"

也正因为如此,赵国就成为秦国囊括四海之路上必须拔除的最后障碍,而这一终极冲突的到来并不取决于赵国主观上是否想与秦国为敌——秦赵终究必有一战。

套用当下的流行理论,秦国与赵国陷入了"修昔底德陷阱",

一个崛起的大国与既有的强国竞争,就像伯罗奔尼撒战争前的斯巴达之于雅典,一战前的德意志帝国之于大英帝国,这种冲突往往以战争告终。

当然,司马迁显然对"必有一战"有不同意见。他在《史记》中对"贪图"上党之地的赵孝成王赵丹和平原君赵胜颇为不屑,认为平阳君赵豹拒绝接收上党避免开罪秦国的建议才是老成谋国之计:"王悔不听赵豹之计,故有长平之祸焉。"不过,司马迁此论多少有些意气用事了。正如论者所言,长平之战是赵国"不可能逃避的战略决战","接收上党,会使战略决战的时间提前,但占据上党有利地形,胜算提高不少。不争取上党,使上党战略要地落入强秦之手,赵虽得到喘息时间,却终将面对秦的鲸吞蚕食,更无力对抗"。①

甚至可以这么理解,不仅秦赵必有一战,甚至对于退无可退的赵国而言,最佳战略选择就是在长平打上一仗。如果秦国对长平势在必得,那么赵国也只有不惜以举国之力进行决战。

赵国的确是"退无可退",韩国的上党郡对赵国的存亡干系重大。上党地区地势较高,居高临下,可俯瞰四周,"秦据上党,则攻赵之路畅通,近可威胁太行山东侧的赵都邯郸,远可挥兵北上,控制吕梁山与太行山上的险境要塞,截断赵与代郡、雁门郡、云中郡等北部地区的联系"②。事实上,日后秦国的灭赵之路,正是取

---

① 林聪舜《赵国接收上党导致长平惨败之说的检讨》,《信阳师范学院学报(哲学社会科学版)》,2014年1月。
② 军事科学院主编《战国军事史》,《中国军事通史》,军事科学出版社,1998年10月版,271页。

道上党。

可以说，赵国坐视上党丢失，也就和《战国策》批判魏国的那句名言无异了："以地事秦，譬犹抱薪而救火也，薪不尽，则火不止。"毕竟，多一块战略要地，就多一分地利；多一群上党军民，就多一分军力。

晚打不如早打。

秦赵国力对比

长平之战前，赵国已是战国第二军事强国。赵国综合国力最突出的弱项并不是军事实力，军力反而是秦赵实力差距最小的一个方面，赵国最大的弱点在农业方面。

农业上，赵国的先天禀赋极为普通，被《史记·货殖列传》定义为"地薄人众"，这就是赵国的基本国情。赵国特别适合农耕的土地不多，其境内的河套平原当时还未充分开发，主要粮产区是华北平原，也就是所谓的"冀州"。但冀州的田地状况被《禹贡》评为第五等的"中中"，含有盐分且土地疏松，而秦国所在的雍州在《禹贡》中的评分则为"上上"，对比来看，将赵国农地形容为"贫瘠"也不为过。

在"地薄人众"的基本国情下，赵国也不像秦国等国那样极度"重农"，鲜有商鞅那样奖励农耕的措施出台，连赵武灵王的改革重点都未涉及农业。赵国经济政策甚至可以定义为某种"重商主义"，其都城邯郸就是战国时代著名商业都会，也是当时著名的冶铁中心。赵国的民风甚至有些轻视农业，民众更喜欢从事工商业,《盐铁论》说赵地"民淫好末,侈靡而不务本。田畴不修",《史记·货殖列传》称赵地民俗"仰机利而食",这些都对赵国农业的发展造成了消极的影响。

也许有人会说,赵国虽然农业不行,但工商业发达,难道不可以买粮吗?这在承平年代当然可以,但在战时,赵国即使有钱也无粮可买,长平之战时,"赵无以食,请粟于齐,而齐不听"(《战国策·齐策二》),即明证。

可以说,农业不发达导致的缺粮问题,始终是长平之战期间悬于赵国之上的利剑。从这一点而言,赵国很难有独立进行持久战的可能性,要么得到列国的粮食援助,要么就是打速决战。

而秦国呢?商鞅变法后,秦国的基本国策就是"耕战立国",重农抑商,对农业的重视强于赵国。长平之战前,秦国已坐拥关中平原、成都平原(灭蜀得之)、河东与河内平原(攻伐韩魏得之)、江汉平原(伐楚得之)四大产粮区,尤其是关中平原,堪称几代王朝的"基本经济区"。不过,由于此时郑国渠还未修建,关中平原也还没富足到可以凭一地之力支撑秦国扩张。

得到河东与河内地区的意义主要在于,让秦国在长平之战中,避免总是处于从关中调粮的补给线过长的窘境。这样一来,秦国可以就近获得粮食和人力补给,部分抵消了赵国在家门口作战的补给线优势。

很多人喜欢强调巴蜀在长平之战中的"粮仓"地位,司马错在攻巴蜀前那句名言"取其地足以广国也,得其财足以富民"似乎也是一个印证,而电视剧《大秦帝国》里甚至有李冰从蜀地向长平前线运送军粮的桥段。尽管在公元前316年,司马错已率秦军拿下巴蜀，公元前260年长平之战爆发时，秦国经营巴蜀已超过五十年，但问题是，长平之战时李冰不仅很可能没有修建好让成都平原变天府之国的都江堰，甚至可能还未上任蜀郡太守一职。按照史书的说法，李冰很可能在公元前256年左右才赴蜀郡任职（史学界有一定争议），这就是在长平之战后了。

当然，成都平原即使在长平之战前还未得到都江堰的加持，也已经是处于上升期的粮产区，如果秦赵决战晚打十年，等都江堰发挥效用，那么秦赵业已显著的经济差距还将进一步拉大。考虑到这一点，更可以这么说，在经济上，长平之战已经是赵国决战秦国最后的时间窗口了。

毕竟，在真实世界的长平之战中，尽管赵国极为缺粮，但秦国因为连年征战、劳师远征的缘故，经济情况特别是军粮供给也远称不上充裕，只是在赵国的惨淡境况映衬之下才显得相对过得去。也因此，长平之战时的秦国对速战也有着与赵国类似的诉求。如果靠国力耗死赵国，秦国也会元气大伤，影响到攻略其他五国的进程，因而秦国选择诱使赵军走出壁垒，打速决战。

但如果是后都江堰时代的秦赵之战呢？恐怕战略主动权就完完全全掌控于秦国手中，战局可快可慢，收放随意，慢慢打也可以轻松耗死赵国。

在古代战争中，经济实力是个极其重要但往往被忽略的因素。比如，缺粮就决定了赵国很难在长平打一场廉颇期待的持久战；但是，一旦启动了决战，最直接的关键性因素还是双方军力的对比：这比拼的是训练程度、战术素养和装备水平等硬实力。因此，经济实力的差距也不是赵国在长平之战中战败的关键原因。

古代战争，无论战场外有多少幕后动因，终究还是沙场上一刀一枪拼出来的。

赵军骑兵隐身之谜

那么，赵军和秦军的战斗力有差距吗？如果有，差距有多大？

比如说，暂且不论赵括的临阵水平，即使是在廉颇主军的那几个月里，赵军也没有在正面战场上占到任何便宜，反而在硬碰硬中连续遭受了虽不致命但也算得上重大的挫折。据《史记·白起王翦列传》：

> 四月，龁因攻赵。赵使廉颇将。赵军士卒犯秦斥兵，秦斥兵斩赵裨将茄。六月，陷赵军，取二鄣四尉。七月，赵军筑垒壁而守之。秦又攻其垒，取二尉，败其阵，夺西垒壁。廉颇坚壁以待秦，秦数挑战，赵兵不出。

可见，廉颇在与秦军的对阵中，连败三场，两条筑垒防线先后被突破，多位将领阵亡，显示了秦军强大的攻坚能力。

何况，此时秦军的统帅还不是白起，是王龁。可以说，只要秦军愿意付出重大代价和时间攻坚，廉颇的坚守战略也未必就万无一失；但从另外一方面而言，廉颇之所以选择持久战和只守不攻的打法，也是在正面作战中连续受挫之后的务实转向。

那么，经过"胡服骑射"洗礼之后的赵军为何仍不是秦军的对手呢？

就从骑兵说起。

在那个时代，恐怕连骄狂的秦军也不会否认，作为"中国骑兵之父"的赵武灵王打造出的这支赵国骑兵是中原第一。但在长平之战中，赵国骑兵军团不仅没有什么亮眼的表现，甚至犹如失踪一般，存在感远不如突入赵军壁垒之间、断绝赵国粮道的五千秦国骑兵。秦人的先祖本就因世代为周王室养马而起家，又长期对抗精于骑射的西戎，因而秦人对骑兵战术并不陌生，境内更不缺马。秦国骑兵不强更多是因为战术上不重视，而不是没能力发展。

那么，赵国骑兵为何没对长平之战的战局起到力挽狂澜的作用？对此，正史中并无明确记载，这里只能试着分析几点。

其一，骑兵在战国时代还远不是那支可以决定战局的冷兵器时代兵种之王。战国骑兵还远未进入马镫时代，战术也以单纯的骑射为主，尚未进化到足以正面对抗步兵结阵的骑兵冲击战术。战国的伟大军事著作《六韬》给骑兵的定位是："骑者，军之伺候也，所以踵败军，绝粮道，击便寇也。故车骑不敌战，则一骑不能当步卒一人。"《南北战争三百年：中国4—6世纪的军事与政权》一书在《六韬》的基础上进一步总结称："从秦汉之际战争的记载看，当时骑兵主要负担侦察、骚扰、破袭敌军粮道和后方等辅助性任务，作战的主要对象是敌军的骑兵及零散步兵，不能对抗敌主力步兵。"[①]事实上，五千秦国骑兵在长平之战中的"绝粮道"，

---

① 李硕《南北战争三百年：中国4—6世纪的军事与政权》，上海人民出版社，2018年1月版，27—28页。

已经是骑兵在中原战争中前所未有的重磅表现了。

其二，骑兵数量在战国列强军队中的占比相当低，总体比例可能低至1%。[①]骑兵此时的战略地位甚至还不如江河日下的战车兵，即使在开骑射战术风气之先的赵国，军队主力仍然是步兵和战车兵。《战国策》说"赵带甲数十万，车千乘，骑万匹"，骑兵数量与带甲百余万的秦国也就在同一水平线上；而根据对秦陵兵马俑的考古所知，战车在秦军中仍然具有举足轻重的地位。

其三，更为重要的是，赵国骑兵主力此时很可能也不在长平战场上。按照"胡服骑射"的初心，赵国建立骑兵军团的目的是"以夷治夷"，本来就是用来对付机动性强大的北方游牧民族，是边军的重要组成之一，而不是用于中原"内战"战场——那里是步兵和战车的天下。长平之战后，李牧重整赵国边军，组织了一支一万三千人的骑兵军团，而相应的，赵国步兵数量仍然高达十五万，骑兵占比也就是8%左右。但这一比例在战国时代已是空前的了。正是依靠这支有着强大骑兵军队的赵国边军，李牧不仅打赢了反击匈奴之战，还在公元前233年的肥之战和次年的番吾之战中两次大破秦军，成为赵国亡国前最后的铁血传奇。

可以这么说，李牧这两战是正史中赵国骑兵第一次大规模投入对秦作战之中，而骑兵军团可以南下，很可能是因为大败匈奴主力，方才得以从北方前线抽身。据《史记·廉颇蔺相如列传》：

[①] 杨泓、李力《中国古兵二十讲（插图珍藏本）》，生活·读书·新知三联书店，2013年1月版，133页。

李牧多为奇陈，张左右翼击之，大破杀匈奴十余万骑。灭襜褴，破东胡，降林胡，单于奔走。其后十余岁，匈奴不敢近赵边城。

　　而长平之战时，匈奴主力尚在，赵国骑兵主力显然不具备南下的前提。同时，赵国也严重缺乏冒险调集骑兵的动力，没有先例证明这支很可能更适合北方边境作战的兵种南下能够打赢秦军。

　　其四，长平之战的主要作战形态是广义上的山地作战，以及最具机动性的筑垒攻防，这即使对于作为马镫时代骑兵巅峰的蒙古骑兵也是勉为其难的，何况还未完成马镫进化的战国骑兵呢？赵国又何必将明明可以在北方边境上大展身手的骑兵主力调去打筑垒战呢？

　　其五，战国时期，为了应对战车衰落，各国统治者除"胡服骑射"这一方向的变革之外，其实还有"毁车为行"，也就是变车兵为步兵的变革举措。可以说，在长平之战时，赵国是变车兵为骑兵的时代引领者，而秦军的步兵方阵则是"毁车为行"的集大成者。

　　可以看出，尽管"胡服骑射"的名气更大，对后世军事变革的影响更为深远，但仅就长平之战那个时代而言，秦军的步兵方阵是更接近当时战争本质的深刻变革，对秦军战力的提升更为全面。相对而言，赵军的"胡服骑射"更像是一场"面向未来"的革新。

　　以上的五点分析，至少部分回答了以下两个问题：赵国骑兵为何未在长平之战中表现出足够大的参与感和存在感？如果赵国骑兵倾国出动，真的就可以在山地和筑垒作战中占据什么优势吗？毕竟，"在战国和秦汉之际，几乎没有单纯骑兵击败成建制步兵的战例"①，何况是山地作战呢？

在与长平之战同时代的西亚与欧洲，骑兵的发展无论在时间表上还是战场表现上都超越了中国。公元前331年，亚历山大大帝的马其顿骑兵在高加米拉之战中通过鏖战险胜波斯骑兵和斯基泰骑兵；公元前216年，迦太基军神汉尼拔在坎尼之战中，利用骑兵两翼包抄战术击败了兵力占优势的罗马军团。

说完骑兵这个话题，新的问题又来了：赵国丧失了骑兵这个似乎最为重要的比较优势，又因限于国力而无法与秦国比拼军队数量，那么，赵国在长平之战中是不是就毫无胜算了？赵军究竟还有没有其他可以与秦军相抗衡的地方？

当然有。

赵军山地作战的能力和经验并不逊于秦军。赵国的龙兴之地山西本就是"表里山河"，赵对山地作战有先天的经验优势。

长平之战前，后胡服骑射时代的赵军其实已经有两次和秦军交手的经历，结果是一败一胜。

败的那一次是公元前273年的华阳之战。魏赵联军与秦军战于韩国华阳，魏赵联军惨败，魏军阵亡十三万，赵国付出了两万赵军俘虏被沉入黄河的代价。经过"胡服骑射"革命的赵军在秦赵第一次大规模作战中便以惨败告终。

---

① 李硕《南北战争三百年：中国4—6世纪的军事与政权》，上海人民出版社，2018年1月版，27页。

四年之后（前269年），赵括之父赵奢在阏与之战中给数十年未尝重大败绩的秦军一次迎头痛击，歼灭数万秦军。而此战正是山地作战，参战赵军基本是步兵，同样未见赵国骑兵成规模地参战。赵奢战前的豪言"其道远险狭，譬之犹两鼠斗于穴中，将勇者胜"，部分透露出赵军的山地战逻辑：山地战的影响因素相对更少，唯依靠士气死战而已。

既然赵国对秦国的唯一一次大胜是山地战，那么，如果赵国要赌上国运和强秦再战一次的话，选择长平这样一个地形复杂的山地战场自然胜算相对更大。

不过，秦军的山地作战能力也不容小觑。秦军的核心优势自然是步兵方阵，它可以最大化地发挥秦军的高度组织化和纪律严明的优势，可以与同时代欧洲的"马其顿方阵"和"罗马方阵"媲美。在当今这个时代，想领略秦军方阵的风采，去看秦陵兵马俑绝对是最佳选择。

但是，除了方阵，秦军步兵也擅长"散而自战"的小队灵活作战，这一战法正天然适配大军团无法充分展开的山地战。

在武器装备上，赵军也不逊色于秦军。邯郸一带铁矿资源丰富，在战国时代是重要的冶铁中心之一。尽管目前考古发现的战国铁制兵器实物中，赵国境内的兵器数量不如楚、燕两国，但仍然领先于秦。由此可以推测，长平之战时，赵军的铁器装备水平可能是高于秦军的。从对兵马俑的考古情况来看，已出土的秦军长兵器三件套——戟、矛和铍（短剑装以长柄）基本上都是青铜制品，而此时距离长平之战已经过去了五十年，可见秦军对铁制装备的发展并不算重视。

但秦国军备也有自己的优势：一是青铜兵器的发展水平已经达到前所未有的高峰；二是秦军兵器的标准化生产也达到了很高的水平，各项数值相差很小。而这也正是秦国军国体制的优势之一，《吕氏春秋》中就有"物勒工名"的说法，即制造者要把名字刻于兵器上面，足见秦国军工的标准化管理玄机。①

再稍微说远一点，战国中后期的兵器发展正处于青铜器和铁器的激荡更迭时代，新生的铁器还不成熟，在战场上对发展完备的青铜兵器还远未能够取得什么压倒性优势，或者说，即使有些许优势，也是不足以改变战局的。拿战国末期铁器装备最发达的燕国来说，如果真的可以"唯铁器论"，燕军不早就横扫战国时代了？但现实却是，燕国和韩国并列为战国七雄中最差的那一档弱国。

这也算是古代战争史上新旧兵器交替时代的一个普遍规律。单兵火器刚刚出现时，杀伤力和综合效能也不如弓弩，同样完全无法得出火器部队一定能战胜冷兵器部队的结论。

复盘赵国之失

稍稍总结以上的一些观点，赵国是在正确的时间（退无可退、接收上党无错、晚打不如早打）、正确的地点（山地地带、战略要地），打了一场正确的战争（秦国不会放过赵国，秦赵必有一战）。

---

① 杨泓、李力《中国古兵二十讲（插图珍藏本）》，生活·读书·新知三联书店，2013年1月版，125页。

既然有这么多"正确",赵国四十五万大军怎么还是全军覆没了呢?他们在长平惨败如斯的原因究竟是什么呢?在此稍微多说一句,史学界对四十多万赵军被俘、坑杀至今仍有争议——无论从秦军的伤亡数量、战事的惨烈程度还是战地遗址的考古发掘来看,四十五万赵军全军覆没或许问题不大,但被俘的赵军可能远远没有四十万。

这里最需要直面的问题是:赵括要对战败负多大的责任?

正面作战失利之后,廉颇选择放弃野战筑垒防守的持久战自然是理性选择。从这一点而言,廉颇不愧为战国名将之一。但问题是,尽管廉颇位高权重,但他关注的范围仍然是战场本身,赵国的国力是否能支撑持久战的消耗这一点,可能并不在廉颇的考虑范围之内。

而对于赵孝成王而言,军事逻辑和经济逻辑是他必须同时予以关注的,即使赵王知道筑垒防守的持久战在军事上是最稳妥的选择,赵国也没有财力、物力去支撑一场廉颇式的持久战,如此打下去赵国将会财政失衡,继而军粮断供,长平守军便会不战自溃。

既然廉颇已经证明了自身在长平战场的野战和速决战中无法战胜秦军,而赵国经济又无法长期支撑廉颇提出的持久战,那么,对于赵王而言,剩下的唯一选择就是换帅了。谁可以胜任新的赵军统帅呢?除必备的军事素质以外,恐怕最先决的条件就是认同(哪怕是被迫认同)赵王的速决战,从这一点来说,赵括可以看作赵王速决战略的战场代理人,他觉得唯一可行的战法就是离开壁垒从速野战。

既然赵括的战法已经被限制为速决战,那么,对赵括是否合格的考查只能是看他的临阵指挥能力了。从长平之战的战局发展来看，赵括的临阵指挥能力实在一般，不仅轻易地走进了白起的包围圈，而且被围后也没有什么亮眼的表现。但在赵军被围四十余日的绝境下，赵括仍然能组织起多次突围行动，断粮的赵军仍然能够维系基本的士气，作为一支完整的武装力量服从赵括的统一指挥，足见赵括也不像传说一般只是一个草包，只会纸上谈兵。毕竟，赵军最后崩溃是在赵括突围阵亡之后才发生的，可以看出赵括对这支军队的重要性。

换个角度看，如果廉颇被迫接受了赵王的速决战法，难道就能够打赢吗？他在野战中连续三场败于王龁，如果对手换成野战之王白起，廉颇大概率会败得更多、更惨。当然，如果易地处之，廉颇或许还不至于像稚嫩的赵括那样走入白起的包围圈，将长平之战打成包围战和歼灭战，结局应该更类似一场惨烈的击溃战，廉颇在野战中损失十几万至二十万赵军，然后带着剩下的残军撤回赵国。这种普通的胜仗，赵军的对手白起这辈子不知道打了多少场。

更重要的是，换掉廉颇，赵国此时难道还有比他更优秀的将领吗？换别人只会比廉颇更惨。

因此，可以这么说，如果赵王不换赵括，依旧用廉颇或者其他宿将，坚持打速决战，仍旧改变不了长平之战大败的结局，只是，或许不至于全军覆没罢了。

也许会有人脑洞大开地说，赵国不是还有李牧吗？从李牧的履历来看，长平之战时的李牧很可能只是赵国边军中一名没有军功的基层军官，还远未走进赵国庙堂的视野，更遑论被提拔为一军主帅。

复盘下来，我们可知赵国既无可能在速决野战中击败秦军，也没有国力支撑一场持久战，那么，赵国是不是一点儿机会都没有了？如果一点儿机会没有，为什么本文一开始又说这是一场赵国一定要打的战争呢？

这里仍然可以说，赵国打赢长平之战的机会还是有的，只是这些机会远不只存在于战场上。

不管如何复盘长平之战，我们都会发现：只要赵国和秦国单挑，无论是廉颇还是赵括，无论是速决野战还是筑垒持久战，无论是骑兵还是山地步兵，穷尽一切组合，都很难为赵国找到出路。

一言以蔽之，秦、赵的硬实力差距客观存在。时至战国中晚期，秦国的全面优势已经确立，即使是贵为第二军事强国的赵国，也几无机会在一场倾国之战中单挑战胜秦国。当然，这并不是说，赵国不可能在一场像阏与之战这样的有限战争中打赢秦国，只是说，如果秦国选择举国一战，军事实力低半档但综合国力低一档的赵国没有任何胜算。

赵国战胜的机会仅存在于外交、合纵、盟友之中。

只要有了盟友，无论是持久战还是速决战，赵国几乎就会满盘皆活。只要跳出"赵国为何就是无法单挑战胜秦国"这个思维定式，将目光转向战国群雄，就会有新的战略思路。

先说持久战。长平之战打到后期，赵国军粮紧缺，"请粟于齐"，被齐国拒绝了。如果赵国能够得到齐国等国的经济援助，赵王手中有粮，心中不慌，廉颇的持久战法就具备了有效的经济支撑，赵军就可以在壁垒中和秦军长久耗下去——即使不敌，也可以逐步后撤，以拖待变，等待天下形势的变化。在缺粮问题上，时间是站在农业更发达的秦国一边的；但在天下形势上，时间是站在赵国一边的，如果赵国真能证明自己与秦国有一战之力，那些不敢救赵的诸侯看到秦军主力深陷长平战场，心思自然就活泛了起来，赵国的各种机会就来了。

这就好比拿破仑战争时代的侵俄之役。俄国顶住了拿破仑六十万大军的全力一击之后，普鲁士和奥地利这些被拿破仑打怕了的国家纷纷开始加入"反法联盟"，最终在莱比锡大战中一举粉碎了拿破仑不可战胜的神话。

再说速决战。也许有人会说，战国时期各诸侯又不是没有合纵过，哪次能真的打败秦国？的确，平日里合纵时，各国以保存实力为先，都不愿使出全力，加起来还是不敌秦国；但长平之战不一样，面临生死存亡的赵国已倾尽全力，也在前线牵制住了秦军主力，此时诸侯如果决定合纵，很可能可以迅速打破秦赵在长平战场的僵持状态。

当然，这样说仍然只是推测而已，但不妨用邯郸保卫战的战局加以印证。长平之战结束第二年（前259年），秦军兵围邯郸，前后三次增兵，兵力累计达到四十万人以上。考虑到"秦虽破长平军，而秦卒死者过半"，此役秦军也几乎算是倾国而出，但仍然没有攻克邯郸。待到信陵君窃虎符领八万魏军救赵，再加上春申君率领十万楚军赶到，数十万秦军迅速崩溃，不仅邯郸之围被解，联军还收复了大量失地。

围邯郸时，秦军固然是一支久攻不下的疲惫之师，锐气和实力都弱于长平之战时，但赵军的实力较长平之战时衰退更为严重，秦军围城时，赵国只能凑出十万正规军交予廉颇守城。

四十五万大军全军覆没之后，这支只剩一口气的半残赵军，加上十八万魏、楚联军，尚有能力在邯郸城下给秦军一次前所未有的重击，其中固然有各种机缘巧合之处，但足见秦国此时兵力虽强，也没达到可以无视一次"严肃"合纵的地步。

邯郸之战尚且如此，如果是长平之战呢？当时赵军实力处于顶峰，场面上虽处下风，但仍然可以硬扛秦军主力。更重要的是，秦国此时也竭尽全力，征兵甚至已征到了下至十五岁，《史记》称"秦王闻赵食道绝，王自之河内，赐民爵各一级，发年十五以上悉诣长平，遮绝赵救及粮食"。如果此时诸侯出兵，哪怕仍然只有魏、楚两国各十万左右的"偏师"，再加上赵国得到的粮食援助，谁能说赵、魏、楚联军不会取得像邯郸之战一样甚至更大的战绩？

别忘了，当年楚国和秦国全力鏖战于蓝田之时，正是韩、魏联军的突然参战，让看上去占了上风的楚国瞬间溃败。

那么，赵国是如何在外交上丧失了长平之战的唯一胜机的呢？其中自然有列国惧怕秦国、短视无大略、得过且过，甚至想从秦、赵决战中渔利等因素——比如齐国连借粮都不愿意，就是典型的不智之举——但要负最大责任的仍然是赵国君臣们。即使到了秦、赵开战之后，赵王明知秦国不会放过赵国，却还是派使者赴秦谈判，而不是派使者去列国谋求合纵的可能性。最后秦、赵谈判自然以失败而告终，而楚、魏各国也无法断定赵国是否真的会和秦国决一死战，唯恐成为秦国新的打击对象，不敢发兵救赵，从而让赵国在整个长平之战期间处于孤军奋战的窘境。

赵国外交的最优解是什么？"当时赵国的处境，大夫虞卿看得最透彻，即你一定要对外显示出跟秦国死磕到底的决心"，方才有可能得到楚、魏等国的援助。①

这么说或许才是最公允的："赵国犯的重大错误，不在接收上党郡，而是既贪上党郡之利，又无与秦决战提前摊牌的决心与准备，国家战略摇摆不定，终致孤立无援，坐陷长平惨败绝境。"②

长平之胜严重削弱了秦国兼并天下之路上的最后一个强敌，战国大结局几无悬念。但历史的吊诡之处在于，一年后的邯郸之战又严重迟滞了秦国统一霸业的时间，这使得长平之战的面目变得更加神秘起来。

公元前259年，长平之战后第二年，嬴政出生，战国的大结局将由他来书写。

---

① 刘勃《战国歧途》，百花文艺出版社，2019年5月版，175页。
② 林聪舜《赵国接收上党导致长平惨败之说的检讨》，《信阳师范学院学报（哲学社会科学版）》，2014年1月。

第二章

楚汉战争：第二次『秦灭六国』

汉王元年（前206年）八月，韩信带兵暗度陈仓。汉王五年（前202年）十二月，项羽自刎于乌江。刘邦彻底击败不可一世的军神项羽，只用了四年半时间。这让司马迁一边发出"自生民以来，未始有受命若斯之亟也"的喟叹，一边又作出了"岂非天哉，岂非天哉"的神秘主义解释。

事实上，若不是项羽在彭城之战中同样如同神迹一般的表现，刘邦消灭项羽的时间甚至会缩短至八个月。如果"只用八个月就击败项羽"这一更为惊人的奇迹成真，太史公又会做何种惊叹？

关于汉胜楚亡的原因，刘邦自己曾有过一次著名的总结，所谓萧何、张良、韩信三位人杰，"吾能用之，此吾所以取天下者也"。"用人论"自然是不刊之论，历代史家对刘邦之胜做出了很多类似的政治方向的解释，苏轼也在名文《留侯论》中有"在能忍与不能忍之间而已矣"的说法，但如果仅仅从"单纯的军事观点"出发来审视楚汉战争呢？

自然，讨论军事也不可能回避政治和外交，但笔者还是想尽力让政治和外交也围绕着军事展开，看看刘邦究竟是如何在四年半的战争中击败项羽霸王天下的。

"新秦国"的崛起

按照范增和项羽最初的分封规划，刘邦只拿到了巴蜀之地（巴郡和蜀郡），这样一来既可以利用巴蜀的交通不便来困锁刘邦，将其对项羽的威胁降至最低点，又可以巴蜀之地和关中同属秦国旧地为理由，勉强算是部分履行了"先入定关中者王之"的约定，以堵天下悠悠之口。

但在张良的斡旋之下，项伯继鸿门宴之后再一次挽救了刘邦，为其争取到了第三个郡——汉中郡，刘邦遂有"汉王"之号。拿到汉中，不仅增强了刘邦的实力，更重要的是，刘邦具备了吞并关中的地理基础，否则也没有暗度陈仓的后话了。若汉中掌控于项羽一方，进可威胁巴蜀，退可保卫关中，那么刘邦能否如此顺利地取得关中进而与项羽逐鹿中原，则都将成为很大的疑问。

在项羽分封天下的新局势下，全国事实上被分成了二十个政治实体：十八个王国、项羽的西楚国，以及义帝名义上的直辖地。秦国的旧地（大致是秦昭襄王时代的领地）被一分为四：汉王刘邦拿到了巴蜀和汉中，雍王章邯、翟王董翳和塞王司马欣则瓜分了秦国的核心统治区关中地区。

西楚国的军力虽睥睨天下，但领土并不占据绝对优势地位，项羽甚至没有把楚国旧地都封给自己，除西楚国之外，楚国旧地上还有三个王：九江王、衡山王和临江王。

汉王元年（前206年）八月，刘邦率领汉军暗度陈仓，在不到一个月的时间里，击败了以章邯为首的关中三王联军。翟王董翳和塞王司马欣归降刘邦，章邯残军困守国都废丘（今陕西省兴平市一带），刘邦的汉国基本夺取了关中地区，项羽围堵汉国的战略就此破产。有学者认为，对比诸葛亮自汉中北伐的屡遭挫折，"更可见韩信的用兵谋略，洵非常人所能比拟"，"自远远高出于诸葛武侯之上"。①

占据关中地区之后，刘邦的汉国事实上已经全盘继承了秦昭襄王时代的秦国故地，"强秦"之势已成。项羽此时的军力虽然还雄霸天下，但仅就战争潜力和经济资源而言，刘邦的"新秦国"已是列国之首。

因此，在此后的楚汉争霸中，刘邦已经算不上什么"以弱敌强"，楚与汉已是天下仅有的两个超级大国，大可不必带着惊奇的眼光去寻找"刘邦能够战胜项羽"的原因，谁胜谁负都在正常逻辑之中。

此时，刘邦也继承了当年秦国的最大优势，即依靠地理优势掌握了战略主动权。关中地区易守难攻，汉军只需要操心出境作战的问题，胜则有大后方稳定的人力、物力支持，败则退回关中自保即可，正如张良所说，"夫关中，左殽函，右陇蜀，沃野千里，南有巴蜀之饶，北有胡苑之利，阻三面而守，独以一面东制诸侯"。而楚汉战争日后的战局也正印证了这一点，战火从未烧到关中巴蜀，刘邦惨败于彭城后，正是依靠着萧何自关中地区源源不断送出的兵员和军事资源才得以迅速恢复元气，在消耗战中已然立于不败之地。

很多人都忽视了刘邦的相对优势，"刘邦强大的同时，面对的却是一个比当年六国更弱小的中原。当年山东六国由于领土太分散，形不成合力，被秦国一一歼灭；楚汉时期山东地区变成了

---

① 辛德勇《历史的空间与空间的历史：中国历史地理与地理学史研究》，北京师范大学出版社，2005年1月版，108—109页。

十五个国家,更加碎片化,根本无法协调"①。

吞并关中仅一个多月后,刘邦紧接着就对关东发动了大举进攻,进军之迅猛很容易让人联想到战国时兵出函谷关的秦军。汉王元年(前206年)十月,汉军一路向东进军,数月之内,兵锋所向披靡,连续迫降了西魏王魏豹、河南王申阳、韩王郑昌和殷王司马卬,又攻取了等同于战国时期韩、魏两国的旧地,扩张路线图和秦昭襄王时期的秦国惊人地相似。

为了围堵刘邦,项羽共设置了四道防线:第一道是关中三王,第二道是西魏王和河南王,第三道是韩王和殷王,第四道放在西楚境内。而刘邦在短短八个月的时间里,就击破了项羽的三道防线,击败了七个诸侯国,兵威之盛,不亚于当年的秦王扫六合。②

四面楚歌

在汉军一路出汉中,占关中和扫韩、魏旧地时,项羽和楚军在干吗呢?难道就如此笃定地坐视刘邦一路坐大吗?

这就触及了项羽此时面对的重要危机。事实上,在汉军进军关中地区之前,旧齐国贵族田荣就率先起兵反楚,短短三个月,就倾覆了项羽在齐地分封的齐国、胶东国、济北国,而后自封为齐王。更令项羽怒不可遏的是,田荣还指使彭越攻入西楚境内,大败楚将萧公角,成为西楚的心腹之患。

---

① 郭建龙《中央帝国的军事密码》,鹭江出版社,2019年9月版,43页。
② 李开元《楚亡:从项羽到韩信》,生活·读书·新知三联书店,2015年5月版,84页。

西楚霸王元年（汉王元年，前206年）八月，项羽决定出兵讨伐田荣，平定齐地。而八月，正是韩信暗度陈仓的那个月，项羽此时伐齐给了汉军从容吃掉关中三王的战略窗口期。

楚军的战力此时仍然强悍无比，到第二年（前205年）春天，楚军先是将彭越赶出楚国，继而又大败田荣、彭越联军。彭越躲回了老根据地巨野泽（今山东省巨野县一带）打游击，田荣更是兵败身亡。项羽攻占了齐都临淄，复立田假为王。

这下子，项羽总可以脱出手来，对付正在东进的刘邦了吧？

但新的意外又发生了。田荣之弟田横接过反楚的大旗，在齐国东部地区继续率军抵抗楚军。楚军在野战中似乎战无不胜，但田横的军队打起了游击战，越战越强，让楚军陷入了四处起火、应接不暇的乱战之中。项羽此时的处境像极了深陷西班牙游击战泥潭的拿破仑，主力军队完全无法抽身对付刘邦。

如果以历史的后见之明来看，项羽对"谁是最主要的敌人"明显产生了战略误判。在汉军席卷关中继而攻略关东的最敏感时刻，项羽将主力投放到齐地，从而丧失了在早期击败刘邦的战机。据《汉书·高帝纪》，项羽在听说汉军大举东进的消息后，仍然执着于"先齐后汉"的战略方针：

> 羽虽闻汉东，既击齐，欲遂破之而后击汉，汉王以故得劫五诸侯兵东伐楚。

从楚汉战争的中后期发展来看，如果项羽起初就率楚军主力与汉军决战，汉军很可能无法抵挡。事实上，在楚汉战争全程的大部分战役中，只要项羽倾力与刘邦作战，总能占得上风甚至大胜，奈何刘邦一方在初期实力迅速膨胀之后，已经取得了包括人力、物力在内的各种战略优势，几次战术上的失败甚至大败都无法再撼动其体量优势。

还有一种说法是，西楚此时"先齐后汉，北攻西守"的战略方针本算是稳妥的正确决策，但田横在齐国的抵抗之持久，刘邦在关东的进军之迅猛，完全出乎西楚君臣的意料，于是乎，"项羽只能眼睁睁地看着刘邦联合诸侯各国，一步一步地逼近过来，楚汉的决战，将在楚国境内进行的前景，也随之一步一步清晰起来"①。

就在楚军主力深陷齐地之时，汉军果然没有丝毫耽搁地出手了，而且这一出手就大有一战灭楚的势头。

汉王二年（前205年）四月，刘邦亲率汉军主力及附汉的常山王张耳、魏王魏豹、韩王韩信（此韩信非彼韩信）、河南王申阳及殷王司马卬等五国诸侯，组成了总兵力高达五十六万人的六国联军，分北、中、南三路大举攻楚，闪电般横扫项羽在西楚的留守兵力，甚至迅速击败项羽爱将龙且。

彭越率三万人与汉军主力会合之后，汉军总人数已增长到近六十万，在兵力上已超过楚军数倍。开战不到一个月，西楚甚至丢掉了国都彭城。

毫不夸张地说，西楚亡国在即。此时，距离楚汉战争爆发才

---

① 李开元《楚亡：从项羽到韩信》，生活·读书·新知三联书店，2015年5月版，85页。

刚刚八个月。

不久前还执天下之牛耳的项王，在短短八个月内，不仅丧失了霸主的地位，其精心构建的霸王天下秩序也分崩离析，西楚甚至濒临亡国。这种速度在中国古代战争史上，也是相当罕见的。

如果拿战国时代的战力来类比的话，此时就相当于秦国带领着魏、韩、赵、齐四国联军连横伐楚，以楚国的实力而言，连秦国一国都打不过，更何况秦还带着四国呢？

西楚此时的"国际形势"已经崩坏到极致，刘邦的汉国几乎连横了天下所有的诸侯国群起攻楚，而西楚除孤军奋战以外，连项羽曾经的爱将——英布的九江国都在一旁坐山观虎斗。如果硬要说楚军还有什么盟友的话，也就是章邯那支还没有被消灭的残军了——但此时他们被韩信团团包围在废丘孤城中。

此时，项羽一支孤军孤悬齐国，西楚旧地甚至连国都彭城都陷于六国联军之手，这不是"四面楚歌"又是什么？当然，这个成语还要到三年半后的垓下之战中，才能被"发明"出来。

如果没有什么奇迹出现的话，四面楚歌的项羽在汉王二年（前205年）四月，就将自刎于齐楚之间的某个地方了，甚至也毫无悲壮可言。天下第一强军在短短八个月内就不可思议地一路溃败，丧师亡国，如此地不堪一击，还有谁会去"至今思项羽"呢？

骑兵的彭城奇迹

但奇迹真的发生了。对于项羽而言，彭城之战的军事奇迹甚至要高于他军事生涯的封神之战——巨鹿之战。巨鹿之战是近十万楚军大败二十万秦军，而彭城之战则是项羽带着三万骑兵就打垮了刘邦号称六十万的大军。

如果将刘邦八个月来的东进定义为战略层面的漂亮闪击战，项羽的彭城之战则可能是中国战争史上在战术层面上最出色的闪击战。

汉王二年（前205年）四月，项羽在战略上四面楚歌、以一支孤军对抗全天下的极端不利处境下，留下诸将继续攻齐，自己亲率三万骑兵从齐国战场长途奔袭彭城，首先在薛郡一举击溃樊哙的堵截，乘夜迂回到彭城以西，拿下萧县，堵住了刘邦联军西去的归路。而此时对灭顶之灾全无知觉的汉军上下还沉浸在即将横扫楚国、一统海内的迷梦中，以刘邦为代表的汉军上层更是终日"置酒高会"，甚至连张良、陈平这些汉军的顶级谋主都被乐观情绪所裹挟，没有做出应有的警示。

《史记·项羽本纪》仅用了一百多字记录彭城之战：

> 项王乃西从萧，晨击汉军而东，至彭城，日中，大破汉军。汉军皆走，相随入谷、泗水，杀汉卒十余万人。汉卒皆南走山，楚又追击至灵壁东睢水上。汉军却，为楚所挤，多杀，汉卒十余万人皆入睢水，睢水为之不流。围汉王三匝。于是大风从西北而起，折木发屋，扬沙石，窈冥昼晦，逢迎楚军。楚军大乱，坏散，而汉王乃得与数十骑遁去。

三万楚军于清晨突然全线出击，至中午便已大破刘邦大军。遭到突袭的汉军根本无法组织起任何有效的抵抗，在楚军几个波次的无间断攻击后一路溃逃,仅战死的人数就高达十余万,在灵壁以东的睢水更是溺死十余万人,将"投鞭断流"变成了"睢水为之不流"。楚军此战甚至有毕其功于一役的"斩首"机会,楚军"围汉王三匝",谁料"大风从西北而起",刘邦这才逃出生天。

刘邦虽逃过一劫,但父亲刘太公与妻子吕雉皆在此战被俘,逃亡途中,刘邦连儿子和女儿都踹下车去,可见刘邦在彭城之战中的狼狈周章。

彭城一战,刘邦遭到了起兵以来的最大惨败。在绝对劣势之下,项羽是如何缔造这一熠熠生辉的军事奇迹的?

汉军占领彭城后马放南山,以至于在猝不及防中被楚军突袭自然极其关键,但也因为这一原因被谈论过多导致其他原因被遮蔽,笔者试着分几点再探讨一下。

第一,反楚联盟是一支"多国部队",虽然汉军是主力,刘邦也是盟主,但刘邦对其他诸侯的军队并无绝对控制权,顺境时各行其是也就罢了,逆境时他们很可能沦为望风披靡的乌合之众。

有一种说法是,刘邦之所以在占领彭城之后没有主动对城阳的项羽主力部队发动总攻,很可能是想保存实力,"因为消灭项羽不等于统一天下",各路参战或者观望的诸侯都可能成为刘邦下一阶段争夺天下的对手;而出于同样的逻辑,赵、代、齐等国诸侯也有着与刘邦相似的保存实力的意图,没有积极有力地牵制楚军,让项羽得以从城阳全身而退,一路奔袭彭城。[1]

---

[1] 辛德勇《历史的空间与空间的历史:中国历史地理与地理学史研究》,北京师范大学出版社,2005年1月版,134页。

第二，韩信的缺席。正如刘邦与韩信那段著名的对话，与带兵"多多益善"的韩信相比，刘邦"不过能将十万"。只有十万军队指挥能力的刘邦要带领近六十万大军，并且还是统一指挥极其困难的"多国部队"，也算是强人所难了。彭城之战时的韩信正驻留关中，继续围困章邯，以楚汉战争此后的进程来看，汉军中除了韩信，无人有与项羽决战于旷野的能力，即使是与韩信并称"汉初三大名将"（"灭楚三杰"）的英布和彭越也不外如是。甚至可以说，秦汉时代，能够指挥六十万人大兵团作战的将领，只有秦的灭楚功臣王翦和刘邦的大将韩信[①]。

第三，楚军的骑兵优势。在彭城之战中，项羽率领的三万军队是一支纯粹的骑兵军团。这极可能是骑兵在中国战争史上第一次以如此大的规模独立担任一次重大战役的主力。即使是战国时代最卓越的骑兵统帅李牧，率兵反击匈奴时带领的也只是一支骑兵占比仅为8%的步骑混编军团，骑兵人数不过一万三千人，但仅此也很可能创造了战国时代骑兵单次出动人数之最。要知道，长平之战中那支截断赵军粮道、出尽风头的秦国骑兵也不过五千人而已。

楚汉战争时，骑兵还远未进化到马镫时代，而正是马镫奠定了骑兵作为中国古代战争"兵种之王"的地位。没有马镫之前，骑兵尚不具备正面对抗密集结阵步兵军团的能力，在秦汉之际更像是步兵的辅助兵种。由于有关史料的相对缺乏，已无法具体掌

---

① 李开元《楚亡：从项羽到韩信》，生活·读书·新知三联书店，2015年5月版，94页。

握楚军骑兵的战法,特别是这些骑兵在多大程度上克服了时代局限,以及是以骑射为主还是以白刃肉搏战为主。

但有三点在彭城之战中是明确的:一是楚军骑兵已经具备了长途奔袭能力,甚至有余力进行迂回作战,并且在抵达战场后仍然具备强大的实战能力。二是楚军的奇袭战法能成功,正是因为纯骑兵部队机动能力的强大。楚军骑兵在彭城之战中的总攻实现了步兵很难完成的突然性,而正是因为突然性,让楚军骑兵不用面对汉军步兵的密集结阵,得以将兵力占绝对劣势的一方无法承受的阵地战打成了骑兵最擅长的闪电突袭战,继而是掌握了完全速度优势的追击战。汉军的大部分损失其实都是步兵在慌不择路的溃逃中造成的,其间没有机会稳住阵脚,形成密集结阵的有效抵抗。三是楚军骑兵在彭城之战中已经具备了某种正面强攻能力。

彭城之战是中原首次大规模独立运用骑兵参战,更是骑兵第一次大规模歼灭步兵集团。此战改变了中原骑兵自赵武灵王改革以来一直居于战争辅助者的地位,是中国骑兵史上继"胡服骑射"之后的第二个里程碑。如果考虑到汉军近六十万的人数,甚至可以说彭城之战是中国骑兵史上骑兵对步兵最重大的胜利。

彭城之战还是一次伟大的骑兵战术革新的先行试验。尽管严格意义上的骑兵冲击战术迟至汉武帝时代才由卫青、霍去病开创并定型,但楚军骑兵在彭城之战中的惊鸿一瞥已经算是这一重大骑兵战术革新的最初起源和思想资源了。

除骑兵冲击战术以外,项羽在彭城之战中的战术革新还体现在"集中使用骑兵"上。尽管那个时代的骑兵有各种局限性,但项羽还是"强行"将骑兵从辅助兵种直接提升到了独立担任重大战役的绝对主力的地位上。打一个比方，骑兵之于彭城之战，就好像德国装甲部队之于德国二战初期的闪击战：古德里安通过"集中使用坦克"的战术革新，仅用几周就一举击溃了坦克总量不逊于德军，但将坦克分散使用的英法联军。

但平心而论，彭城奇迹最重要的先决条件还是"突袭"。楚汉战争时代的骑兵尚不具备大举正面强攻步兵军阵的能力，更别提用三万骑兵强攻数十万步兵的密集结阵。

这一战场定律的寿命也相当长，19世纪初普鲁士的军事理论家克劳塞维茨在《战争论》中总结了几条他认为最接近"真理"的战术原则，其中一条就是"不遇到紧急情况，骑兵团不应该用来对抗队形完整、军纪严明的步兵团"，当然，这已经是热兵器时代了。

从时间线上看，楚军的骑兵应当组建于巨鹿之战后，一是史料中并未见到项羽在巨鹿之战中使用骑兵的记载，二是项梁和项羽起兵的楚地也不是传统的养马地。巨鹿之战后，项羽有条件在燕赵之地和秦地获得大批马匹补给，并可在燕赵之地征召骑兵，从而承继赵国胡服骑射改革后的骑兵传统。

而此时的汉军骑兵呢？除了项羽在一开始击溃的那支樊哙的部队中可能有部分骑兵，没有证据证明彭城之战中有成规模的汉军骑兵出来抵御楚军骑兵，更别提有独立运作的骑兵军团了。

彭城之战后，刘邦痛定思痛。鉴于楚军骑兵的强大，他一退到荥阳就着手组建自己的骑兵军团——郎中骑兵，拜灌婴为骑兵统帅，而军官和兵源则基本来自原秦军的骑兵班底。在《史记·樊郦滕灌列传》中，郎中骑兵的组建过程颇具戏剧性，可明显见到对秦军骑兵传统的沿袭：

> 楚骑来众，汉王乃择军中可为（车）骑将者，皆推故秦骑士重泉人李必、骆甲习骑兵，今为校尉，可为骑将。汉王欲拜之，必、甲曰："臣故秦民，恐军不信臣，臣愿得大王左右善骑者傅之。"灌婴虽少，然数力战，乃拜灌婴为中大夫，令李必、骆甲为左右校尉……

除骑兵兵源可以借助秦军的骑兵班底之外，刘邦组建骑兵的另一大优势就是：关陇地区及之后韩信征服的燕赵地区都是传统的养马地，军马来源由此得到了最大保障。反而是楚军骑兵，在燕赵之地被汉军掌控之后，军马来源被切断，不要说扩编骑兵，就连补充军马都很困难，逐渐后继乏力，而这一点恰恰也被之后的历史所证明。

汉军骑兵军团组建后迅速投入实战，屡败楚军，在荥阳以东更有击败楚军骑兵的突出表现，据《史记·樊郦滕灌列传》：

> ……将郎中骑兵击楚骑于荥阳东，大破之。受诏别击楚军后，绝其饷道，起阳武至襄邑。击项羽之将项冠于鲁下，破之，所将卒斩右司马、骑将各一人。击破柘公王武，军于燕西，所将卒斩楼烦将五人，连尹一人。击王武别将桓婴白马下，破之，所将卒斩都尉一人。以骑渡河南，送汉王到洛阳，使北迎相国韩信军于邯郸。

最具历史戏剧性的是，在垓下之战中穷追不舍，逼得项羽乌江自刎的就是这支汉军骑兵，甚至最后斩杀项羽的五名汉军骑将竟悉数来自原秦军骑兵系统。

汉军在彭城之战中因骑兵而惨败，又在垓下之战中以骑兵终结了楚汉战争，也算是"成也骑兵，败也骑兵"了。

与彭城之战同时代的欧洲，也爆发了一场在世界战争史上有标杆意义的以少胜多之战——公元前216年的坎尼之战。在四万多迦太基军大败八万多罗马军团的坎尼之战中，汉尼拔的军队虽然是步骑混编，但骑兵同样起到了两翼合围的关键性作用。

通往垓下之路

彭城一战中，刘邦遭到了起兵以来的最大惨败，手下近六十万大军损失过半，将战略主动权拱手相让于本已山穷水尽的项羽。而以汉国为核心的庞大反楚联盟也由此土崩瓦解：河南王申阳失联，殷王司马卬战死，本就是被迫降汉的翟王董翳和塞王司马欣临阵反水，赵、代、魏三国也抛弃了汉国重新与楚国结盟，甚至连项羽的死敌田横也决定与楚停战。

《史记·高祖本纪》以寥寥几句精准描述了刘邦的众叛亲离：

> 当是时，诸侯见楚强汉败，还皆去汉复为楚。

一场大捷，让项羽在外交上也成功摆脱了被孤立的逆境。那个号令天下的楚霸王似乎又回来了，并在楚、汉的合纵与连横之争中，将汉国连横诸侯讨伐西楚的不利态势，又逆天改为西楚合纵诸侯围攻汉国。

在中国古代战争史上，但凡遭受过彭城之战这样丧师几十万的惨败一方，基本上都是迅速由盛转衰，甚至直接走向亡国，毕竟，在任何时代，几十万大军都是倾国之军了，损失过半是很大的打击。但刘邦偏偏很快就稳住了阵脚，在极端不利的情况下将楚国拉进了战略相持的局面，仅三年多后就再次聚集起六十万大军，在垓下之战中彻底击败了项羽。

刘邦这个军事奇迹一点儿也不逊于项羽的彭城之战。

那么，刘邦何以在短时间内转败为胜？

第一，即使彭城战败之后，依托于关中地区和巴蜀地区的汉国综合国力仍然不下于西楚，这就有点儿像赤壁之战后的曹魏，尽管暂时让出了战略主动权，其实力仍是三国最强。

当留守关中地区的萧何知道刘邦彭城战败的消息后，立即"发关中老弱未傅悉诣荥阳"；韩信也亲自带兵驰援刘邦，将关中地区充裕的人力、物力、财力注入刘邦与项羽僵持的荥阳一线。从楚汉战争中后期的态势来看，所谓的汉军在人员构成上越来越像一支秦军。刘邦与占据汉军和汉国上层位置的丰沛集团固然是楚地人，但汉军的中层和基层此时已经基本"秦军化"了，刘邦实际上是依靠着秦国故地及秦国军民与项羽争霸天下，某种程度上也算是继承了秦国当年强大的国力。刘邦还有一个易被忽视的优势，即在项羽坑杀了二十万秦军之后，老秦人和项羽已经结下了血海深仇，在全力支持刘邦击败项羽这个问题上，老秦人倾其所有。

就在彭城之战后的两个月,即汉王二年(前205年)六月,困守废丘的章邯城陷身死,项羽留在关中地区的最后一根刺被拔除。关中地区就此大定,刘邦再无任何后顾之忧。

刘邦并没有因为战败而一路退守关中地区,而是仍然掌控东进之初占据的韩魏领土,人力、物力和领土都成倍扩张。项羽虽然取得彭城会战的巨大胜利,但仅仅收复了自己失去的西楚领土,却失去了关中和关东部分地区的大量附属国,与最亲密的盟友九江王英布也离心离德,"综观楚汉战争开始以来双方的得失,刘邦之得大于失,而项羽之失大于得"[①]。

在刘邦后方巩固,迅速恢复元气之时,项羽处境如何?这就要说到刘邦转败为胜的第二点了。

第二,彭城之败后,刘邦很快就对项羽形成了多面包围的态势。

首先是刘邦亲自指挥的东线战场,这可以看作楚汉战争的"正面战场"。在得到来自关中地区的兵力和后勤支援之后,刘邦在荥阳一线稳住了阵脚,一些在彭城之战中溃散的军队也陆续归建。在新组建的郎中骑兵助阵之下,汉军在京索之战中击败了士气正旺的楚军,逼迫楚军放弃了一鼓作气消灭刘邦主力的妄念,楚汉由此进入了战略相持阶段。尽管在之后的东线战场上,楚军在项羽的亲自指挥之下看似始终处于进攻状态,但其主力却被汉军牢牢地牵制于此,从而当汉军在其他战线陆续发难之后,项羽

---

① 军事科学院主编《西汉军事史》,《中国军事通史》,军事科学出版社,1998年10月版,40页。

陷入了顾此失彼、疲于奔命的状态。对于刘邦而言，他实际上亲自担任了"田忌赛马"中的"下驷"，胜也罢，败也罢，只要像牛皮糖一样纠缠住项羽主力，便已超额完成了任务。

再看九江国的英布。英布本是项羽爱将，但就封西楚国之南的九江国后，他已无心再跟随项羽戎马倥偬。当项羽征召他讨伐齐国时，他只派了一名部将和几千人应付。此时，不得不佩服刘邦坚韧、强大的心理素质——他还在逃亡路上时，就开始考虑如何拉拢同盟力量以剪灭项羽，发出了"欲捐关以东等弃之，谁可与共功者"的裂土分茅豪言。当时张良称，英布、彭越与韩信，"捐之此三人，则楚可破也"。而刘邦第一个考虑的人就是英布，并派使者随何出使九江国，说服了与项羽已生嫌隙的英布。

尽管英布起兵后迅速被项羽击败，但他完成了刘邦"留数月，汉之取天下可以万全"的战略诉求，牵制了项羽西进，为刘邦争得了重整旗鼓的战略喘息时间；更重要的是，英布之后又带兵在南线战场上形成了对项羽的重要战略威胁。

然后是"敌后战场"的彭越。彭越是楚汉战争中最卓越的"游击战大师"，他带兵在巨野泽附近的楚国腹地游击，让西楚不堪其扰，两次逼迫项羽抽调主力回西楚，极大地减轻了在东线战场上苦苦支撑的刘邦的压力，史称"彭越挠楚"。彭越由此也被军事史家看成"世界战争史上的游击战始祖"。

汉王四年（前203年）八月，在敌后作战中尝到甜头的刘邦故技重施：

> 使刘贾将二万人，骑数百，渡白马津入楚地，烧其积聚，

以破其业，无以给项王军食。已而楚兵击刘贾，贾辄壁不肯与战，而与彭越相保。(《史记·荆燕世家》)

刘邦的这支偏师从白马津（今河南省安阳市滑县东北）渡河，与彭越配合，大举杀入楚国后方，以破坏楚国后方经济潜力为能事。当遭遇楚军主力时，汉军的这支偏师又只守不攻，"辄壁不肯与战"。

最后是北线的韩信。汉王二年（前205年）八月，也就是彭城之战四个月后，刘邦遣韩信进攻叛汉联楚的魏王魏豹，仅用一个月韩信就平定了魏国。随后，韩信率军北上，开始逐一进击赵、代、齐、燕各国，攻无不克，将自己的军事天才发挥得淋漓尽致。

汉王三年（前204年）十月，韩信在轻松解决了代国之后，又在井陉之战（成语"背水一战"的典故出处）中击败了二十万赵军；次年十月，韩信攻齐，一举拿下齐都临淄；一个月后，韩信又在潍水之战中击败齐、楚联军，全歼了项羽爱将龙且率领的二十万援齐大军。潍水一战中，韩信不但消灭了楚国除项羽主力之外的最后一支有生力量，而且在东、北两个方向完成了对楚国的战略包围。有一种说法是，韩信平齐后，仅余一支孤军的项羽其实败局已定，垓下之战只是困兽犹斗罢了。无怪乎龙且败亡后，自知大事不妙的项羽派说客游说韩信，"当今二王之事，权在足下。足下右投则汉王胜，左投则项王胜"。

汉王五年（前202年）十二月，楚、汉最后一战在垓下（今安徽省蚌埠市固镇县）爆发。"四面楚歌"还有一种解释就是，刘邦和"灭楚三杰"所率的这四支军队，在垓下之战前就已在东线、北线、南线、楚国敌后战场这四条战线上，为项羽这只困兽编织了无法挣脱且越收越紧的C形包围圈。史学界有一种说法是，垓下之战实际上是陈下之战的后续（辛德勇先生甚至认为垓下之战即陈下之战），项羽在陈县（今河南省周口市淮阳区）遭到了汉国四路大军规模浩大的进攻，败退后撤到垓下，方有最后一战。

垓下之战是韩信和项羽这两大战神的第一次正面对决，但也是最后一次。在此之前，项羽在亲自上阵的大规模野战中从未输过任何一场，以少胜多已是常态。甚至在垓下之战前的两个月，项羽还在韩信与彭越未至的情况下，大破刘邦的汉军。此时，汉军又聚集了和彭城之战同等规模的六十万大军（也有说法称有三十万人），对阵项羽的十万孤军，只是，项羽再也未能上演翻盘奇迹。

垓下之战在战前就已失去了悬念。据《史记·项羽本纪》，张良和陈平在垓下战前力劝刘邦出兵：

> 汉有天下太半，而诸侯皆附之。楚兵罢食尽，此天亡楚之时也，不如因其机而遂取之。今释弗击，此所谓养虎自遗患也。

楚汉战争，相当于第二次秦灭六国。

最后附上一个战争小彩蛋。楚汉战争前后几乎所有重要的战役，都与"水"有密切关系：巨鹿之战与"破釜沉舟"，彭城之战与"睢水为之不流"，章邯败亡与水淹废丘，韩信破赵与"背水一战"，韩信破齐与水淹龙且，垓下之战与霸王自刎乌江……这些重要战役发生的地理位置都与水有关，足见河流在中国古代战争地理中的重要地位。

第三章

战匈奴：武帝的骑兵革命

在中国历史上，如果要论"百年战争"，那么首推的就应该是"汉匈百年战争"。从汉高祖七年（前200年）"白登之围"算起，到永元三年（91年）东汉大将军窦宪彻底击溃北匈奴，"北单于逃走，不知所在"（《后汉书·窦融列传》），"汉匈百年战争"打了二百九十一年，远超时长一百一十六年的英法百年战争。

但若要在其中选取一个高光时段，那就一定是汉武帝时期的汉匈战争了。从汉武帝元光二年（前133年）功败垂成的马邑之围，到征和三年（前90年）的燕然山之战，以汉武帝后期最倚重的将领李广利兵败投降匈奴为终，在位五十四年的汉武帝与匈奴打了四十四年的仗。

这四十四年的仗，见证了汉帝国"新扩张方略最初的执行与成功，以及后来的失败与放弃"[①]。可以说，中国帝制时代征伐的荣耀、挫折乃至民穷财尽、被迫中止战争的结局，都在汉武帝时期写好了脚本。

四大战役

在汉武帝和匈奴的四十四年缠斗里，虽说总体上有武功赫赫

---

① ［英］鲁惟一《汉武帝的征伐》，［美］费正清、［美］小弗兰克·A.基尔曼编著，陈少卿译《古代中国的战争之道》，民主与建设出版社，2019年8月版，76页。

之说，实则最辉煌的胜利都发生在前期（前127年—前119年），后期的几场大仗基本算是惨败，燕然山之战作为最后一役更是汉武帝时期对外战争的最惨痛一败。

汉武帝时期最著名的四大战役是：河南之战（前127年）、漠南之战（前124年）、河西之战（前121年）和漠北之战（前119年）。打完这四仗，匈奴其实已经一蹶不振，完全丧失了战略主动权和大规模进攻能力，出现了"匈奴远遁，而幕（漠）南无王庭"的大好局面。汉高祖"白登之围"的百年耻辱至此也连本带利地洗刷了。如果汉武帝此时见好就收，也就不会有后来的"亡秦之失"了。

这四场战役成就了中国历史上的两大名将：卫青和霍去病。卫青是前两场战役的头号将星，霍去病则在后两场战役中风头更劲。

在元朔二年（前127年）的河南之战中，数月前刚刚以奇袭匈奴圣地龙城成名的卫青率兵行军千余里，突袭白羊王和楼烦王，以极小的代价歼灭匈奴军队数千人，收复了秦末被匈奴占领的河套平原，将汉帝国的北部防线推移至黄河沿岸，基本解除了匈奴对关中特别是长安的直接威胁，是为汉帝国开国以来对匈奴空前之大胜。

在三年后的漠南之战中，汉帝国以倾国之力出动十余万骑兵。卫青独领三万人疾进六七百里，乘夜奔袭右贤王王庭，将猝不及防的右贤王打得仓皇北顾。卫青俘获其部众一万五千余人，牲畜数十万头。第二年，作为漠南之战的下半场，被汉武帝拜为大将军的卫青率六将军，统领十余万骑兵两出定襄（今内蒙古自治区呼和浩特市和林格尔县西北），累计斩杀匈奴近两万人。

漠南之战最大的亮点还不是卫青，而是横空出世的霍去病。十七岁的霍去病率领八百骑兵，脱离大军主力孤军深入，追敌数百里，不仅斩杀匈奴两千余人，还俘虏了匈奴相国和单于叔父，战后被封为"冠军侯"。

漠南之战后，匈奴单于伊稚斜慑于汉军的兵威，听从汉军降将赵信的建议，将匈奴王庭和主力迁至大漠以北。因此，汉武帝决定将下一步的主战场转移至西北方向的河西地区（今河西走廊）。元狩二年（前121年）春天，汉武帝封霍去病为骠骑将军，让其独自率领一万骑兵出征匈奴，是为第一次河西之战。霍去病六天转战千余里，扫荡了隶属匈奴的五个小部落王国，并在正面对决中击败了浑邪、休屠两王，斩首八千九百余级，连休屠部祭天的金人都为汉军缴获。

元狩二年（前121年）夏，大受鼓舞的汉武帝命霍去病与公孙敖领数万骑兵再次进攻河西（第二次河西之战），张骞和李广率万余骑出右北平（今内蒙古自治区赤峰市宁城县一带）进击左贤王。在公孙敖所部迷路的情况下，霍去病没有瞻前顾后，而是率部按照原计划进行了"大纵深外线迂回作战"，深入匈奴境内两千余里，突袭了浑邪王、休屠王大军，歼敌三万余人，俘虏了匈奴王族五十九人、重臣六十三人。

又数月后，霍去病在浑邪、休屠两王受降的关键时刻，果断率领精锐突入匈奴军中，斩杀了八千多名欲遁逃的降兵，稳住了局势，并监护四万多匈奴降众东渡黄河。

历经两次河西之战，汉帝国完全控制了河西走廊地区。从此汉与西域直接交通，令汉帝国在日后与匈奴争夺西域的竞争中占据了先手优势。

河西一带本是匈奴肥美的牧场之一，失河西令匈奴国力和战争潜力大损,所谓"亡我祁连山,使我六畜不蕃息。失我焉支山,使我妇女无颜色"。河西易手,是汉匈战争的重大转折点,"使汉匈双方的力量对比,发生了重大的变化","此后匈奴便日趋衰落并渐居下风,而汉朝的优势则日益明显,基本掌握了战争主动权"。①

元狩四年(前119年)的漠北之战不仅是汉军对匈战略进攻征途最远的一次,也是汉匈双方最大规模的一次决战,更是汉武帝时代对匈战争的胜利巅峰。为了这一战,汉武帝不仅征发了十万骑兵,"私负从马凡十四万匹"(《史记·匈奴列传》),还调集了数十万步兵负责保护和运送粮草辎重,以解决超远距离作战的远征后勤事宜。卫青、霍去病各领骑兵五万,兵分两路。卫青采用了车骑协同、车守骑攻的新战术,在正面决战中击溃了匈奴单于亲自率领的主力,歼敌一万九千余人。霍去病的胜利甚至更为炫目:他率领"敢力战深入之士"在荒漠中北进两千余里,追击一路北逃的左贤王,一直追到狼居胥山(有说法称其在今蒙古国乌兰巴托以东),斩杀匈奴七万余人,留下了"封狼居胥"的汉家男儿神迹。

除"封狼居胥"以外,漠北之战给中国历史留下的另外一个重要事件是李广自杀。李广在此战中迷路,留下了"岂非天哉"的千古一叹,以"李广难封"的悲剧人设引刀自刎。

---

① 军事科学院主编《西汉军事史》,《中国军事通史》,军事科学出版社,1998年10月版,226—227页。

骑兵革命

卫青和霍去病这两个战场新人为何能在汉匈战争中取得如此熠熠生辉的战绩？其原因可能有以下几点：

第一，文景之治积蓄的雄厚国力。从马邑之围到漠北之战，其间纵然损失惨重，但汉武帝对匈奴还是保持了长达十五年超强力度的战略进攻。特别是漠北之战，汉帝国光动员的后勤辎重部队就多达数十万人。汉武帝时代的汉匈之战实际上是一场以本伤人的极限消耗战，不存在什么毕其功于一役的战机，汉、匈双方就像两个疲惫且伤痕累累的重量级拳王一样，在一场长达几十年的持久战中互相重击，看谁先倒下来而已。尽管此时的匈奴帝国也正值其国力鼎盛时期，但武帝却拥有父祖两辈与民休息几十年积累下来的大量人力、物力、财力。

第二，文景之治的积累在战场上对汉军意义最大的是战马数量。西汉初年，汉帝国的马政基本处于崩溃的状况，将相上朝只能乘牛车，连刘邦都找不到四匹颜色一样的马来拉车，所谓"天子不能具钧驷"。"白登之围"中，刘邦的三十二万大军基本上就是一支步兵军团，面对可以在战场上像阅兵一样"西方尽白马，东方尽青駹马，北方尽乌骊马，南方尽骍马"的匈奴骑兵军团，战马数量居于绝对劣势的汉军铩羽而归也就没有什么奇怪的了。

在文景之治积累的强大国力的支撑下，汉帝国的马政事业进展迅速。汉景帝在陇右建立了三十六个官方养马场（牧师苑），当汉武帝对匈奴发动帝国反击战时，汉帝国的马匹数量已经达到了空前的四十万匹——这还没有计入民间的养马数,以至于《盐铁论》记载有"长城以南,滨塞之郡,马牛放纵,蓄积布野"的盛况。卫青和霍去病之所以可以发动那些动辄几万甚至十几万骑兵同时进击的大战役,背后的支撑就是汉帝国马政事业的跃进。没有马,卫青和霍去病的一切大战略都是空想。

有趣的是,在汉武帝时代,汉帝国这样一个农耕帝国朝野间已培育出了游牧帝国一般的爱马风尚。为了得到大宛的"汗血宝马",汉武帝不惜一战;另外,有一种说法是,汉武帝之所以和乌孙国和亲,将公主刘细君远嫁,动因之一是看上了乌孙的"天马"。在这两个传说背后,是汉帝国军事审美从崇尚步兵转为崇尚骑兵导向的重大转型。

第三,汉武帝时代很可能经历了一场影响深远的"骑兵革命"。对此,《南北战争三百年:中国4—6世纪的军事与政权》一书给出了令人信服的分析:卫青、霍去病率先在汉军中发起了"骑兵战术革新",不与匈奴人较量他们擅长的远距离骑射,而是把中原步兵擅长的正面集团冲锋战术移植到骑兵身上,用长戟和环首刀取代弓箭,"用肉搏战抵消掉匈奴人的骑射优势"[1]。特别是厚脊薄刃、利于劈砍的铁制环首刀,正是在汉武帝时期得到了大发展,是那个时代杀伤力最强,且最适合骑兵的近身肉搏兵器。

在卫青和霍去病的数次胜利中,即使正史中关于交战过程的史料一如既往地"简明扼要",但仍然可以比较清晰地看到近距离

---

[1] 李硕《南北战争三百年:中国4—6世纪的军事与政权》,上海人民出版社,2018年1月版,43页。

肉搏战的出场。无论是暗夜突袭还是正面决战，匈奴骑兵的骑射战术都会遭遇到尴尬的"武功高的打不过不怕死的"的境况。而相对缺乏骑射训练，可以"批量生产"的汉军骑兵凭借制度化的纪律和坚忍，屡次击败了骑术射术更为高明，但惧怕肉搏战的匈奴骑兵，以至于这一时段的汉匈对决往往是以"击溃战"居多。匈奴骑兵往往在尚可相持之时，就早早被汉军血腥的骑兵新战术弄得失去斗志，先行逃离战场，从而使相持战一次次变为追击战。

按照《南北战争三百年：中国4—6世纪的军事与政权》的解释，汉军的正面集团冲锋战术需要的是高度严明的战场纪律和对高伤亡率的极限容忍，而这恰恰是处于部落制中、没有实现中央集权的匈奴人所无法做到的，同时也是治军纪律相对松散、更注重个人勇武的李广所缺乏的。这也可以部分解释李广在这一时期的汉匈决战中郁郁不得志，始终难以获取封侯战绩的原因："当卫青、霍去病已经做出表率，几乎所有汉军骑兵都接受了步兵坚忍、血腥的冲锋肉搏战术时，李广仍旧迷恋着他已经艺术化的骑射本领，不甘忍受军事纪律和组织的约束，最终失利以自杀结束了其充满争议的一生。"[1]

在卫青和霍去病的时代，单纯从军事技术上说，骑兵并没有什么重大革新，马镫的全面成熟还要等到魏晋南北朝。在没有马镫的情况下，汉军骑兵在军事技术上与赵武灵王时代的赵国骑兵并无本质差别。当然，此时汉军骑兵已开始普遍装备铁制长戟和

---

[1] 李硕《南北战争三百年：中国4—6世纪的军事与政权》，上海人民出版社，2018年1月版，49页。

铁铠，对尚处于青铜与铁器"混装"时代的匈奴骑兵有些微装备优势。

因此，霍去病和卫青的骑兵变革更是一次"战术革新"，而不是"技术革命"。一方面，不是出身行伍的卫霍没有李广式的"传统包袱"，对似乎天然正确的骑射战术并无执念；另一方面，在前马镫时代，骑兵的骑射训练成本和时间成本更为高昂，汉帝国的募兵在这一方面绝无可能与牧民、军人合一的匈奴骑兵相比。为了尽可能发挥出汉军的规模优势，在短时间内打造出一支强大的骑兵军团，汉帝国军界必然会寻找一种更适合自身组织架构的新战术，以对抗匈奴骑兵且驰且射的技术优势。

但很可能超出汉武帝预期的是，限于非中央集权的社会组织结构，正面冲击战术恰恰是匈奴人无力对标的。

不过，卫霍主导的这次"骑兵战术革新"也不是凭空而来，而是有着前代的经验参考。比如项羽的三万骑兵在彭城大捷中大概率也采用了某种未经体系化的"类正面冲击战术"，很可能给汉武帝和卫霍提供了战史案例参考。汉文帝时，晁错曾建言用"突骑"对冲匈奴的骑射优势："若夫平原易地，轻车突骑，则匈奴之众易挠乱也。"这很可能是"突骑"一词首次见于中国史籍中。颜师古在为《汉书·晁错传》作注时说，"突骑，言其骁锐，可用冲突敌人也"，这已很明显地带有"正面冲击"的意思了。

若置于同时代的世界战争史中，卫霍的战术革新可能就无甚出奇之处了。波斯重骑兵和马其顿"伙友骑兵"的冲击战术比卫霍早了一百多年。

第四，卫青和霍去病的长途奔袭能力。在有限的史料中，我们很难充分解释，卫霍时代的汉军骑兵为何突然脱胎换骨，成为一支可以脱离步兵的支持独立作战，在大漠中动辄纵横千里、迂回包抄的机动部队。要知道，仅仅在几十年前，汉军还是一支完全以步兵为主的传统中原军队。对此，匈奴上层可能也要迟至漠北之战后才能完全接受这个事实：汉军骑兵的长途机动能力已经不亚于匈奴骑兵，但匈奴人已为这一后知后觉付出了惨重的代价。

而在此之前，卫霍在各大战役中屡屡完成让匈奴人猝不及防的远程突袭。如卫青的首战奇袭龙城，河南之战中千里奔袭白羊楼烦二王，漠南之战中突袭右贤王王庭；霍去病在漠南之战中率八百骑兵突袭匈奴大后方，河西之战中突袭并斩杀匈奴三万人，特别是在漠北之战中，霍去病在大漠中长驱北进两千余里，最终封狼居胥山。匈奴人在战争中反复败于汉军突袭战术的结果令人惊诧，归根到底就是因为匈奴人始终无法正视汉军骑兵的长途奔袭能力。

对于汉军骑兵的强大机动力，有一种解释是，卫霍时代的骑兵在强大的马政支持下，很可能部分实现了此前草原游牧民族骑兵才有能力实现的一人双马。比如，漠北之战中，十万骑兵除了各自的坐骑，还"私负从马凡十四万匹"，最后光损失的战马就有十几万匹。一人双马的优势是：骑兵在远征中可以通过两匹马的轮流休息保证行军速度，并在战斗开始时让战马处于体力充沛的临阵状态。

后卫霍时代

漠北战役结束后，汉匈之间出现了长达十六年的"不战不和"

局面,"匈奴远徙了,汉因为马少,也不能出击了"①,直到武帝太初二年(前103年),赵破奴率两万骑兵再度出塞,汉匈双方才重启战端。在休战期间,霍去病和卫青先后去世。

与卫青、霍去病战绩辉煌的四大战役相比,汉帝国在后卫霍时代的三场重要战役均以惨败收场。太初二年(前103年),赵破奴的两万骑兵被左贤王的八万骑兵包围,全军覆没;天汉二年(前99年)的浚稽山之战中,李陵的五千步卒被匈奴单于主力包围,后突围失败,李陵被俘;征和三年(前90年)的燕然山之战中,汉军七万大军全军尽没,统帅李广利请降,是汉武帝时代对匈作战的最大失败。

四大战役之后,匈奴丧师失地,综合国力从巅峰跌落,和汉帝国已不在一个层级上。但此后汉军的战斗力却有每况愈下之感,卫霍时代的那支无敌汉军去哪儿了?

第一,四大战役之后,汉武帝已将文景之治后积累的巨大财力、物力消耗殆尽,可以看作一场双向的高强度消耗战。班固在《汉书》中描述了当时触目惊心的社会危机,"承孝武奢侈余敝师旅之后,海内虚耗,户口减半","自是始征伐四夷,师出三十余年,天下户口减半"。司马光在《资治通鉴》中甚至给出了这样的评价:"有亡秦之失,而免亡秦之祸。"

很多人或许会问,汉帝国与匈奴休战了十六年,这段时间难道不够休养生息吗?

问题就在这里,在匈奴靠休战缓慢恢复国力之时,穷兵黩武

---

① 汪篯《汉唐史论稿》,北京大学出版社,1992年12月版,73页。

的汉武帝又将战火烧到了帝国边疆的其他方向，喘息未定的汉帝国又陷入了战争的泥沼。漠北之战后，汉军连续对南越国、闽越国、西南夷、滇国、西羌、卫氏朝鲜、楼兰、姑师和大宛，发动了声势浩大的战争，在长达十年的时间里绵绵不绝，有时候甚至同时打两场战争，其中光征伐大宛就"损五万之师，靡亿万之费，经四年之劳"。虽然也都算实现了开疆拓土，但汉帝国的最后一口气就这样慢慢被消耗掉了。如果不是这些战争，汉帝国本有机会与民休息十余年，待实力渐复之后再给匈奴更大力度的打击。

第二，国力大幅消耗的同时，汉军面临的更直接的威胁是：骑兵的战马也快打没了。纵然卫青和霍去病乃旷世奇才，但动辄上千里奔袭的战争模式决定了汉军即使获得大捷也要付出沉重的代价。兵力或许还可迅疾补充，但军马的损失就不是短时间内可以解决的问题了。在漠南和漠北两次战役中，汉军损失的战马可能都在十万匹以上。连番大战之后，曾高达四十万匹的汉帝国军马存量一度已跌至二十万匹以下。

军民合一的游牧生产方式决定了匈奴无论如何窘迫也不太可能缺马。有说法称，某些时段匈奴骑兵甚至可以实现"一人五马"的超豪华配置。在长时间的消耗战中，匈奴可能遭遇领土大幅缩水、人力消耗巨大、财力消耗殆尽等窘境，但唯独马匹数量的恢复速度远胜于汉帝国，成本也远低于汉帝国。

可以佐证汉军马匹奇缺观点的是，当李陵向汉武帝请战出征时，汉武帝在优先关照了李广利军后竟已拨不出多余的马匹给李陵，表示"吾发军多，毋骑予女"。因此，李陵自矜且有些赌气似的表态无须骑兵："无所事骑，臣愿以少击众，步兵五千人涉单于庭。"出塞的五千人全数是步兵，为之后被围且突围失败的悲剧埋下了伏笔。

李陵率纯步兵军团远征自然是个特例，但在汉武帝后期的对匈战争中，由于马匹严重不足，已经很难像卫霍时代那样编组成一支支从数万到十万不等的纯骑兵军团，而是代以步骑混合编制。

如此，汉军在战场上再也难以重现当年卫霍式的远距离突袭，机动力和后勤保障能力都大打折扣；汉军撤退时也很难迅速脱离战场，极易被匈奴骑兵依靠机动性优势追歼甚至包围，而这也正是李陵全军覆没的教训之一。

匈奴在连续战败后，主动避开汉军之锋芒，将主力和王庭向北迁至更远的地方，如此一来，机动力本已严重下降，还要面对更远战场的汉军，就更难打出卫霍时代的长途奔袭战了。

第三，汉武帝后期的高级将领素质与卫青、霍去病有明显差距。以李广利为例，他虽然未必是某些史料中暗示的庸将，但绝对算不上什么将才，他的上位得益于汉武帝对外戚系将领的"路径依赖"，其军事生涯中的几次胜利基本是不惜血本，用极高代价换来的险胜，单进攻大宛就前后损失了五万之众。更致命的是，李广利虽然和卫青、霍去病一样同为外戚，但卷入宫斗的程度却深得多。当妻儿因为牵涉后宫政争被抓后，身在前线的李广利铤而走险，冒险进军，希望立功赎罪，最后招致七万大军被全歼的惨剧。

再看李陵。从作战能力看，他虽有名将之资，但他最大的缺陷并不是军事才华的欠缺，而是心魔。当汉武帝拒绝下拨马匹时，李陵的反应很可能带有知其不可为而为之的意气用事。换句话说，他率领五千步兵出征,并非单纯出于军事考量,而是掺杂了政治和情绪的因素,他对祖父李广与李氏家族被侮辱、被倾轧耿耿于怀,希冀通过决一死战为家族再次赢得荣誉。

李陵战败与步骑之争

在浚稽山之战中,起初单于亲率的三万匈奴骑兵也奈何不得李陵的五千精锐步兵,反而在李陵军的反击中损失了数千人,这也印证了李陵出征前对武帝放出的豪言:

> 臣所将屯边者,皆荆楚勇士奇材剑客也,力扼虎,射命中,愿得自当一队,到兰干山南以分单于兵,毋令专乡贰师军。

其后,单于又调来了八万余骑兵增援,才彻底掌握了战场上的主动权。可即使如此,李陵军在困兽犹斗之际,又至少消灭了匈奴上万骑兵。

李陵不愧为以步制骑的战术大师,据《汉书·李广苏建传》,当时李陵布下了一个进退有度的精妙阵法,令匈奴人无可奈何:

> 军居两山间,以大车为营。陵引士出营外为陈(阵),前行持戟盾,后行持弓弩,令曰:"闻鼓声而纵,闻金声而止。"虏见汉军少,直前就营。陵搏战攻之,千弩俱发,应弦而倒。虏还走上山,汉军追击,杀数千人。单于大惊,召左右地兵八万余骑攻陵。

可见，一旦汉军精锐步兵完成了密集结阵，匈奴骑兵如果没有兵力上的绝对优势，很难在正面对抗中占到便宜。匈奴骑兵的骑射技艺固然精湛，但面对装备射程更远的强弩、防护更好的汉军结阵步兵，前马镫时代的骑射型骑兵甚至在弓弩战中也居于下风。

在前马镫时代，由于缺乏稳定的射击平台，骑射型骑兵在发射速度、命中率甚至射程上，都无法与步兵弓箭手相比。这一古代战争的基本定律甚至在马镫成熟后仍然部分有效，骑射型骑兵的最大优势永远是其机动性。

在汉武帝时代，汉军的弓弩正经历着一次全方位的技术革新。从发掘出土的实物来看，汉武帝时代的弩开始带有"铜郭"，增强了弩的强度，使弩箭的射程更远，杀伤力更强；弩的瞄准装置也得到了改进，在满城中山靖王墓中出土的铜弩上，用于瞄准的"望山"被增设了刻度，相当于现代步枪的标尺，提高了命中率。①

总的来说，与秦弩相比，汉武帝时代的弩无论在射程、强度、还是在射击精度上都得到很大的提升，这也可以视作西汉军工业对匈奴骑兵骑射优势的一种极有针对性的回应，射程最远的"弩炮"甚至可以威胁五六百米外的匈奴骑兵。汉军中最强的单兵弩被称作"大黄"，射程可达三百米。李陵的祖父李广就曾在实战中利用大黄狙杀了匈奴指挥官，方才突出重围。

更何况，李陵的步兵还有铁甲和盾牌的掩护，使仅身披皮甲的匈奴骑兵在弓弩对战中显得防护力不足。事实上，李陵部的最后

---

① 杨泓、李力《中国古兵二十讲（插图珍藏本）》，生活·读书·新知三联书店，2013年1月版，99—100页。

败亡，正是在五十万支箭射尽之后，可见其战力对弓弩的高度依赖性。

在白刃战中，匈奴骑兵的劣势更为明显。如前所说，尚处于骑射时代的匈奴骑兵还未进化出正面集团冲锋战术，这不仅让匈奴骑兵无法与卫霍的冲击型骑兵对抗，也无法正面突破汉军步兵的密集结阵。

汉军步兵的近战装备也强于匈奴军。汉景帝时代，汉军的精锐部队已基本完成了钢铁兵器对青铜兵器的迭代。汉军步兵的主要长柄兵器是铁戟，长度可达200~250厘米；在短柄兵器方面，先是铁剑淘汰了青铜剑，后来更适合劈砍的钢铁环首长刀开始流行，又逐渐取代了汉军步骑兵装备最广泛的铁剑。[①]

远程武器有强弩，中程武器有铁戟，近程武器有环首长刀加盾牌，如此有协同性的步兵结阵，无怪乎匈奴骑兵如临大敌。

在铠甲方面，汉武帝时代的汉军不仅基本普及了铁铠，且铁铠的生产流程也得到了改进，使其日益标准化和规范化，既适于大规模生产，也易于编缀和修补，从而保证了士卒的持续防护力。[②]

还有一个易被忽视的细节是，此战李陵所部"以大车为营"，很可能是借助了大车的防御优势；而在元狩四年（前119年）的漠北之战中，卫青同样使用了兼具运输和防御功能的武刚车，"于是大将军令武刚车自环为营，而纵五千骑往当匈奴"（《史记·卫将

---

① 杨泓《古代兵器通论》，《中国考古文物通论》，紫禁城出版社，2005年12月版，140—154页。

② 杨泓《古代兵器通论》，《中国考古文物通论》，紫禁城出版社，2005年12月版，166—170页。

军骠骑列传》)。

这两处细节暗示着，尽管战车自战国时代后就已经开始丧失作为战争主力的地位，在汉匈战争中的地位也不及骑兵和步兵，但仍然没有如想象中那般彻底退出历史舞台，而是以某种变形的大车（辎重车）延续着自己的战场生命。当然，过去的战车是一种进攻性武器，而此时的新型战车是一种针对骑兵的防御性装备。在大车的助力下，李陵军的步兵结阵更加坚固和无懈可击，令匈奴骑兵很难找到薄弱点突破，在且战且退时也有了战术依托。

事实上，在汉武帝即位前，汉军仍批量装备着过时的战车。在1965年咸阳杨家湾出土的汉初大墓（墓主疑似为扫平七国之乱的名将周亚夫）中，发现了十一个兵马俑坑，战车部队虽然数量减少了很多，但仍然保持着传统的核心部队的地位。战车的半衰期极为漫长，甚至在戚继光车营和努尔哈赤楯车战术中，还有其变种出现。

晁错曾向汉文帝献计，力图在平原克制匈奴骑兵，"平地通道，则以轻车、材官制之"，可见以"战车加强弩"抵消匈奴骑兵的优势，在汉初已成为朝野共识。

西方汉学家鲁惟一盛赞李陵此战是"天才的军事行动"，因为"李陵展示出，步卒只要组织得当，弓弩充足，可以击败数倍于己的骑射手"。鲁惟一竟还总结了李陵三大"胜利秘诀"：保持有纪律地射击，以便有效地集中弩箭；纵使敌方骑兵反复冲击而造成伤亡，我方也要保持阵形不乱；箭支源源不绝。[①]

---

① ［英］鲁惟一《汉武帝的征伐》，［美］费正清、［美］小弗兰克·A.基尔曼编著，陈少卿译《古代中国的战争之道》，民主与建设出版社，2019年8月版，112—113页。

此刻，英国人鲁惟一是不是想起了英国长弓兵在克雷西战役（1346年）中力挫法国重骑兵的铁血往事？

李陵出塞四十七年后（前53年），在卡莱战役中，罗马三巨头之一克拉苏率领的四万罗马步兵被不足两万的帕提亚骑兵大败，骑射和冲击战术兼备的帕提亚人体现出了远超匈奴骑兵的破阵能力。

匈奴骑射型骑兵对汉军结阵步兵缺乏强攻能力，这个问题由来已久。在白登之围中，尽管匈奴骑兵合围三十二万汉军长达七日，但始终未能顺势全歼汉军。其中固然有陈平奇计之功，但冒顿单于也有其"不得已的原因"："对匈奴骑兵来说，以步兵为主力的汉军是看得见、追得上、围得住，但就是咬不动、吃不下。双方都遭遇了缺乏前例可循的'异态战争'，都在寻求解决之道。"[①]

汉军步兵的劣势不在于正面作战能力，而在于机动力的匮乏。毕竟，步兵与骑兵对阵最大的尴尬就是"风险收益比极其不对等"：步兵很容易陷入即使打胜也无法形成歼灭战的尴尬境地，对方骑兵可以凭借机动优势从容撤退；而步兵一败，要么因阵形大溃而全军尽没，要么就是被团团包围直至粮尽援绝。

这也正是李陵所部纵然神勇，但在浚稽山之战中还是难逃惨败的最根本原因。

勒内·格鲁塞在名著《草原帝国》中总结匈奴骑兵的战法时写道：

---

① 李硕《南北战争三百年：中国4—6世纪的军事与政权》，上海人民出版社，2018年1月版，35页。

他们会出其不意地出现在耕地边缘，侵袭人畜和抢劫财产，然后在任何还击可能来到之前带着战利品溜走。当他们被追赶时，他们的战术是引诱对方深入大戈壁滩或是草原荒凉之地，然后在自己不遭埋伏的情况下，以雷雨般的箭惩罚追赶者，直到他们的敌人被拖垮，被饥渴弄得精疲力竭，他们才一举而消灭之。由于他们的骑兵的机动性以及他们的弓箭技术，这些方法相当有效。①

匈奴骑兵的优势一向在于其无与伦比的机动性，而不在于与汉军进行代价高昂的正面决战。即使汉军兵力再雄厚，占据了进攻主动权的匈奴骑兵总是可以集中绝对优势兵力，在汉帝国北方漫长的国境线上选择一个或者几个点进行重点突破，待汉军步兵集团赶到时，匈奴骑兵早已满载而归；又或者，如白登之围那样诱使缺乏后勤辎重补给的汉军步兵深入草原，择机突袭和围困。

但这一战略的前提是：匈奴人掌握了战略主动权，可以主动择时、择地进攻，而汉军则缺乏反制的骑兵军团；而汉军拥有强大骑兵集团从而获得主动权时，只有招架之功的匈奴人就只有远遁避战一途了。

但强如汉帝国，也无法长期支撑高强度的战略进攻，所谓的战略主动权也过于烫手，最终的结果只能是两败俱伤，谁也没有能力再发动进攻。

---

① ［法］勒内·格鲁塞，蓝琪译《草原帝国》，商务印书馆，1999 年 5 月版，47—48 页。

从兵力占绝对优势的匈奴骑兵通过苦战才击败李陵所部可以看出，此时匈奴已很难再对汉帝国产生致命威胁，这也给汉武帝之后颁布对匈奴全面停战的《轮台诏》提供了部分现实基础：虽然汉帝国已无可能在战场上彻底击败匈奴，但半残的匈奴也丧失了大规模进犯的能力。

在此种"汉强匈弱，但汉无法灭匈"的战略僵局下，汉匈问题的最终走向，只能等待彼此地缘政治的"天下有变"了。

从本质上来说，汉武帝希望单纯用武力彻底解决匈奴问题的想法注定是一场西西弗斯式的幻梦。这几乎是一条中国历史的定律：中原王朝要彻底毁灭游牧帝国，穷兵黩武的远征难以长期延续，往往都要等到对方爆发大规模内乱，甚至策划代理人战争，方能克竟全功。

第四章

诸葛亮北伐：小国的北方强邻

第四章　诸葛亮北伐：小国的北方强邻

蜀汉建兴五年（227年）三月，平定了南中之乱的诸葛亮率领大军进驻汉中，向后主刘禅上《出师表》：

> 今南方已定，兵甲已足，当奖率三军，北定中原，庶竭驽钝，攘除奸凶，兴复汉室，还于旧都。

建兴六年（228年）正月，诸葛亮自汉中启动第一次北伐，在此后的七年里，诸葛亮共计五次北伐曹魏，另有一次是对魏军进攻的反击，因此说六次北伐也不为过。直至建兴十二年（234年）八月，诸葛亮出师未捷，逝于五丈原。

诸葛亮"兴复汉室，还于旧都"的北伐大计为何没有达成？

"不伐贼，王业亦亡"

从国家综合实力来看，蜀汉在三国中最弱，与魏国甚至不在一个量级之上。

诸葛亮北伐前，魏国一家独占天下十四州中的十州，奄有中原，所据地西至秦陇，北及幽燕；而吴国据有扬州、荆州和交州三州，其中荆、扬两州还是与魏国共有；蜀汉丢掉荆州数郡后，只存益州一州之地。

在那个时代，人口可能是比领土更为重要的国家实力指标。

根据当时的官方资料，蜀汉亡国时，人口只有二十八万户，共九十四万人，而孙吴亡国时则有五十二万三千户，共二百三十万人，曹魏人口则有六十六万户，共四百四十三万人。尽管以上人口数据很可能因统计口径而被缩小了，但这些数据反映出的彼此的"相对实力差"还是很有参考价值的。很明显，吴国人口只有魏国的一半左右，而蜀汉人口则连魏国的四分之一都不到。

人口差距直接反映到军事实力上，三国军队与人口比例基本一致。蜀汉沦亡时，全国军队规模也就十万人有余，当然，诸葛亮北伐时正值国力鼎盛，军队人数应当比此数多数万；据《三国志·吴书·孙皓传》记载，吴国灭亡时有"兵二十三万"；魏国灭蜀前的兵力已高达五十万人，即使考虑到曹魏后期元气的加速恢复，诸葛亮北伐时曹魏的军队也不会少于四十万人。也就是说，即使是吴蜀同盟，两国的军力合起来也不足以灭魏，而指望蜀汉单挑战胜魏国更是难上加难了。

诸葛亮北伐时，蜀汉的基本国情就是"三国中最弱一国"。实际上，诸葛亮在当时陷入了一个无法自拔的历史悖论当中，在北伐与不北伐之间进退失据。

如果北伐，蜀汉与魏国的即时军事实力不在一个量级上：在复杂地理条件下的进攻战往往需要数倍于对方的兵力方有必胜把握，这也正如曹魏重臣孙资所言，"夫守战之力，力役叁倍"，但蜀汉兵力又不足以支撑如此的进攻战。同时，蜀汉的经济实力特别是粮草供应也很难支撑长期战争。北伐之所以屡屡受制于粮草不足而草草退兵，受到关注最多的"蜀道难"当然是重要原因之一，但仅凭一州经济实力而导致的"益州疲弊"恐怕才是更根本的原因。在兵力与经济实力双重不足的作用下，诸葛亮五次北伐都铩羽而归。更何况，与比自己强大的敌人开战，蜀汉必然只能选择穷兵黩武，国力将在一次次的战争中逐渐耗散。

但如果不北伐呢？蜀汉和潜力无限的魏国进行和平竞赛，也是没有任何希望的。如果不在短期内通过北伐扩张领土和集聚人口，长远来说，蜀汉必然是束手待毙。总体上而言，时间是站在曹魏那一边的，只要得到足够的时间窗口休养生息，恢复因战争连年而凋敝的中原经济，有先天体量优势的曹魏与蜀汉之实力差距将越来越大。

蜀汉上下，对益州的富庶程度的估计过高。《隆中对》中所谓"益州险塞，沃野千里，天府之土，高祖因之以成帝业"，仿佛取得益州之后便一劳永逸地解决了军饷问题。但当中原人士大量迁居之后，益州就因为人口超过饱和点爆发了粮食危机。诸葛亮之所以执政未久就出师南中，"最大的原因就是为了解决当时的粮食问题"。[①] 可以这么说，诸葛亮《隆中对》中的"沃野千里，天府之土"，是纵横家式的政治想象；而《出师表》中的"今天下三分，益州疲弊"，才是一个政治家基于现实的冷静思考。

曹魏的政治精英很清楚地知道，时间站在自己这一边。孙资曾对魏明帝曹叡建言称："但以今日见兵，分命大将据诸要险，威足以震慑强寇，镇静疆场，将士虎睡，百姓无事。数年之间，中国日盛，吴蜀二虏必自罢敝。"（《资治通鉴·魏纪二》）而这一理念此后果然也成了曹魏的基本国策，即在军事上以维持守势为主，

[①] 史念海《河山集》，生活·读书·新知三联书店，1963年版，284—289页。

注重休养生息和保境安民，以期逐步形成对吴蜀的压倒性优势。正如王夫之在《读通鉴论》里所言："（孙）资片言定之于前，而拒诸葛，挫姜维，收效于数十年之后，司马懿终始所守者此谋也。"从曹丕称帝到灭蜀的四十余年间，曹魏只对蜀汉发动过两次主动进攻，而蜀汉发动主动进攻竟有十六次（诸葛亮六次，姜维十次），"双方的进攻次数相差悬殊，且与各自的国力强弱形成反比"。①

究竟何去何从，诸葛亮很可能陷入了瞻前顾后的两难。他在《后出师表》开篇即自陈内心款曲：

> 先帝虑汉贼不两立，王业不偏安，故托臣以讨贼也。以先帝之明，量臣之才，故知臣伐贼，才弱敌强也。然不伐贼，王业亦亡，惟坐而待亡，孰与伐之？是故托臣而弗疑也。臣受命之日，寝不安席，食不甘味……

"不伐贼，王业亦亡，惟坐而待亡，孰与伐之？"诸葛亮《后出师表》中这句话翻译成现代话语就是：打是找死，不打是等死，但打的话至少还有一线生机，索性奋力一搏。至于成败之数，诸葛亮也表现得极为坦率："凡事如是，难可逆见。臣鞠躬尽力，死而后已。至于成败利钝，非臣之明所能逆睹也。"

不过，古代战争之所以复杂无常，甚至带有一些思辨性，就是因为其进程未必完全由实力与大势所决定。一些不可预测的因

---

① 宋杰《三国兵争要地与攻守战略研究》，中华书局，2019年1月版，684—685页。

素，如时机、运气、内乱、疾病、对方的惊天昏招都有可能颠覆所谓的"实力决定论"。只是，这些神秘主义的因素会站在诸葛亮这一边吗？

"惟坐而待亡，孰与伐之？"无论是因为王夫之说的"以攻为守"，还是"知其不可为而为之"，诸葛亮毅然决然地发动了六次北伐。

被迫修改的《隆中对》

即使以历史的后见之明来看，诸葛亮出山时提交的《隆中对》仍然充满了惊人的预判力和洞察性，提前规划了"天下三分"的战略格局，是蜀汉立国的最基本方略。

论及北伐之时，《隆中对》在慷慨激昂中不失冷静："天下有变，则命一上将将荆州之军以向宛、洛，将军身率益州之众出于秦川，百姓孰敢不箪食壶浆，以迎将军者乎？诚如是，则霸业可成，汉室可兴矣。"

从军事上而言，这段话包含了三个信息：其一，基于蜀汉"跨有荆益"的建国构想，北伐应从益州、荆州两路出兵；其二，益州方向的进军路线是"出于秦川"，也就是直指关中，复刻当年刘邦汉中起兵的路径；其三，北伐的时机应趁"天下有变"，这应该更多地指向如果曹魏爆发内乱或边患，就可以缩小蜀汉和曹魏的实力差距。

但是，当诸葛亮于蜀汉建兴六年（228年）出师北伐时，《隆中对》提到的这三点都没有得到践行。这就好比德国于一战前制订的施里芬计划,开战时却被小毛奇做了致命修改。

先说第一点,诸葛亮北伐前,蜀汉早已随着建安二十四年(219年)底关羽的败亡,彻底丢掉了荆州。《隆中对》两路进攻的战略构想由此沦为镜花水月。

从军事地理而言,由于荆、襄离曹操的大本营许都不远,因此这两路大军应当是以荆、襄为主而以汉中为辅,而所谓"命一上将将荆州之军以向宛、洛",实际上是诸葛亮要亲自担当这个重任。刘备取益州时,留守荆州的正是诸葛亮,他就是要在那里整装准备异日的北伐。无奈庞统骤然战死打破了这一既定计划,诸葛亮被迫入川辅佐刘备,而将荆州一路留给了刚愎自用的关羽,"却没有想到意外变化的发生竟是意外地迅速"。[1]

再往深里说,蜀汉"跨有荆益"的构想可能本身就是不成立的。田余庆先生曾明确质疑过蜀汉"跨有荆益"之失,强调"历史上并没有割据益州的人长期跨据荆益二州以成稳定局面的先例"。他认为:"刘备主力入蜀后,孙权不会长久容忍留在荆州的刘备势力,刘备也难于长久维持在荆州的军事存在,这是很清楚的事。关羽攻樊,不过是自启衅端,给孙权以可乘之机,加速了刘备据荆力量的覆灭。所以,问题不在于刘备之弃荆州,而在于荆州之不得不弃。"[2]

可以说,诸葛亮在《隆中对》中严重忽视了孙吴占据荆州的战略需求与战略决心,以至于让"跨有荆益"变成了只基于蜀汉

---

[1] 史念海《河山集》,生活·读书·新知三联书店,1963年版,281—282页。
[2] 田余庆《秦汉魏晋史探微(重订本)》,中华书局,2004年2月版,181页。

需求的自说自话。

以历史的后视镜观之,《隆中对》中有两处相互冲突的表述:"外结好孙权"与"跨有荆益"。这是两项难以兼得的战略目标,"(北伐)两路夹击,必须占有荆州,而占有荆州必然会与孙吴的立国方针发生不可调和的冲突。只要是蜀汉据有荆州,联合孙吴就是一句空话。而联合孙吴恰恰又是蜀汉政略方针中不可分割的外交策略。这样蜀国的政略方针和战略部署之间就陷入了自相矛盾之中"。①

这就好比,如果阿尔萨斯和洛林的归属问题不解决,法国对德国就很难消除敌意,更别提结成什么"煤钢同盟"。德国没有可能一边占着阿尔萨斯和洛林,一边又畅想法德联盟。

此时,如果蜀汉还是坚持"跨有荆益",不仅无助于北伐曹魏,反而会让蜀汉陷入与魏、吴两线作战的窘境之中。刘备在章武二年(222年)发动的夷陵之战,就清晰地表明了此种执拗会将蜀汉拖入到何等的危机之中。所幸,诸葛亮此时表现出了卓越战略家"及时止损"的现实主义精神,"既不曾赞同刘备出峡攻荆,也未在他自己执政时继续从事跨荆之战……避免了两面作战的被动局面"②,以放弃夺回荆州作为与吴交好的先决条件,果断摒弃了自己一手规划但业已严重脱离实际的"跨有荆益"及"两路伐魏"方针。

《隆中对》被修改的第二点是"天下有变"。北伐择时兹事体

---

① 梁满仓《〈隆中对〉的政略修改与诸葛亮北伐的战略方针》,《襄樊学院学报》,2008年10月,12页。
② 田余庆《秦汉魏晋史探微(重订本)》,中华书局,2004年2月版,185页。

大，诸葛亮在一封书信中简单诠释了何谓天下有变："以待其挫，然后伐之，可使兵不战民不劳而天下定也。"（《三国志·蜀书·杜微传》）

所谓"天下有变"，实质上就是指望曹魏多线作战，没办法全力与蜀汉争锋。而具体表现，要么是曹魏发生内乱，要么是曹魏在其他战线陷入战争。

诸葛亮生前未等到曹魏的大规模内乱，严格遵守程序正义的禅让令汉魏易代畅行无碍。到诸葛亮北伐时，曹魏政权历经曹操、曹丕和曹叡祖孙三代的经营，根基已日趋牢固。曹叡也颇有些英主气质，忠实地遵循了休养生息的国策。更重要的是，诸葛亮打出的"兴复汉室"旗帜此时已基本失去了政治感召力和正统光环。从诸葛亮北伐的反馈来看，关陇一带的百姓对蜀汉"王师"与故国重光并无想象中的热情和热切追随，更不必说《隆中对》中"百姓孰敢不箪食壶浆，以迎将军"的近似狂想的乐观预期——这与日后北宋军队联金灭辽挺进燕云时遭逢百姓的冷遇如出一辙。而与关中父老目睹刘秀大军时，发出的"不图今日复见汉官威仪"之叹相比，已是"世情薄，人情恶"。

那么，"天下有变"的可能性就唯有曹魏的对外战争了。除蜀汉之外，曹魏当时在三个战略方向上存在敌人：江东的孙权、辽东的公孙渊、凉州的鲜卑人。

诸葛亮第一次北伐那年（228年），素有割据之志的公孙渊接任了辽东太守之位。但直到诸葛亮去世，公孙渊都未与曹魏彻底翻脸，孙权曾试图招抚，公孙渊却斩杀了东吴使者，将首级献给曹叡以示忠诚。曹魏也在尽力规避多线作战，对桀骜不驯的公孙渊采取听之任之的绥靖政策，双方最终反目要迟至魏景初元年（237年），此时诸葛亮已辞世三年。

再就是鲜卑人。曹操于建安十二年（207年）平定乌桓后，鲜卑人就成了曹魏在北方的主要威胁。诸葛亮北伐时，鲜卑人在首领轲比能的统领下，频频进攻曹魏边境，其间虽有以三万大军包围魏军的战役，还曾试图出兵呼应诸葛亮的第四次北伐，但终究未成气候，不仅未起到牵制曹魏军队主力的作用，离"天下有变"的定义更是相差甚远，在多数时候只能算是"边境冲突"。

那么，"天下有变"的唯一可能性就是东吴出师了。从某种意义上而言，东吴正是替代了《隆中对》中"命一上将将荆州之军以向宛、洛"的角色，蜀汉的两路大军被替换为吴、蜀各出一路大军。正式放弃争夺荆州后，蜀汉与东吴的军事同盟再无实质性障碍，双方的确也进入了东西呼应的密切互动期，历次盟约中还特别提到了"戮力一心，同讨魏贼""各守分土，无相侵犯"。

诸葛亮北伐至少有两次和东吴的军事行动形成了呼应，让魏国军队陷入了两线作战。如蜀汉建兴六年（228年）冬，诸葛亮之所以在年初首次北伐的街亭之败后，未经大的休整就投入第二次北伐，主要原因就是响应东吴在安徽桐城一带击败曹休的石亭大捷；再如诸葛亮在建兴十二年（234年）发动最后一次北伐时，东吴也应约出兵——孙权亲自带兵十万进攻合肥新城，是为"第四次合肥之战"。

但是，吴、蜀在东、西两线的联动并没有令曹魏陷入左支右绌、顾此失彼的困境。两军的配合远说不上默契，甚至有尔虞我诈之感：诸葛亮五次北伐，孙权只响应了最后一次，并且听说曹叡亲征后，就匆忙带兵撤回江东。即使是出兵那一次，吴军也是姗姗来迟，比诸葛亮的出师时间晚了足足三个月。当然，配合度不高也未必都是刻意拖沓甚或钩心斗角，战场失期在信息传播方式落后的古代战争中似乎也难以避免。

但这些恐怕都不是吴、蜀军事联动不佳的核心原因。东吴和蜀汉两方实力相加，与曹魏相比至多也就在伯仲之间，既然联合起来的硬实力都无法碾压曹魏，双方的配合又有那么些貌合神离，那么战果也就可想而知了。

可以说，诸葛亮在北伐时已在尽可能地利用"天下有变"——他没有狂热到认为蜀汉可以单挑曹魏，只是，当时"天下有变"的烈度还远远不够，还没有大到可以撼动曹魏的军事优势。

而曹魏对"天下有变"可能也有自己的解读。如之前所说，时间是站在曹魏（司马氏）这一边的，一旦其休养生息到位，经济和军事潜力可以最大限度发挥之时，就是三国归一的大结局到来之时。

说到底，诸葛亮是等不起的，"天下有变"具有极大的偶然性，但曹魏的逐步强大却有着极大的确定性。"直至诸葛亮谢世以前，他所预料的'变'并没有实现。那时的天下并不是没有'变'，只是'变'得太迟"，"他后来的累次出兵，实在不是乘'天下之变'，而是以攻为守，聊尽他的本心。这是诸葛亮的悲哀处"。[①]

诸葛亮去世四年后（238年），公孙渊与曹魏闹翻，魏明帝派司马懿率军四万征伐辽东。如果诸葛亮还健在，如果东吴、蜀汉和公孙渊三家结盟，如果三家配合默契……有可能是一次"天下

[①] 史念海《河山集》，生活·读书·新知三联书店，1963年版，283页。

有变"的良机。当然,良机与否得附加很多个"如果"。

最震撼的"天下有变"发生在诸葛亮去世十五年后(249年),司马懿和曹魏皇室决裂,爆发了高平陵之变。司马懿除掉了大将军曹爽,"篡魏"由此进入了历史的日程表。曹魏宗室夏侯霸为了预防司马懿下毒手,索性先行归降蜀汉。其后几年(251年、255年、257年),忠于曹魏皇室的势力接连在淮南起兵扞拒司马氏,天下震动,是为著名的"淮南三叛"。东吴还曾发兵救援诸葛诞的"第三叛",曹魏"大规模内乱"终于出现了。

如果这样的天赐良机放在诸葛亮面前,如果曹魏淮南军、吴军、蜀汉军同时发难……这一天诸葛亮终究没有等到。

顾祖禹在《读史方舆纪要》中说得痛切:"孔明有汉高之略,而无汉高之时。"

岂非天哉!岂非天哉!

为什么是陇西?

在益州这一路,《隆中对》规划的进击路线是"出于秦川",也就是从汉中直插关中。但诸葛亮北伐最出名的一个代称是"六出祁山",也就是兵出陇西,这显然背离了《隆中对》的精神。

以军事地理的视角审视,汉中和关中被秦岭隔开,秦岭东西长约千里,南北宽达两三百里,平均海拔在两千米以上。汉中和关中之间的军事通道总共有五条,从西到东分别是:祁山道、陈仓道、褒斜道、傥骆道、子午道。其中,祁山道通陇西,路程最远,相当于往西绕了一个弯再北上抵达陇西。如果要去关中,还得再走陇关道一路向东；但祁山道也是五条道中路况最佳的，行军运输便利。而其他四条道则直接通往关中，特别是褒斜道、傥骆道和子午道这三条，基本相当于一条向北穿越秦岭的直线，路程短，目标更为明确。但这四条道都有部分栈道崎岖曲折，不利于大军的行军与后勤补给。

诸葛亮北伐，如果以五次作为统计口径的话：第一次是在建兴六年（228年）春，诸葛亮走祁山道出兵陇西，从陇西进军关中途中因马谡街亭兵败而被迫退兵，算是一次大败。第二次是同年冬天，为呼应东吴石亭大捷，诸葛亮上《后出师表》，走陈仓道攻关中。奈何陈仓守将郝昭以千余守军死守不退，汉军围攻二十多天后粮尽退兵，但后撤时干掉了追击的魏将王双。第三次是建兴七年（229年）春，诸葛亮遣陈式攻武都、阴平二郡。曹魏大将郭淮引兵来救，诸葛亮自率大军出建威（今甘肃省成县西）牵制郭淮部，陈式得以从容攻取二郡，是诸葛亮历次北伐中最有实质性战果的一次。第四次是建兴九年（231年）春，诸葛亮又领兵走祁山道出兵陇西，包围祁山城。后因李严谎称无粮而被迫退兵，汉军退兵时设伏击杀追击的曹魏大将张郃。第五次是建兴十二年（234年）春，诸葛亮走褒斜道出斜谷，进入关中平原，在渭河以南的五丈原屯田与司马懿相持了一百余天。最终汉军因诸葛亮病逝而退兵。

如果以六次北伐作为统计口径的话，就还要算上建兴八年（230年），曹魏发兵三路攻蜀，蜀汉在陇西防守反击。

六次北伐中，规模较大的有三次，分别是第一次和最后两次，"其余几次，或为临时发起，或为偏师出击"；三次大举进攻中，

"前两次大举均出陇西,最后一次虽出关中,但意图仍在陇西。两次偏师出击,亦在陇西","占领陇西为诸葛亮一以贯之的阶段性目标"。①

以《隆中对》的"出于秦川"作为参照,诸葛亮真实的北伐路线显然更偏重陇西;但《三国演义》中的"六出祁山"又走向了另外一个极端,似乎每次北伐都是兵出陇西(祁山)。诸葛亮北伐实际上是游离在陇西和关中两条进军路线之间,但出祁山的比重更大一些。

那么,诸葛亮为何要改变"出于秦川"的既有方略,将北伐重心转向陇西呢?毕竟,走陇西的祁山道在地图上看无疑是舍近求远,并且,即使拿下陇西,离诸葛亮《出师表》中"兴复汉室,还于旧都"的终极目标长安,也是更深一层意义上的舍近求远。祁山道"这条道路和直越秦岭以向秦川一途比较起来,自然是太迂回了,因为要复兴汉室,必须经略中原,而经略中原,理应出秦川而东行,如今却反出汉中而西上,似乎是背道而驰了"②。

这里试着探讨几点原因。其一,去往陇西的祁山道虽然需要长途跋涉,但因为路况较好,因此需要的行军时间甚至还要少于崎岖的"关中四道",曹操就曾感叹说:"南郑直为天狱,中斜谷道为五百里石穴耳!"(《三国志·魏书·刘放传》)诸葛亮最后一次北伐,走褒斜道进入关中大约用了两个月,而第一次北伐走祁山道才花了一个月左右。对始终笼罩于粮尽退兵阴影下的蜀汉军而

---

① 饶胜文《大汉帝国在巴蜀:蜀汉天命的振扬与沉坠》,中国文史出版社,2016年12月版,283—284页。
② 史念海《河山集》,生活·读书·新知三联书店,1963年版,300页。

言，路途耗时少几乎是无法拒绝的诱惑——尽管祁山道对后勤的友好度也仅仅是相对略好。初次北伐时，诸葛亮就曾以"安从坦道，可以平取陇右，十全必克而无虞"（《资治通鉴·魏纪三》）为由否决了魏延自子午道突袭的"子午谷奇谋"。

其二，陇西羌、汉杂居，曹魏的统治基础相对薄弱，且驻军兵力薄弱，蜀汉可以形成局部的兵力优势。蜀汉在夷陵大战中伤了元气，曹魏一度不再视其为头号对手。自曹丕屡兴征吴大役以来，曹魏的军事重心已转移至东吴方向。诸葛亮在首次北伐失利后的总结中也坦承了己方的兵力优势："大军在祁山、箕谷，皆多于贼，而不能破贼为贼所破者，则此病不在兵少也，在一人耳。"（《三国志·蜀书·诸葛亮传》裴注引《汉晋春秋》）

据估算，曹魏在雍、凉两州的总兵力不过数万，汉中则集结了蜀军的主力，人数前后略有变化，大体维持在十万左右。而在雍、凉两州中，曹魏的兵力重心也在雍（关中），"由于诸葛亮的府营与诸军屯驻汉中，曹魏估计其主攻方向是相邻的关中，所以雍凉都督夏侯楙所率的雍凉军主力就在当地戍守，防备蜀军越过秦岭北侵"。①

正是因为曹魏在陇西兵力薄弱以及对蜀军主攻方向判断失误，诸葛亮初次北伐兵出祁山后，达成了相当大的突然性和轰动性，"南安、天水、安定三郡叛魏应亮，关中响震"（《三国志·蜀书·诸葛亮传》）。如果不是马谡在街亭战败，诸葛亮首次北伐即有望在陇西夺取立足点，以图日后大举。而曹魏之所以猝不及防，

---

① 宋杰《三国兵争要地与攻守战略研究》，中华书局，2019年1月版，381页。

除了误判蜀汉主攻方向，竟也因为轻视诸葛亮。据《三国志·蜀书·诸葛亮传》注引《魏略》："始，国家以蜀中惟有刘备。备既死，数岁寂然无闻，是以略无备预；而卒闻亮出，朝野恐惧，陇右、祁山尤甚，故三郡同时应亮。"

其三，诸葛亮想先行拿下陇右乃至凉州，再行攻略关中。这不仅可以充实国力，且可以改善北伐的军事地理缺欠的问题。"诸葛亮北伐的直接战略意图是占据陇右，再图关中，为将来北定中原打好基础。面对曹魏从长安、陇右两个军事据点对付从汉中北上蜀汉军队的形势，蜀汉只有先夺取陇右，切断魏军右臂，巩固汉中至陇右一线，再东进向长安推进方无后顾之忧。"[①] 以采石矶大捷而暴得大名的南宋名将虞允文论西北形势时也有言："关中，天下之上游；陇右，关中之上游。故欲控有关中，宜先控制陇右。"

其四，除军事地理上的考量之外，陇西和凉州还是一个军事资源充盈丰裕之地，能有效弥补蜀汉国力上的关键弱项。"若是不取得凉州，则无由获致兵源与马匹，也无由解决军粮的问题。在这些条件未达到以前，就东向而争中原，那无异自取败亡。"[②]

先说兵源。自汉武帝时代以李广为代表的"六郡良家子"横空出世之后，凉州东部就是盛产名将悍卒的尚武之地。《汉书·地理志》说："安定、北地、上郡、西河，皆迫近戎狄，修习战备，高上气力，以射猎为先。"董卓，马腾、马超父子和姜维都是三国时期凉州武人的翘楚。如果诸葛亮拿下陇右，就可以控制凉州兵这

---

① 梁满仓《〈隆中对〉的政略修改与诸葛亮北伐的战略方针》，《襄樊学院学报》，2008年10月，18页。

② 史念海《河山集》，生活·读书·新知三联书店，1963年版，297页。

支天下强兵。千万别忘了,汉末董卓就是依靠凉州精兵横行天下,令关东诸侯联军为之却步的。诸葛亮生前大力提拔姜维,就有借助姜维陇西人士的背景和号召力协助自己攻略陇西之深意。①

再论马匹。西汉时本就有"凉州之畜为天下饶"(《汉书·地理志》)的说法,以步兵为主的蜀汉军队有朝一日要与曹魏骑兵决战于关中平原,没有骑兵助力将是举步维艰。而如果得到凉州马和凉州铁骑襄助,将对蜀汉编练一支匹敌曹魏虎豹骑的骑兵军团至关重要。对蜀汉孱弱的后勤能力而言,马匹之作用更是不可估量。

最后是粮食。自西汉以来,陇右已成为汉帝国的重要粮仓。如果诸葛亮能拿下陇右并就地屯田,蜀汉军队即可顺势就地取食,自给自足,降低对自汉中甚至益州千里迢迢运粮的依赖,大大减轻后勤的压力。

就诸葛亮北伐的陇西优先,有战史总结得最为精当:"故诸葛亮北伐之准备战中,屡次出兵祁山者,为争取地形之优势,为后勤运输之便利,为利用丰富之资源,为疲惫敌人兵力,凡此皆兼而有之。"②

日落五丈原

既然陇西如此得天独厚,为何诸葛亮也没有彻底放弃攻略关

---

① 史念海《河山集》,生活·读书·新知三联书店,1963年版,297页。
② 台湾三军大学编著《中国历代战争史:三国》,中信出版社,2013年1月版,203页。

中？诸葛亮第二次北伐选择走陈仓道，直击关中；最后一次北伐，领大军走褒斜道出斜谷，大有与曹魏雍、凉主力决战于关中平原之势。

笔者试着总结了四点原因。

其一，曹魏逐渐觉察到了诸葛亮北伐的主攻方向是陇西，随即向陇西前线大举增兵五万，诸葛亮避强击弱的战略诉求已然不合时宜。诸葛亮初次北伐后，魏明帝曹叡就果断撤换了战场表现差劲、被魏延讽为"怯而无谋"的关中都督夏侯楙，另派曹真和张郃主持雍凉战事。曹真病故后，明帝又起用司马懿继任雍凉都督。"曹真、张郃善攻，司马懿擅守，屡次使诸葛亮的北伐无功而返。"[1]

其二，直击关中和占据陇西这两个方略也并非看起来那么不相容。针对诸葛亮第五次北伐时屯兵五丈原，司马懿判断蜀汉的目标是进逼长安，而魏将郭淮认定对方还是意在陇西，"若亮跨渭登原，连兵北山，隔断陇道，摇荡民夷，此非国家之利也"（《三国志·魏书·郭淮传》）。郭淮因而向司马懿建言：抢在蜀军之前占据渭河北岸，以免诸葛亮控扼住夹峙渭河两岸的南北原，将曹魏大军阻挡在陇山以东。当然，这也只是郭淮的一家之言。诸葛亮屯兵五丈原的战略意图很可能也是多元的，以获取更多的战略弹性，但这至少表明，攻关中也可间接谋陇西。

其三，第五次北伐时，汉军已初步走出了缺粮危机。蜀汉在后勤线引入了"木牛流马"——尽管远没有《三国演义》渲染的那

---

[1] 宋杰《三国兵争要地与攻守战略研究》，中华书局，2019年1月版，384页。

么神乎其神，但木牛和流马很可能是真实存在的：木牛是为栈道运输量身打造的某种独轮车，而流马可能是某种可临时拆卸的运输舟。简而言之，就是木牛为车，流马为舟。这两种新式运输工具提高了蜀汉在崎岖地形下的运粮效率，使得蜀汉军队有底气从地形更复杂的"关中四道"直趋关中。还有一个更显著的提升是，蜀汉在北伐中积累了屯田的经验，并在关中屯田，因此，十万大军才得以在五丈原与魏军对峙近半年之久，而不是像以往那样落入"蜀道难—缺粮—退兵"的窠臼。

其四，街亭惨败之后，蜀汉军队在痛定思痛中进行了大幅整顿。街亭失利固然有马谡抛弃水源上山、临阵指挥水平低下的原因，但在兵力占优势的情况下，却因马谡之败引发了全军崩溃，"众尽星散"，"兵将不复相录"，与出师之初的"戎阵整齐，赏罚肃而号令明"判若天渊，暴露了蜀汉军队打不了硬仗，只能打顺风仗的致命缺陷。其中有一个极易被忽视的细节：此役诸葛亮还让赵云、邓芝率疑兵走褒斜道，而这一路也为曹真所败，可见即使没有马谡胡乱指挥，且有名将赵云坐镇，蜀汉军队在野战中的综合战力也不敌魏军。

诸葛亮战后立即着手整军，"于是考微劳，甄烈壮，引咎责躬，布所失于天下，厉兵讲武，以为后图，戎士简练，民忘其败矣"（《三国志·蜀书·诸葛亮传》裴注引《汉晋春秋》），蜀汉军队的精神面貌和坚韧度在短时间内便焕然一新。"日后蜀军作战，再未出现崩溃的情形。虽然屡以粮尽退兵，但都能作有序的撤退，还以伏击挫败追兵。从陈仓撤军时，射杀魏将王双；从上邽撤军时，射杀魏将张郃；即使是在诸葛亮病逝于前线时，蜀军也未因危疑而慌乱。"①

事实上，诸葛亮首次北伐时未听魏延的"子午谷奇谋"，不肯直接攻击关中，原因之一就是自知蜀军的战力尤其是野战实力不敌对手，不愿冒险与曹魏铁骑决战于关中平原。更何况魏延的进军计划只包含五千战兵（另有五千辎重兵），即使顺利穿越子午谷，靠这点人想攻下长安近乎痴人说梦。毕竟，魏将郝昭以千余守军就守住了陈仓城，数万蜀汉军顿兵坚城二十多天还是一筹莫展。魏延以寥寥五千人，怎能攻破比陈仓守备更森严的长安城呢？

而在陇西方向用兵，不仅可以避开曹军的重兵集团，以多击少，还能够利用陇山一带的高原地形来削弱曹军骑兵的机动性优势，同时充分发挥作为自身优势兵种的山地步兵之战力。诸葛亮麾下有一支由南中蛮夷组成的"无当飞军"，它不仅是蜀汉军队最精锐的部队之一，且是三国时期顶级的山地步兵军团。

而经过整军备战，到街亭之败大半年后的第二次北伐时，不擅野战的汉军就已奇迹般地实现了重生，可见诸葛亮的军事组织能力之强。陈寿在《三国志》中称赞诸葛亮治军的"治戎为长"所言非虚。汉军甚至在野战中后来居上，"自陈仓之役伏斩王双以来，蜀军未曾在野战当中输给过对手，使司马懿'畏蜀如虎'，所以此时敢于在关中平原上与敌人展开决战"，"从作战情况来看，司马懿忌惮孔明之用兵，因而不敢与其会战，仍然采用固守待其粮乏

---

① 饶胜文《大汉帝国在巴蜀：蜀汉天命的振扬与沉坠》，中国文史出版社，2016年12月版，315页。

撤军的策略"。①

所谓司马懿"畏蜀如虎",除曹叡和他"只守不攻"的共同战略考量以外,也缘于在建兴九年(231年)的第四次北伐中,司马懿迫于诸将的压力,违心发动了反攻,诸葛亮令魏延等人率军大破司马懿,"获甲首三千级、玄铠五千领、角弩三千一百张"。而这也是司马懿这一生第一次,也是最后一次在战场上与诸葛亮正面决战。不得不说,司马懿的"保守"是当时的最佳策略。

在北伐战争中,诸葛亮就是野战之王。

蜀汉军队野战能力的提升,除整军训练之外,可能也与诸葛亮主导的军备技术革新有关。

比如,诸葛亮发明了诸葛连弩,"又损益连弩,谓之元戎,以铁为矢,矢长八寸,一弩十矢俱发"(《三国志·蜀书·诸葛亮传》裴注引《魏氏春秋》)。诸葛连弩虽主要应用于守城,但在野战中也可抵消一部分魏军的骑兵优势。追击蜀汉军队时被射杀的魏将张郃,就有可能死于诸葛连弩。

再如"神刀"。诸葛亮让蜀汉顶级工匠蒲元在斜谷打造了三千口刀,"刀成,以竹筒纳铁满中,取刀断之,应手虚落,称绝当世,因曰神刀"(《诸葛忠武书》卷九)。据说"神刀"之秘诀是因为蒲元掌握了刃部淬火技术,这三千口刀极有可能是两汉杀伤力最强的近战武器——环首刀。

再如八阵图。诸葛亮自称"八阵既成,自今行师庶不覆败"。

---

① 宋杰《三国兵争要地与攻守战略研究》,中华书局,2019年1月版,640—641页。

虽然不可神秘化中国古代各类花里胡哨的阵法，但步兵密集结阵对骑兵的克制作用也是在实战中得到多次验证的，比如东晋刘裕北伐时以两千步兵排成的却月阵大败三万北魏骑兵。因此尽管没办法知道八阵图的具体情形，但在关中平原上面对曹魏骑兵，如果诸葛亮摆出一种称作"八阵图"的步兵结阵，也不算什么军事神秘主义。

以上多次提到曹军的骑兵优势，不妨在此稍稍延展几句。三国时期最有名的骑兵有三支：公孙瓒的白马义从，马腾、马超父子的西凉铁骑，曹操的虎豹骑。曹操极其重视虎豹骑，历任统领均出自曹氏亲族，如曹纯、曹休和曹真，选兵则是百里挑一。据《三国志·魏书·诸夏侯曹传》裴注："纯所督虎豹骑，皆天下骁锐，或从百人将补之。"

从史料上看，公孙瓒的骑兵是由"善射之士"组成的轻骑兵，而虎豹骑可能是一支轻重骑兵兼有、骑射与冲击战术结合的混编骑兵。尽管此时还处于马镫出世的前夜，但三国时期中国古代文献中第一次出现了"马铠"的记载。官渡之战时，曹操的《军策令》曾记载"袁本初马铠三百具，吾不能有十具"，标志着中国骑兵开始有了甲骑具装的重骑兵。但作为一个成体系化的兵种而言，重骑兵时代的开启还要等到南北朝时期。

虎豹骑参加过曹军的很多关键战役：南皮之战斩杀袁谭；随曹操北征乌桓，击败乌桓骑兵，生俘单于；长坂坡之战长途奔袭刘备，"获其二女辎重，收其散卒"（《三国志·魏书·曹仁传》）；渭南之战击败了马超麾下的西凉铁骑。因此，虎豹骑无可争议地跃居当时宇内最强骑兵。

虎豹骑可能还得到了北方游牧民族骑兵的加成。平定乌桓后，曹操将万余户乌桓人迁入中原，征调骑兵参与征伐，"由是三郡乌丸为天下名骑"（《三国志·魏书·乌丸鲜卑东夷传》）。

曹魏不仅控制着当时华夏最重要的产马地，而且拥有了天下第一骑兵虎豹骑，与东吴和蜀汉相比，其骑兵优势几乎是压倒性的。唯一遗憾的就是离马镫时代的到来（西晋至南北朝之间），只差几十年了，否则虎豹骑的战力将如虎添翼。

诸葛亮与司马懿

陈寿在《三国志》中对诸葛亮的军事指挥能力颇不以为然，称其"治戎为长，奇谋为短"，"然连年动众，未能成功，盖应变将略，非其所长欤"。

但正如以上的探讨，诸葛亮在蜀汉的领土、人口、经济、军队数量、后勤能力、战马、骑兵等几乎所有方面的硬实力都远不如曹魏的情况下，在北伐的大多数时间内却基本掌握了战争的主动权，曹魏则大多处于被动防守的地位。更值得称道的是，除初次北伐街亭之战的溃败之外，诸葛亮基本上打赢了所有的野战对决。

这样看的话，诸葛亮的军事能力虽然不如《三国演义》吹嘘的那样神鬼莫测，但在曹操去世后，他也堪称同时期最优秀的军事统帅了。当然，如果与其自身卓越的政治能力比，所谓"识治之良才，管、萧之亚匹矣"（《三国志·蜀书·诸葛亮传》），诸葛亮的军事能力的确稍逊一筹，但这也只是超一流和一流的差距罢了。

而司马懿作为当时曹魏最知兵的帅才,很可能是曹魏唯一有能力与诸葛亮对阵之人,在实战中他通常都是只守不攻,"畏蜀如虎",如东吴名臣张俨所说:"仲达据天下十倍之地,仗兼并之众,据牢城,拥精锐,无禽敌之意,务自保全而已。"(《三国志·蜀书·诸葛亮传》裴注)司马懿的被动防守固然有曹魏"早打不如晚打"的整体战略考虑,但也显示了他与诸葛亮领军能力的差距。当然,审时度势,有自知之明,先立于不败之地再求胜,也是一位伟大将帅的基本素质之一,即《孙子兵法》中所谓"故善战者,能为不可胜,不能使敌之可胜"。司马懿也是在野战惨败之后,顿悟前非,从此高挂免战牌。

从实践中看,司马懿的"坚壁拒守,以逸待劳",的确是当时应对诸葛亮北伐的最佳方略了。

如果说诸葛亮初次北伐时,蜀汉兵力还有一些优势,那么曹魏战后即积极向雍凉前线增兵,这种优势便不复存在。据《晋书·宗室列传》:"每诸葛亮入寇关中,边兵不能制敌,中军奔赴,辄不及事机,宜预选步骑二万,以为二部,为讨贼之备。"

在双方兵力大致相当的情况下,再加上守方给养上占优,又采取持重避战的策略,作为攻方的诸葛亮处境的确异常尴尬,如王夫之在《读通鉴论》中所言:"(司马懿)即见兵据要害,敌即盛而险不可逾,据秦川沃野之粟,坐食而制之。"这里可以稍加阐发,司马懿的用兵之道与后世的曾国藩、蒙哥马利有共通之处:在总体实力占优的情况下,不轻用险着,不轻用奇谋,如曾国藩所说的"结硬寨,打呆仗"。堂堂正正之师稳扎稳打即可,以本伤人即可,方不会被李秀成、陈玉成、隆美尔之辈的各种奇谋、佯动、欺骗战术所惑。自己不想通过奇谋占便宜,就不会被敌人找到破绽,占到便宜。苻坚在淝水前线本已占据绝对优势,却还抱着半渡而击的占便宜想法,放任东晋军从容过河,反而中了晋军奇谋,以致风声鹤唳、败国丧家。

司马懿只有"结硬寨,打呆仗",不暴露任何破绽,才能使力求速战的诸葛亮没有任何可乘之机,才不会发生以弱胜强的大翻盘。

因此,即使诸葛亮在场面上始终占优,一路压着司马懿打,但始终未取得曹魏在街亭之战中的那种大胜。事实上,只要司马懿耐得住,坚持打防守战、消耗战,诸葛亮粮尽之后自会退去。从这个角度而言,司马懿的军事思想核心就是"不败即为胜"。

对司马懿而言,不用奇谋就是最好的奇谋;但对诸葛亮来说,要破局,就必须用奇谋。因为,实力和时间都站在司马懿那一边,一板一眼地打持久战和消耗战都为司马懿所乐见。

但奇谋就意味着高风险,对于蜀汉这样输不起的弱国而言,一次奇谋的失败可能就意味着万劫不复,诸葛亮拒绝魏延的"子午谷奇谋",就有这方面的考虑:强国输得起,弱国输不起;强国有容错空间,弱国一念成劫。

当曹魏借重骑兵军团而坐拥机动性优势时,蜀汉祭出奇谋的风险收益比更是危乎高哉。试想,如果魏延孤军深入关中平原,曹魏即使一开始猝不及防,但很快就可以利用虎豹骑围歼魏延孤军。

在传统观点中,诸葛亮否决"子午谷奇谋"被视作"应变将略,非其所长",但实则有持重谋国之合理考量。但此事却也显露出诸葛亮用人上的某种偏狭,始终不重用久经沙场的魏延,喜欢用自己身边的亲信,如马谡、杨仪等人,可见诸葛亮对负才不驯者有着特别的恶感。汉高祖能用韩信、彭越和英布这样的负才不驯者,卒以成功,"而诸葛亮之抑魏延,殊堪浩叹"[①]。

当然,这也是求全责备了。

在战略上,诸葛亮进退路穷:不北伐等死,北伐找死。在战术上,诸葛亮同样进退维谷:不用奇谋等死,用奇谋找死。

这可能就是一个小国和弱国的终极悲哀吧。田余庆先生有句话读之黯然:

> 历史只给了诸葛亮一个小国寡民的政治舞台。

---

① 台湾三军大学编著《中国历代战争史:三国》,中信出版社,2013年1月版,233页。

第五章

淝水之战：百万大军的诅咒

第五章　淝水之战：百万大军的诅咒

东晋太元八年（383年）十一月，东晋在淝水之战中完败前秦，按照流行的说法，谢石、谢玄仅以八万北府兵击垮了国力正值巅峰的前秦八十七万大军，创造了中国战争史上的奇迹。

但除以少胜多之外，淝水之战其实是一场相当乏味的战役，严格来说都算不上一场像样的决战，双方甚至还没有开始你来我往的厮杀——前秦大军抱着半渡而击的想法刚刚主动放晋军过河——就在晋军降将朱序"秦军败矣"的声声唱衰中，"自相蹈藉而死者，蔽野塞川"（《资治通鉴·晋纪》），整场会战在几个时辰内即告终了。前秦的精锐骑兵、苻坚的百万大军，对战局几乎没有起到什么作用就一触即溃，唯一的贡献可能就是因其表现而诞生了两个成语："风声鹤唳"和"草木皆兵"。而前秦帝国也在淝水战败后日暮途穷，两年后，一代天骄苻坚兵败身亡于帝国的土崩瓦解中。

淝水之战及战前究竟发生了什么？战前号称"投鞭于江，足断其流"的百万大军不经一战就溃不成军，这即使在素以以少胜多战例众多而著称的中国古代战争史上也是相当吊诡的。如田余庆先生所说，淝水之战的胜利甚至给人"得之偶然、取之甚易之感"[①]。

---

① 田余庆《秦汉魏晋史探微（重订本）》，中华书局，2004年2月版，328页。

淝水之战前史

从狭义上而言,爆发于东晋太元八年(383年)十一月的淝水之战是一场"未经决战的决战",但从广义上的苻坚攻晋乃至更广义的秦晋战争来看,双方为了淝水之战这场决战已准备数年。

东晋太元元年(376年),前秦攻灭前凉与代国,统一北方,国势臻于极盛。

在淝水之战前夕,东晋已南渡六十多年,曾与司马家"共天下"的两大门阀——琅琊王氏与颍川庾氏,淡出历史舞台。随着东晋宁康元年(373年)桓温身故,谯国桓氏也从巅峰滑落。不过,桓温之弟桓冲仍控制着长江中游的荆襄地区,与建康的东晋中央朝廷分庭抗礼,延续着前一时代著名的"荆扬之争"。淝水之战时,陈郡谢氏正逐渐崛起,成为新一个与司马家"共天下"的顶级门阀。谢安负天下之望,总领东晋军事。

东晋宁康三年(375年),助苻坚缔造盛世的头号功臣王猛去世。王猛在遗言中劝阻苻坚攻晋:"臣没之后,愿不以晋为图。鲜卑、羌虏,我之仇也,终为人患,宜渐除之,以便社稷。"但志在大一统的苻坚还是在三年后(378年)发动了征伐东晋的战争。

378年至379年,在第一阶段的秦晋战争中,前秦并未起倾国之兵,战争性质也不是"灭国之战",某种意义上算是大决战的前奏。双方在这一阶段总体上算是打平,前秦至多是略占上风。

在荆襄一线,前秦付出了惨重代价之后攻取襄阳,生擒了日后在淝水之战中搅动全局的朱序;在淮南一线,秦军先是攻取彭城、淮阴和盱眙,但在三阿(今江苏省高邮市西北)之围中大败,而后又一路丢掉了淮阴和盱眙,只保住了彭城,事实上输掉了淮南之战。北府兵在此战中初露锋芒,以五万人大破十余万前秦军。

开战四年后,也就是东晋太元八年(383年),苻坚决意进行总动员,发动对东晋的最后决战,这之前的战争也可以看作广义上的淝水之战。

淝水之战前,秦、晋两军事实上进行过一次真正意义上的对决——洛涧之战,而且时间甚至也与淝水之战同月(十一月)。这次东晋军的主角仍然是北府兵,勇将刘牢之率五千精兵强渡洛涧,在野战中击败了前秦军名将梁成统领的五万(一说两万)大军。这一战中,前秦军阵亡和被俘的人数高达一万五千人,秦军基本上被打残。如果按照五万人计算,北府军此战等于击败了十倍于己的敌人,兵力之悬殊甚至超过了淝水之战的1:4(具体数据稍后会说到)。

从淮南之战到洛涧之战,北府兵连续两次以绝对劣势兵力,在正面对决中大败前秦军。淝水之战是第三次。

在中国古代战史上,可能没有一支军队比北府兵更擅长以少胜多了。从谢安、谢玄重建北府军到刘裕北伐,北府兵在重大战事中基本都是以劣势兵力迎敌。

北府兵并非横空出世,甚至不是一支典型意义上的正规军,"谢氏北府兵并非新军,而是由若干流民帅分领的久在江淮间活动的老军,其历史渊源可追溯到永嘉、建兴之际。这些流民军名义上附晋,一般用晋名号,但却是自力图存,对江左政权的关系时松时紧,若即若离,具有相当的独立性质"①。

因此,北府兵在组织上也与中国战争史上那些强军截然不同,无须经历各朝常见征、募、训练新军之事。"北府兵的组成主要在募将,与后世常有的募兵者不同;应募的北府将可能自有兵众,只须授予军号或刺守名义,或者略作兵员补充,就能用于战争。""北府兵各支既无特别训练,又无严密组织,但官长、士卒都有与北敌作战的经验。他们一旦纳入同一系统,有恰当的指挥,就成为拱卫建康、抵御北敌的重要武装。"②

在一众募将之中,出身武将世家的刘牢之隐隐成为北府兵的灵魂人物,据《晋书·刘牢之传》:

> 牢之面紫赤色,须目惊人,而沈毅多计画。太元初,谢玄北镇广陵,时苻坚方盛,玄多募劲勇,牢之与东海何谦、琅邪诸葛侃、乐安高衡、东平刘轨、西河田洛及晋陵孙无终等以骁猛应选。玄以牢之为参军,领精锐为前锋,百战百胜,号为"北府兵",敌人畏之。

值得玩味的是,北府兵的重建甚至不是单纯为了对付前秦。谢氏执政,最大的弱点就是缺乏一支可以直接控制的军事力量,对内与荆襄的桓氏军事集团实现战略均衡,对外应付北方的军事压力。谢安重建北府兵即为了补上谢氏的这一弱点。"此时重建的北

---

① 田余庆《秦汉魏晋史探微(重订本)》,中华书局,2004年2月版,328页。
② 田余庆《东晋门阀政治》,北京大学出版社,2012年4月版,205—207页。

府兵,主要是南北矛盾加剧的产物,同时也是桓、谢矛盾的产物。从以后的事态发展看来,北府兵既用于淝水之战,又用于解决桓玄问题"①。

而正因为谢氏缺乏军事方面的资源与经验,凭空打造一支需要历经全流程方能组建的新军难度过高,重建由半武装流民组成的北府兵显然是一条捷径,无须募兵、练兵,成军极快,即建即用。

淝水之战前,除北府兵之外,东晋手中另一支战斗力较强的军队就是桓冲的荆襄军,人数有十余万。这支军队由桓温一手打造,曾跟随他平定巴蜀,三次北伐。在北府兵重建之前,这支军队就是东晋王朝的基本武力。桓冲所部与北府兵关系微妙,"南北战争存在荆襄和江淮两个战场。战争初起阶段,主战场在荆襄;决战阶段,主战场在淮淝。两个战场,两个阶段,都可以看到桓谢关系中相互制约又相互支援的作用"②。

淝水之战前两个月,桓冲还主动提出"以精兵三千援建康",但为谢安所拒,一方面可以说明谢安未被前秦的优势兵力所震慑,对北府兵的实力相当有自信,另一方面也可看出桓谢之间在大战前夕仍心存芥蒂。

百万大军罗生门

关于淝水之战中的前秦军队人数,历来争议很大。最流行的

---

① 田余庆《东晋门阀政治》,北京大学出版社,2012年4月版,205页。
② 田余庆《秦汉魏晋史探微(重订本)》,中华书局,2004年2月版,328页。

版本是笼统的"百万",但史书里也的确多次出现过八十七万的说法,如《资治通鉴》就明确说:

> 甲子,坚发长安,戎卒六十余万,骑二十七万,旗鼓相望,前后千里。

但由于苻坚在此次大举伐晋前还让苻融和慕容垂等人率步骑兵二十五万作为前锋,因此这二十五万人是否在八十七万人之内颇有些争议,甚至有学者持总人数一百一十二万的说法。

当然也有比八十七万人更少的说法。这更像是个统计口径的问题,八十七万人是前秦军队动员的总兵力,淮淝一带虽然重要但也只是两大主战场之一,淝水之战参战的前秦军很大程度上可能只有前锋部队。身在秦营心在晋的朱序曾劝告晋军统帅谢石,趁前秦主力还未集结完毕,从速开战:

> 若秦百万之众尽至,诚难与为敌。今乘诸军未集,宜速击之;若败其前锋,则彼已夺气,可遂破也。

那么,在寿春淝水前线(今安徽省淮南市寿县东南方),前秦究竟有多少兵力呢?比较可靠的说法是依据《晋书·朱序传》中的"苻融以三十万众先至",认为前秦的参战兵力有二十五万至三十万人。但也有更激进的说法认为,前秦直接参加淝水之战的部队充其量只有十万人,至多十万人出头。按照这种说法,相对晋军的八万人,前秦的兵力优势近乎聊胜于无,淝水之战"以少胜多"的基本定义都要被颠覆了。①

如果我们以比较可能的说法作为统计基准的话，大约可以得出以下几组数字：前秦的总兵力在百万左右（苻坚曾自称有九十七万），但要留部分兵力留守。淝水之战数月前，苻坚还派吕光率军七万出征西域。前秦进攻东晋的总动员兵力为八十七万，但淝水之战时各地兵力还在陆续到位中；前秦在淝水前线的兵力为二十五万至三十万人。

而在东晋那边，据估算，晋军总兵力为二十余万，总动员兵力为十八万，其中还包括荆襄一线的桓冲所部十万人，因此晋军淝水前线的兵力，就只有掌握在谢氏子弟手中的八万北府兵。②

可见，在淝水之战前，各个统计口径的兵力前秦相对东晋都占据了很大的优势，只是远没有八十七万对八万如此悬殊、充满数据张力罢了。在淝水前线，前秦（二十五万至三十万）对东晋（八万）的兵力优势大致在三至四倍。

就以少胜多而言，淝水之战并不具备多大的特殊性。在中国古代战史中，如果仔细做一个统计的话，以少胜多的战例之多已经到了让人费解，几乎快要成为一条胜负定律的地步。据学者的统计，从西晋到隋灭陈的三百二十三年间，交战单方投入军队十万人以上的战役有六十九次，"甚至可以说，动用人力越多的一方，取胜的可能性就越小"，"在西晋和前赵的所有交战记录中，前赵军队很少超过十万，但是几乎每次都是人数更多的西晋失败。北

---

① 邱久荣《淝水之战双方兵力略释》，《历史研究》，1980年第2期。
② 舒朋《淝水之战双方兵力综释》，《北京师院学报（社会科学版）》，1983年第3期，232页。

魏孝文帝攻击南朝，每次动用的军队都在十万，乃至二十万以上，但是北魏只有一次胜利的记录"。①

在西方的以少胜多的战例中，兵力悬殊相对小得多，如汉尼拔在坎尼会战中以四万多兵力近乎全歼了古罗马八万多人，双方兵力差距不过一倍；中国式的以少胜多战例，双方兵力通常都极其悬殊，比如在可能是最早的以少胜多战例的牧野之战中，就号称数万周军击败了七十万商军。

那么，个中原因究竟是什么呢？笔者试着总结五点。

第一，在中国历史上，很多以少胜多战役中的"多"方兵力数字都被严重夸大了。古代战史上的兵力数字本就不能与之较真，史书中的"十万""百万"这样的数字很大程度上是虚数。比如《史记》中说秦、楚两国都"带甲百万"，其他五国也各有数十万兵力，七国合计有四五百万的兵力，显然是虚数；昆阳之战中新莽大军号称四十二万，实则也就十余万；土木堡之战中明军自称有五十万，实际很可能不超过二十五万；萨尔浒之战中明军号称有四十七万，其实也就八至十万……例子太多，无法历数。

但是，在具体战争中，这些有水分的数字就没有人来戳穿吗？某种程度上，夸大"多"方的兵力是一种双方的"共谋"。

对于人数多的一方而言，战前夸大自己的人数优势可以起到振奋己方士气、恫吓对方的作用。比如吴三桂在起兵反清时竟自称"总统三百六十万水陆官兵"，但其真实兵力也就不足二十万；

---

① 苏小华《北镇势力与北朝政治文化》，中国社会科学出版社，2012年10月版，264—265页。

曹操在赤壁之战前写信给孙权自称"今治水军八十万众，方与将军会猎于吴"，周瑜估计曹军真实兵力也就二十余万；前秦出兵时，国中就有大臣认为"若一举百万，必有征无战"，也就是觉得东晋会被所谓的百万大军吓得不战而降。

而对于人数少的一方而言，如果打赢了，可能就顺水推舟地延续敌方战前的吹嘘，甚至还有继续加码的可能性——敌方人数越多，不就越显得己方"以少胜多"的伟大、正确与用兵如神吗？比如司马彪《续汉书》为了突出汉光武帝刘秀在昆阳之战中的神勇，就号称王莽大军有"百万"："发迹于昆阳，以数千屠百万，非胆智之至，孰能堪之？"

从这个意义上来说，参战双方算是一拍即合，共同"编造"了"百万大军"这样同时满足双方诉求的战争神话。

第二，还有统计口径的问题。在古代战争中，作战部队动辄数十万、上百万，很可能是夸张甚至是大幅夸张了，但是，如果将后勤辎重部队及随军民夫的人数纳入到"百万大军"中来，那么很多看似荒谬的兵力数据也就变得合理一些。在古代的战争条件下，对于缺乏机动性的中原王朝军队来说，后勤运输的人数为一线作战部队的两倍左右是很正常的，而且越是远征，对后勤运输的要求越大，并且所能承载的人数还有极限。沈括在《梦溪笔谈》中就测算称："三人饷一卒，极矣，若兴师十万，辎重三之一，止得驻战之卒七万人，已用三十万人运粮，此外难复加矣。"为了七万人的作战部队，北宋竟总动员了三十万人运粮。

汉武帝征伐匈奴的漠北之战中，卫青和霍去病各带五万骑兵出击，但还调集了数十万步兵负责保护和运送粮草辎重，"上令大将军青、票骑将军去病各五万骑,步兵转者踵军数十万"(《汉书·卫青霍去病传》),可见漠北之战是十万大军还是几十万大军参战,则视乎统计口径了。

隋炀帝征伐高句丽时,《隋书·炀帝本纪》就说运输人数是作战部队的两倍,"总一百一十三万三千八百,号二百万,其馈运者倍之";《资治通鉴》说征发民夫六十余万,仅长期来往在路上的就有数十万人,"发江、淮以南民夫及船运黎阳及洛口诸仓米至涿郡,舳舻相次千余里,载兵甲及攻取之具,往还在道常数十万人,填咽于道,昼夜不绝,死者相枕,臭秽盈路,天下骚动"。

在金、蒙野狐岭之战前,金军曾动用七十五万"屯戍军卒"修金界壕。金军所谓的四十五万参战大军中可能就有很大一批人是这部分非战斗部队,"思忠增缮,用工七十五万,止用屯戍军卒,役不及民"(《金史·独吉思忠传》)。

第三,在古代战争中,兵多有时候仅有理论上的数据优势,在实战中,数十万大军往往要兵分多路,到发生具体战役的那一路人数就少多了。比如在采石之战中,虽然完颜亮发动了号称六十万人的军队南下,但兵分四路,完颜亮亲率的东路军事实上只有十七万人。只要完颜亮这一路一败,其他三路就不战自溃。在淝水之战中也是如此,前秦在淝水前线的军队只有二十五万至三十万人,若分作三路,对比晋军的八万并无压倒性优势,与采石之战一样,此路一败,满盘皆输。

除兵分多路之外,大帝国的动员效率也影响了一线兵力的集结。还是以淝水之战为例,《晋书·苻坚载记》是这样说的:"坚发长安,戎卒六十余万,骑二十七万,前后千里,旗鼓相望。坚至项城，凉州之兵始达咸阳，蜀汉之军顺流而下，幽、冀之众至于彭城，东西万里，水陆并进……"当相当一部分军队尚在集结或奔赴一线战场的路上时，淝水之战已然打响，因此朱序战前对谢石也有"今乘诸军未集，宜速击之"的速战谏言。昆阳之战前，有新莽大将估计，动员三十万军队至少需要一年时间。隋炀帝第三次征伐高句丽时，大军更是出现了前方作战，后方征发士卒在行军途中大量逃亡的状况，理论上的"复征天下兵"根本没有实际意义。

在古代的生产力条件下，一次性动员数十万大军并不像现在这么简单。交通条件的不一决定了分布在各地的"百万大军"很难短时间集结在一起，而后勤运输条件又决定了军队一次性投入到单一战场是极其"不经济的"，会对后勤体系施加灾难性的压力。不集中兵力而是兵分多路很多时候也是无奈之举，未必是因为主帅连集中兵力这个并不高深的军事常识都不知道。

很多时候，百万大军会对后勤造成毁灭性压力和引发中央指挥系统紊乱，其负面效应远高于单纯兵多带来的作战效能提高，从战斗力而言可能属于得不偿失之举。

第四，举倾国之兵往往意味着后方空虚，并且极易引发民怨沸腾，从而被国内的野心家利用。

采石之战前，完颜雍（即后来的金世宗）事实上已在辽阳拥兵称帝，前线金军知道后院起火后军心不稳，干脆发动兵变弑杀了完颜亮。

辽金的护步答冈之战就更典型了。兵力占绝对优势的辽军之所以溃败，直接原因就是耶律章奴在上京发动叛乱，天祚帝和辽军无心恋战,后撤途中被金军抓住机会突袭而大败。

隋炀帝伐高句丽时,不仅遭遇了"十八家反王,六十四处烟尘"这样的民变起义,与隋炀帝同为关陇集团成员的野心家杨玄感也发动兵变,还自称"我身为上柱国……今不顾灭族者,但为天下解倒悬之急耳"。隋军即将攻陷高句丽战略重地辽东城时,听闻后方不靖,被迫紧急撤军回援,情状极为狼狈周章。《资治通鉴·隋纪》中称:

> 军资、器械、攻具,积如丘山,营垒、帐幕,按堵不动,皆弃之而去。众心汹惧,无复部分,诸道分散。

淝水之战的情况稍有不同。淝水战败其实与军队中的鲜卑慕容氏、羌人姚氏没有直接关系,慕容垂在作战中尚属兢兢业业,连他保存实力都很难找到充足证据,更别说积极谋划举兵造反了。淝水之战时,慕容垂和姚苌都不在淝水战场,如田余庆先生得出的结论,"不能说淝战之败是由他们(慕容垂、姚苌)促成的"①。

慕容垂和姚苌叛秦,都发生在淝水战败后。如果战事顺利,这两人或许还会像之前那样隐忍不发。

以前秦雄厚的国力军力而言,即使淝水战败也完全可以整军再战,挫败东晋的反攻当是措置裕如,更没有所谓的亡国之危。前秦覆亡的直接原因是慕容垂和姚苌两人的叛秦。

第五,在中古时代,动员数十万大军对很多政权而言往往意

---

① 田余庆《东晋门阀政治》,北京大学出版社,2012年4月版,214页。

味着七拼八凑，真正能左右战局的精锐部队其实要少得多，所谓百万大军更像是账面上的乌合之众。

比如，赤壁之战时刚刚投降的荆州军的人数计入了曹军。

昆阳之战时，刘秀率三千敢死队打垮了一万多人的新莽中军精锐，其他十万新莽军队基本作壁上观，然后跟着败军如鸟兽散。

淝水之战前的前秦军则是一支民族成分十分复杂、未经充分整合的军队，作为前秦基本武力的氐族士卒占比可能只有几分之一，而大部分新征发的士卒都未经军事训练。前秦的百万大军即使没有夸大，"也不过是一批被驱迫的新发之卒，散处道途，并没有形成战斗能力"，"前秦军既然不过是乌合之众，欲对之作周密部署自然是不可能的。这就是强大的前秦军须臾间顿成土崩之势的根本原因"。①

南明时，左良玉"清君侧"时号称带了八十万大军，一半以上是降军，据《明史·左良玉传》：

> 然良玉自朱仙镇之败，精锐略尽，其后归者多乌合，军容虽壮，法令不复相慑。

骑兵刚刚进入马镫时代时，"由于作战效能的提高，兵员的多少不再是决定战争胜负的关键因素，这样战争的规模相对来说是小了"，"西晋之后，统治者如果动辄调动十万以上的大军，那么

---

① 田余庆《东晋门阀政治》，北京大学出版社，2012年4月版，214页。

有理由怀疑这位统治者并没有深刻领会他的时代的军事规律"。①

"这位统治者"很可能也包括苻坚,他对马镫时代的战争规律缺乏与时偕行的认知,依旧可悲地沉溺于投鞭断流的唯兵力论中。

马镫时代的淝水之战

淝水之战时,骑兵已进入了马镫时代。我国目前发现年代最早的马镫实物出现于西晋,是单马镫。到十六国和南北朝时,马镫渐趋成熟,双镫已普遍应用于各国骑兵。1965年,考古工作者在位于辽宁省北票市的北燕宰相冯素弗墓中,发现了一对铜鎏金木芯马镫,为世界上现存年代最早的双马镫实物。

装备了马镫的骑兵在马背上更加稳定,对骑兵骑射战术而言,马镫能够帮助骑兵形成相对稳定的射击平台,提高射击精度,大幅降低"且驰且射"的难度,减少训练时间。

但马镫对骑兵冲击战术的意义更为重大。马镫给了骑兵更大的平衡性,让骑兵不易在冲击与近身肉搏中从马背上跌落,并能更为充分地利用马匹冲锋所产生的巨大动能,也更不易被冲击的反作用力困扰。

正是马镫,让"骑兵冲击"这个在项羽时代萌芽,汉武帝时代由卫青、霍去病定型的战术步入了巅峰时代。

更何况,马镫也是会自我进化的,正是在十六国时期,"马镫

---

① 苏小华《北镇势力与北朝政治文化》,中国社会科学出版社,2012年10月版,231—232页。

发展为形制完备的双镫造型，为冲击战术提供了必要的技术保障，并成为这种战术完全成熟的象征"①。

在技术与战术的互相激发下，"这一时期骑兵最突出的变化，就是骑手和战马都披护铠甲的重装骑兵——'甲骑具装'大量出现"。除了弓箭，这些甲骑具装还装备了当时最新的重型长柄兵器——马槊，更利于骑兵的集团式直向冲锋；而更强调劈砍的戟，因戟前部横向的戈刃会妨碍骑兵刺杀的破甲效果而逐步淘汰。②

马镫与甲骑具装的结合迸发出了杀伤力更为惊人的效果，中国骑兵由此正式迈入重骑兵时代。尽管三国时已经零星出现了重骑兵的身影，但需要厘清的是，出现了马镫之后，中国才进入重骑兵时代。而欧洲和中亚则是在没有马镫的情况下发展出了重骑兵。所谓重骑兵和轻骑兵，一个并不严谨但比较清晰的界定是，轻骑兵的战马不披甲而重骑兵的战马披甲，至于骑兵穿重甲还是轻甲倒是其次了。

为了适应重骑兵的发展，北朝骑兵主要装备"两当铠"，"前有胸甲，后有背甲，在两肩用革带扣联在一起，甲长仅及腰部，适于骑马作战"③。与欧洲中世纪重骑兵那种连眼睛都完全防护的全身板甲相比，中国早期重骑兵显然要略"轻"一些。

而马镫令身披重甲的骑兵得以更好地控御同样身披马铠的战

---

① 李硕《南北战争三百年：中国4—6世纪的军事与政权》，上海人民出版社，2018年1月版，114页。
② 杨泓、李力《中国古兵二十讲（插图珍藏本）》，生活·读书·新知三联书店，2013年1月版，185—186页。
③ 杨泓《古代兵器通论》，《中国考古文物通论》，紫禁城出版社，2005年12月版，199页。

马,使人马合一成为可能,"并能完成各种战术协同动作,充分发挥重装骑兵冲锋的威力"。①

相对而言,轻骑兵的主打战术是远距离骑射,兼顾近战的冲击战术。而重骑兵尽管在实战中骑射和冲击战术兼备,但相对来说,冲击战术,或者界定得再清晰一点,对步兵集团的冲击战术,更能体现重骑兵人马带甲的防护优势和冲击动能。

不过,所谓重骑兵时代,并不意味着骑兵中都是重骑兵,而是说重骑兵成为战场胜负手和攻坚主力,但骑兵军团的编组还是按照不同的比例进行轻、重骑兵混编。甚至,重骑兵和轻骑兵在同一个骑手身上也可以自由切换:在一人双马的背景下,马铠在远征中既可以放在辎重部队中,也可以让披马铠的那匹马独立行军,骑兵坐在不披马铠的备用马上,到了战斗中再换马。

重骑兵的出现及骑兵冲击战术的成熟,要归功于草原民族和中原王朝的"接力","骑兵的冲击战术革新发生在农业社会面临草原威胁,寻求解决之道的过程中(汉匈战争);而这种战术的完善和臻于极致,则发生在草原民族学习农耕社会、建立政权组织的过程中(两晋南北朝时期)","革新的火花往往在两种文明接触、碰撞和互相学习中迸发,而在封闭的游牧或者农业文明内部都难以产生"。②

在淝水之战前五年,也就是公元378年,哥特重骑兵在阿德

---

① 杨泓、李力《中国古兵二十讲(插图珍藏本)》,生活·读书·新知三联书店,2013年1月版,192页。
② 李硕《南北战争三百年:中国4—6世纪的军事与政权》,上海人民出版社,2018年1月版,121页。

里安堡战役中大败罗马帝国重步兵，不仅罗马四万大军全军覆灭，就连罗马帝国皇帝也在战中阵亡。而哥特骑兵此时很可能已经装备了由东方传入的马镫，阿德里安堡战役成为欧洲战争进入马镫时代和重骑兵时代的双重开幕战。"阿德里安堡一战的失败意味着军团步兵作为进攻性作战体制的时代已告结束。从此由弓箭骑兵和长矛骑兵组成的重骑兵取代了军团步兵，成为罗马军的主力。骑兵在欧洲战场上称雄了约一千年的时间"，在之后的十个世纪里，"机动性、突然性、翼侧突袭和长矛兵冲锋的猛烈性"这四项要素构成了骑兵战术的基础。①

重骑兵在欧洲战场尚且威风八面，那么，在淝水之战中，为何没有看到太多前秦骑兵，尤其是前秦甲骑具装的身影呢？如上所说，作为新兴兵种的重骑兵最适合的作战场景就是和晋军这样以步兵为主的军队作战，淝水之战难道不应该是前秦骑兵军团持危扶颠的封神之战吗？

在淝水之战的相关史料中，骑兵的存在感并不算高，有三点尤其值得注意。

第一点，就是苻坚出兵时集结的所谓"戎卒六十余万，骑二十七万"。且不论这个数据有多大程度上是苻坚的吹嘘，但这很可能是中原政权继汉武帝之后，第二次集结如此庞大规模的骑兵军团。事实上，即使汉武帝时代规模最为浩大的漠北之战，也只有十万骑兵一次性出塞。另外一个信息是，从人数上看，前秦军

---

① ［美］T.N. 杜普伊，严瑞池、李志兴等译《武器和战争的演变》，军事科学出版社，1985 年 6 月版，51 页。

队也是一支以步兵为主、步骑混编的军队。

第二点，就是秦、晋在淝水正式交战时，苻坚那个断送了前秦大军的荒谬决策：

> 但引兵少却，使之半渡，我以铁骑蹙而杀之，蔑不胜矣。

这句话的信息点有两个：第一是，苻坚打算用骑兵作为主力，半渡而击，突袭晋军；第二是"铁骑"。或许可以从字面理解为甲骑具装，其中自然有古人谈兵好用大词的因素，但也部分说明了苻坚很倚重他的"铁骑"，即重骑兵。

第三点，前秦军队在"秦军败矣"的传谣中即将全军崩溃时，皇弟苻融准备带领骑兵对晋军发动逆袭，以阻止晋军的攻势："融驰骑略陈，欲以帅退者，马倒，为晋兵所杀，秦兵遂溃。"（《资治通鉴·晋纪二十七》）然而，前秦军事精英最后一次挽救淝水之战的努力竟是折戟沉沙。

在这三次有关骑兵的记录中，第一次体现的是兵力规模，前秦军队中骑兵和步兵的规模大致接近1∶2，骑兵数量虽不及步兵，但还是超过了东晋全国的总兵力；第二次体现的是骑兵的招牌战术，即快速冲击（"蹙而杀之"），尤其强调了对"铁骑"的使用；第三次体现的是骑兵的实战亮相，但骑兵一出场就因为主帅被杀而反击失利。

那么，前秦骑兵为何存在感如此之低，对战局没有形成决定性影响呢？

有一个可能性要率先排除：即便淮南地区不如华北平原适合

骑兵驰骋冲杀，但大抵还是利于骑兵发挥兵种优势的，因此地理因素至少不会成为骑兵难以发挥战力的重要原因。

笔者试着从三个角度进行探讨。

其一，北府兵有着与骑兵对阵不可或缺的经验和纪律性。北府兵由北方半武装流民组成，对北方胡族的骑兵战术并不陌生，且有着相对丰富的交战经验，不太可能在对方骑兵冲锋时，发生士气瞬间崩溃的状况。

事实上，虽然到了甲骑具装的重骑兵时代，重骑兵开始有能力从正前方硬性撕开步兵阵形，但强攻毕竟战损比过高，重骑兵冲击战术最具杀伤力之处还是待对方阵形破散后的追亡逐北。"当集群骑兵高速冲向步兵军阵时，对站在前列的步兵造成的心理压力非常大，缺乏战斗经验、纪律松弛的步兵会四散逃命，造成军阵在瞬间溃败"[1]，而北府兵显然不会轻易给前秦骑兵乘胜逐北的追击机会。

北府兵不缺与骑兵的对阵经验，但流民武装在组织性和纪律性上难道不是远逊于正规军吗？这在对阵骑兵时难道不是致命缺陷吗？

答案是否定的，甚至恰恰相反。从组织上看，北府兵具有某种私兵和部曲的性质，和刘牢之这些流民帅有着长期的共同利益纽带，实质上算是休戚与共的武装利益集团。而从中国古代兵制来看，私兵和部曲在多数时候的战斗力都要远强于所谓的"正规

---

[1] 李硕《南北战争三百年：中国4—6世纪的军事与政权》，上海人民出版社，2018年1月版，104页。

军",相对而言,后者才更像是乌合之众。

对于正规军的崇拜更像是一个现代观念。事实上,除历代开国之初等特例以外,各朝所谓正规军甚至就是"收入低"和"混饭吃"的集合体,宋代更是一度陷入了城市无赖参军,"兵不知将,将不知兵"的窘境。在缺乏国家观念的中古时代,正规军往往意味着"不知为何而战",与上级将领和同袍缺乏情感与利益纽带,在迎击骑兵冲锋这种高风险的战斗中,大概率会发生溃散,为保命而各自逃生。

而如北府兵这样的私兵和部曲,与东晋朝廷并无什么虚无的情感联系,作战的纪律和士气依靠利益绑定的主帅(流民帅)来维系。而流民帅前期捆绑刘牢之及背后的谢氏,后期捆绑刘裕,而此种私人关系的黏性和忠诚度,要远强于各朝"国家—个人"这样的弱关系。

在古代战史上,各种"某家军"几乎成为战斗力高和精锐部队的代名词,比如南宋的岳家军和吴家军、明中期的戚家军。在明末明军和农民军的战争中,明军的核心战力往往都来自将领的武装家丁,在正规军一触即溃之后,家丁才是将领逃生保命的最后依托。

在晚清的历次战争特别是镇压太平天国的战争中,八旗和绿营这样的正规军早早就成了吃闲饭的乌合之众,基于个人忠诚和乡党纽带组建成军的湘军、淮军才是清廷自救的擎天之柱。

克劳塞维茨在《战争论》中也提出过相似的看法:

> 团结一致、充满兄弟情谊、经过千锤百炼、打上战斗烙

印的老兵与那些自负虚荣、只靠军队细则和操练拼凑起来的正规军不可同日而语，这一点我们必须非常注意。

这可能才是北府兵战斗力强的终极奥秘，也是前秦骑兵无法轻易奈何北府兵的关键所在。当敌军的铁骑带着死亡的气息呼啸而来时，已方军队能够临危不惧、阵脚不乱，在伤亡率达到10%以上时仍然保持高昂的士气和纪律作战，这样的军队就可以称得上强军，领军将领就可以称得上名将。

其二，尽管苻坚开口闭口说"铁骑"，但前秦骑兵并不以甲骑具装著称于世。

前秦骑兵不乏骄人的战绩，如东晋永和十年（354年）桓温北伐时，皇子苻生率领少量骑兵冲入桓温的步兵军阵中，前后斩将夺旗十余次，东晋军为之胆裂，从此丧失了与前秦军大规模野战的勇气。淝水之战后，东晋豫州刺史桓伊所部曾俘获了大量前秦军丢弃的"人马器铠"，但多数都已经残破损毁，经过数年修补，仅拼凑出马铠一百具。桓伊所部只能收集到如此少的马铠，或许是一个证据，"说明秦军中具装骑兵所占的数量也不多"。[①]

事实上，在东晋十六国时代，最以甲骑具装闻名的是鲜卑人。在记述当时战争史的文献中，常可查到有关鲜卑重装骑兵的踪影。后秦第二位皇帝姚兴曾在一次击败鲜卑骑兵后"收铠马六万匹"，可见重装骑兵已是鲜卑人作战的主力兵种。当时知名的甲骑具装战

---

① 李硕《南北战争三百年：中国4—6世纪的军事与政权》，上海人民出版社，2018年1月版，136页。

例也大多与鲜卑人有关，这一趋势在北魏时代更是登峰造极，北魏孝文帝亲征南方时曾有"铁骑为群，前后相接"的盛大景象。①

其三，针对北方政权的骑兵优势特别是重骑兵的冲击战术，东晋政权在马匹和骑兵匮乏之下，也开始研发一些针对性的"以步制骑"战术。这在"未经决战"的淝水之战中尚属缥缈模糊，但在淝水之战后东晋的一些战例中已有成熟应用。

重骑兵的创建，就是为了对付轻骑兵难以穿透的步兵密集结阵，所谓"披坚执锐冲坚阵"，而为了与北方民族的重骑兵周旋，东晋以步制骑最直接且最有效的应对就是：进一步强化军阵的强度，强化到让重骑兵付出重大伤亡代价才能突破的地步，而这样两败俱伤的战场交换比对下来，显然组建及训练成本均更低的步兵招募起来更为容易。

如何强化？东晋的方案是车阵。这个"车"和春秋时代的"战车"相去甚远：春秋战车是进攻型武器，需要马匹拉动；而东晋车阵列装的是后勤运输用的"大车"，是防御型武器，说白了，就是防御骑兵冲击用的。东晋车阵的集大成者是刘裕，他在北伐时曾用两千步兵和战车组成却月阵，大败三万北魏重骑兵，成就了他军事生涯的惊艳一战。

却月阵的精髓有三：其一，阵形。两端临河，中间距河百步，总体呈弯月状的弧形，有效防止了北魏重骑兵从背后迂回冲击，万一不支，还可以撤到接应的战船上。其二，大车。百辆大车相

---

① 杨泓、李力《中国古兵二十讲（插图珍藏本）》，生活·读书·新知三联书店，2013年1月版，193页。

接，呈弧形排列，每车配士兵二十七名、强弩一张，并在车辕上竖立大盾牌，防止北魏重骑兵冲入阵中。其三，车载强弩。在战斗后期，刘裕军甚至用上了截短的槊，用大锤锤击，一根短槊便能洞穿三四名北魏骑兵。由于弧形的迎击面小，所以北魏重骑越向前冲击，所受到的杀伤也就越惨烈，"魏兵不能当，一时奔溃，死者相积"（《资治通鉴·晋纪》）。

最后，笔者想以对两支军队的命运小结作为本章的结束。

第一支是重骑兵。中国重骑兵的巅峰是在隋炀帝时代。据称，隋炀帝远征高句丽时带了九万六千名重骑兵，且每一支都是单独建制的团队。骑兵所披的铠甲，以及马铠，颜色一致且质料相同，流光溢彩的铺张之中是甲骑具装的鼎盛军容，是大隋帝国国力的极致展示。隋炀帝赋《白马篇》时自矜攻伐：

> 白马金具装，横行辽水傍。问是谁家子？宿卫羽林郎。

但这支可能是人类历史上最庞大的重骑兵军团，却在炀帝手中沦为了帝国的超巨型仪仗队，在辽河边的轻于一掷中全军覆没，"军败名裂，重装骑兵——甲骑具装在中国军事史上的黄金时代也随之逝去"[①]。重骑兵下一次被唤醒，就要等到五百年后女真人的"铁浮屠"了。

还有一支是北府兵。北府兵在淝水之战中击碎了苻坚的帝国迷

[①] 杨泓《古代兵器通论》，《中国考古文物通论》，紫禁城出版社，2005年12月版，208页。

梦，挽救了东晋的命运。一年半后，刘牢之率领的北府兵又试图挽救前秦的命运，北上救援被慕容垂包围在邺城的苻坚之子苻登，北府兵遭慕容垂伏击后大败。刘牢之单骑逃走，苻坚大帝则在数月后被俘身亡。三十年后，北府兵将领刘裕代晋立宋，成也北府，败也北府。

第六章

唐灭东突厥汗国：师夷骑兵以制夷

唐贞观四年（630年）三月，东突厥汗国颉利可汗在定襄与阴山连战皆北，逃亡途中为唐军生擒。至此，在隋末唐初曾不可一世的东突厥汗国灰飞烟灭。

仅用了四个月，唐军就毕其功于一役地剪灭了作为东北亚第一军事强权的东突厥汗国，相比汉武帝与匈奴长达四十四年却未竟全功的生死缠斗，以及数百年后明成祖劳而无功的五次北征蒙古，唐灭东突厥汗国一役可谓震古烁今的军事奇迹。

那么，唐军靠什么一蹴而就？

重骑兵的衰落

按照军史界的共识，到十六国和南北朝时，马镫已普遍应用。在马镫的加持下，中国骑兵迈入了甲骑具装的重骑兵时代，重骑兵成为战争中的核心兵种（并非指人数）。所谓重骑兵，就是骑兵和战马都身披铠甲，在战术上相较骑射更偏重正面冲击的兵种。当然，在某些特殊的语境下，骑兵穿重甲而马不披甲，也可以勉强称作重骑兵。

重骑兵相对于轻骑兵有两点优势，"一是防护好；二是自身重量远远大于轻骑兵和步兵，所以一旦冲锋起来，其突防能力显然是要优于轻骑和步兵"[①]。

---

① 苏小华《北镇势力与北朝政治文化》，中国社会科学出版社，2012年10月版，255页。

尽管军事技术与战术的发展存在着某种全球性和共时性，但具体到重骑兵上，中国却呈现出了与世界不同的鲜明独特性。

在欧洲，重骑兵崛起于378年的阿德里安堡战役，哥特重骑兵历史性地击败古罗马步兵；在蒙古两次西征（1219—1225年、1235—1242年）中，欧洲重骑兵备受蒙古轻骑兵羞辱，颇有些盛极而衰的意思；在1346年的克雷西战役中，英国长弓兵以不足两百人的损失，大破以近万名重骑兵为主体的三万余法军，欧洲重骑兵不可逆转地走向衰败。至此，重骑兵在欧洲战场上已称雄长达一千年。

而一千年只是保守的口径。事实上，在古代欧洲及西亚，重骑兵作为兵种出现的时间远早于马镫出现的时间。早在亚历山大大帝时代，"马其顿伙伴骑兵"已可以被定义为重骑兵。若做此推定则甚至可将欧洲重骑兵的兴盛期延长至一千七百年。前马镫时代的重骑兵，很可能只是骑兵穿重甲而马不穿马铠，但战术上崇尚正面冲击这一点和后马镫时代完全一致。

而在中国，重骑兵是马镫出世后才崛起的兵种，之前即使存在也不是战争的决定性力量。如果以晋室南迁（317年）作为重骑兵兴起的大致起点，将隋炀帝第一次征高句丽（612年），近十万"白马金具装，横行辽水傍"的重骑兵覆灭作为由盛转衰点，中国重骑兵的兴盛期不足三百年。

那么，为何唐朝骑兵会选择背离南北朝和隋朝的重骑兵导向呢？

第一，自然是因为重骑兵自身的兵种缺陷。除了人铠、马铠价格昂贵，重骑兵最大的弱项就是机动性不足，而机动性几乎可以视作骑兵的灵魂。"沉重的具装铠甲虽然带来了防护力的增强，却减弱了机动性。据考古发现，一件完整的铁具装，约重四十至五十公斤，特制的重铠可达一百公斤"，"骑兵是进攻型的兵种，机动性是骑兵作战的基本特点，失去了快速机动能力，就等于改变了这一兵种的性质，就难以体现其优势"。[1]

第二，隋唐之际，长枪和弓弩的杀伤力提升，让重骑兵的防护性优势变得尴尬起来。"在军事史上，当杀伤兵器的威力显著超过防护装备时，有两种可能的反应，一种是设法加强防护装备，另一种则是取消防护装备，以减轻负重，提高机动性。"[2]

欧洲人选择了第一种，即继续加强防护装备，用更沉重的板甲替代锁子甲，但效果却不尽如人意，因为在防护力提高的同时，行动更迟缓的重骑兵沦为更易被瞄准的活靶子，活脱脱的兴一利必生一弊。

而唐军则选择了第二种，采取了部分取消防护装备的做法，改甲骑具装为人披铠甲、马不披具装的轻骑兵，以加强机动性来规避对方的杀伤。18 世纪以后，甲骑具装在全球范围内彻底消亡，因为既然骑士和战马穿不穿铠甲、穿什么铠甲都挡不住一颗子弹的直射，那还不如直接都脱掉，至少提高了速度，降低了中弹的概率。

第三，一个时代的骑兵风格选择往哪个方向发展，和面对的敌

---

[1] 王援朝《唐初甲骑具装衰落与轻骑兵兴起原因》，《历史研究》，1996 年第 4 期，51 页。

[2] 王援朝《唐初甲骑具装衰落与轻骑兵兴起原因》，《历史研究》，1996 年第 4 期，55 页。

人与作战地域高度相关。北朝重骑兵大行于世，除马镫的发明以外，另一个重要的原因是：相对轻骑兵，北朝重骑兵是对付南朝步兵的最佳兵种。面对步兵结阵，擅长骑射战术的轻骑兵严重缺乏攻坚破阵的冲击力和防护力，而重骑兵恰恰拥有这两项优势。到了唐朝初年，唐帝国最危险的敌人是以轻骑兵为主的突厥骑兵，更擅长正面冲击步兵军阵的重骑兵不仅失去了用武之地，并且还会在对阵来去如飞的突厥轻骑兵时，将速度慢的弱点放大，从战场上的强大存在沦为软肋。

在作战地域上更是如此，如果中原王朝需要出塞对草原帝国展开大规模骑兵反击战，机动性更强的轻骑兵显然更契合动辄上千里的长途奔袭和大纵深穿插，在马匹不足的情况下更是如此。如果有从马的话，还可以让从马专门背负铠甲等辎重，战斗时再让人和战马穿上，但大背景是，中原王朝军队往往都很缺马，不仅做不到一人双马，更做不到蒙古骑兵一人三至五马的奢侈配备。

以突厥为师

李渊在隋大业十三年（617年）起兵时，东突厥汗国是当之无愧的东北亚霸主，史称"势陵中夏……控弦百万，戎狄之盛，近代未之有也"（《通典·边防十三》）。与所有游牧帝国一样，东突厥汗国称雄天下靠的是骑兵，更准确地说，是轻骑兵。《隋书》中形容突厥骑兵"来如激矢，去若绝弦，若欲追蹑，良为难及"，这是典型的轻骑兵特征。而"从现有考古发现和文献记载来看，突厥骑兵是以轻骑兵为主的"，甚至其重骑兵也没那么"重"，"突厥军队中披有马衣的战马只是极少数,而且据国外学者推测,突厥的马衣并非金属具装,而是皮革所制"。①

在当时隋与突厥的战争中,隋军的重骑兵甚至已很难单独对抗突厥轻骑兵机动灵活的袭扰和进攻,需要与步兵和战车配合作战,方能与之抗衡。

李渊称帝前就已有意识地研究和偷师突厥骑兵,颇有心得,据《大唐起居注》卷一:

> 突厥所长,惟恃骑射。见利即前,知难便走,风驰电卷,不恒其阵。以弓矢为爪牙,以甲胄为常服。队不列行,营无定所。逐水草为居室,以羊马为军粮,胜止求财,败无惭色。无警夜巡昼之劳,无构垒馈粮之费。中国兵行,皆反于是。与之角战,罕能立功。今若同其所为,习其所好,彼知无利,自然不来。

为了"同其所为,习其所好",李渊特别创设了一支突厥化的骑兵:

> (李渊)乃简使能骑射者二千余人,饮食居止,一同突厥。随逐水草,远置斥堠。每逢突厥候骑,旁若无人,驰骋射猎,以曜威武。帝尤善射,每见走兽飞禽,发无不中。尝卒与突厥

---

① 王援朝《唐初甲骑具装衰落与轻骑兵兴起原因》,《历史研究》,1996 年第 4 期,56 页。

相遇，骁锐者为别队，皆令持满，以伺其便。突厥每见帝兵，咸谓似其所为，疑其部落。有引帝而战者，常不敢当，辟易而去。如此再三，众心乃安，咸思奋击。

李渊不仅以突厥的作战方式训练士卒，而且在生活方式上也取法突厥，逐水草而居，驰骋射猎，使士卒伐毛换髓，从根本上改变中原骑兵的面貌。

李渊此举可以视作中国历史上的"第二次胡服骑射"，"高祖在马邑简选其军中约占半数之士卒加以特殊训练，使之突厥化，此足与战国时赵武灵王胡服骑射之事先后辉映"[①]。所谓突厥化，核心之一就是轻骑兵化。

晋阳起兵前夕，李渊遣刘文静出使突厥，购得突厥良马两千余匹。再加上西突厥贵族史大奈率麾下骑兵归附，唐军骑兵的实力和"含突量"得到进一步增强。一个更直接的突厥化证据是，从唐太宗陵前的"昭陵六骏"浮雕石像，可以观察到唐初的马具和马饰都深受突厥的影响。[②]

当然，起兵之初，李渊还不敢去考虑所谓的"师夷长技以制夷"，此时大谈"制夷"只是自不量力。李渊想将唐朝骑兵打造成一支突厥化的轻骑兵，主要就是因为突厥轻骑威震宇内，其轻骑兵战术是当时新的时代风潮，可以助力唐军扫平群雄、统一中原。在号称唐朝开国第一战的霍邑之战中，唐军就借助轻骑兵击败了

---

① 汪篯《汪篯隋唐史论稿》，中国社会科学出版社，1981年1月版，227页。
② 杨泓《古代兵器通论》，《中国考古文物通论》，紫禁城出版社，2005年12月版，209页。

隋军名将宋老生率领的重骑兵,"及建成、太宗等以精骑奋击,宋老生之众遂不支而退,而建成、太宗所领之骑速度甚高,威力极大,故能迂回或直突先达霍邑城下,以出宋老生之阵后"[①]。

在唐军一统天下中,李世民成为李渊轻骑兵革新的接力者。"李世民用兵,常出其不意,率领骑兵或突然出现在敌人阵后,或在侧面迂回奋击,或正面直接冲击。面对这种迅捷的奇兵,敌人措手不及,惊慌失措,自乱阵脚。"[②]

在武德四年(621年)的虎牢关之战中,李世民编组了一支被后世称为"玄甲骑"的精锐骑兵,据《资治通鉴·唐纪四》:

> 秦王世民选精锐千余骑,皆皂衣玄甲,分为左右队,使秦叔宝、程知节、尉迟敬德、翟长孙分将之。每战,世民亲被玄甲帅之为前锋,乘机进击,所向无不摧破,敌人畏之。

李世民亲率玄甲骑在虎牢关打了两场酣畅淋漓的胜仗。第一次是对王世充。李世民以一千玄甲精兵大败王世充亲率的骑兵,歼灭了六千多人,生俘王世充的骑兵将领葛彦璋,王世充逃回洛阳城内。第二次是对窦建德。夏王窦建德率十余万大军救援王世充,李世民亲率两千五百骑兵(其中含一千玄甲骑)和一千步兵,共三千五百人去阻击窦建德。在双方的决战中,唐军骑兵率先对窦建德军发动突击,当战事陷入僵局时,李世民亲率一千玄甲骑

[①] 汪篯《汪篯隋唐史论稿》,中国社会科学出版社,1981年1月版,231页。
[②] 李锦绣《方阵、精骑与陌刀——隋唐与突厥战术研究》,《晋阳学刊》,2013年第4期,47页。

兵，与秦叔宝、程咬金和史大奈等骁将一起对窦建德的军阵发动总攻。骑兵在冲锋穿透敌方军阵后立即展开唐军军旗，所谓"出其阵后，张唐旗帜"，夏军不意后方惊现唐军军旗，在张皇失措中大溃，唐军"追奔三十里，斩首三千余级"，甚至生俘了夏王窦建德。

玄甲骑是支什么样的骑兵？它是重骑兵还是轻骑兵？

玄甲骑很大可能是轻骑兵。《资治通鉴》中记录了很多隐晦的证据，与窦建德决战中，无论从战前的"时正昼出兵，历北邙，抵河阳，趋巩而去"、"建德游兵遇之，以为斥候也"，还是战中的"进退之间，唐兵已至"、"淮阳王道玄挺身陷阵，直出其后，复突阵而归，再入再出"，还是战后的"追奔三十里，斩首三千余级"，都可以看出这是一支极其强调机动性，可以反复胜任冲击敌阵、迂回攻击和长途追击等多样性任务的轻骑兵。

玄甲骑更确切的定义是重装轻骑兵，也就是人穿玄甲，马匹不披甲，这样可以在保持机动性的同时，兼顾冲击战术所需的防护力；在长途奔袭中，唐军轻骑兵还可选择将重甲拆卸，置于从马的辎重中。

唐太宗顾盼自雄于自己的"用兵之要"，《资治通鉴·唐纪八》记载其言：

> 吾自少经略四方，颇知用兵之要，每观敌陈，则知其强弱，常以吾弱当其强，强当其弱。彼乘吾弱，逐奔不过数十百步，吾乘其弱，必出其陈后反击之，无不溃败，所以取胜，多在此也。

这段自夸透露了唐军的"轻骑兵密码":唐军骑兵在战事不顺时,往往可以依靠机动性优势全身而退,所谓"彼乘吾弱,逐奔不过数十百步"。

但李世民避而不谈的是,其实与父亲李渊一样,他所谓的"用兵之要"和轻骑兵战术都是承自突厥,"李世民所使用的战术,正是突厥的作战方法。李世民在太原身先士卒地学习突厥战法,驰骋射猎,一如突厥,因而能够建立赫赫战功。从这种意义上说,突厥的作战方法,直接促成了唐帝国的建立"①。

当然,突厥化一说也非定论。有学者曾质疑,李世民麾下的唐军骑兵很擅长正面冲击、中央突破,大放异彩于虎牢关之战,但突厥轻骑兵擅长的主要还是骑射和佯败反击等这些传统游牧骑兵的招牌战术,"翻检中国史籍,突厥人的战术也没有中央突破的战例","轻骑中央突破战术,并不是出自突厥而是十六国北魏在长期的战争中总结出来的经验"②。

这种说法非常有价值,但仍然有扩展空间。如果回看历史的话,唐军骑兵的战术可能至少有三大思想资源。

第一,突厥轻骑兵的骑射战术。相比战术风格高度一致的匈奴骑兵,突厥骑兵由于有了马镫而实现了一次大的升级,弓箭的射程和命中率都得到了提高。

第二,鲜卑重骑兵的正面强攻。这也正是那些反对突厥化说

---

① 李锦绣《方阵、精骑与陌刀——隋唐与突厥战术研究》,《晋阳学刊》,2013年第4期,47页。
② 苏小华《北镇势力与北朝政治文化》,中国社会科学出版社,2012年10月版,259—260页。

法的学者想强调的,但这里有一个小的逻辑缺失,鲜卑骑兵的核心竞争力在于他们的重骑兵优势,只有重骑兵才能够最大化正面强攻能力,鲜卑重骑兵是中国甲骑具装风潮的引领者,但唐军毕竟以轻骑为主。所谓唐军骑兵的"鲜卑思想资源",更准确地说有两方面:一是唐军骑兵虽以轻骑为主,但仍然配编鲜卑式的重骑兵,以应付多元化的战场情境;二是唐军轻骑仍然可以部分借鉴鲜卑重骑兵的作战风格,"(唐军)轻骑正面突击大败步卒,说明了轻骑可以达到重装骑兵那样的突击效果"[①]。更何况,从王朝谱系来看,李渊的家族本就是鲜卑统治集团的一员,其祖父李虎是西魏"八柱国"之一,本就不存在学习不学习鲜卑的概念,鲜卑就是唐军的历史烙印。

第三,卫青、霍去病的骑兵战术革新。如果说突厥骑兵是匈奴骑兵的升级版,那么,唐军骑兵就是汉军骑兵的升级版。在汉武帝时代,尽管汉军骑兵还没有装备马镫,也没有甲骑具装,但除传统的骑射战术以外,正面冲击战术也开始出现并走向成熟,证明了轻骑兵同样可以使用这个后来被重骑兵发扬光大的王牌战术。与汉军轻骑相比,由于装备了马镫,唐军轻骑在正面冲击与近身肉搏中更不易从马背上跌落,也更易批量训练。

或许可以这么推断,初唐骑兵在战术风格上是以承袭突厥轻骑为主、效仿鲜卑重骑和西汉轻骑为辅的一支新型骑兵:马镫时代的轻骑兵。

[①] 苏小华《北镇势力与北朝政治文化》,中国社会科学出版社,2012年10月版,260页。

在战术上，初唐骑兵骑射与冲击战术兼备，二者的战术地位也相对平衡，但其冲击能力比突厥轻骑更优。李世民曾对尉迟敬德说过一句令人热血沸腾的名言："吾执弓矢，公执槊相随，虽百万众若我何！"在这句话中，"弓矢"与"槊"恰好构成了唐军最具意象性的经典战术组合：骑射与冲击。

在装备上，唐军轻骑趋向人穿重甲，马匹不披甲：人穿重甲，可以令轻骑具备部分重骑兵式的突击能力；马匹不披甲，则可以令轻骑胜任长途奔袭和长距离追击战。

这就是唐军"既要""还要"的重装轻骑兵。

唐军的重装轻骑兵化也得到了考古的支持。在昭陵六骏浮雕中，没有发现马铠的存在，有的只是披铠甲的战将，"雄辩地表明马不披铠仅人披铠的轻装骑兵，此时已在军中占有重要位置"[①]。

先师夷，再制夷

隋大业十三年（617年）起兵时，李渊为预防突厥干扰唐军统一中原的进程，刻意交好突厥，所谓"吾所以欲得之者，恐刘武周引之共为边患"。因此，学界出现了李渊是否称臣于突厥的争议，陈寅恪先生撰文《论唐高祖称臣于突厥事》释史：

> 独唐高祖起兵太原时，实称臣于突厥，而太宗又为此事

---

① 杨泓《古代兵器通论》，《中国考古文物通论》，紫禁城出版社，2005年12月版，210页。

谋主,后来史臣颇讳饰之,以至其事之本末不明显于后世。

自武德四年（621年）始,即位不久的东突厥汗国颉利可汗便频频进攻唐朝北方边境,忙于应付中原战事的唐军在北方边境完全处于守势。

突厥最具威胁性的入寇共计两次：一次是武德七年（624年），此时唐朝已基本完成统一中原的大业,颉利可汗和东突厥汗国二号实权人物突利可汗大举进攻唐朝。唐中央政权甚至一度有迁都避让的想法,可见东突厥汗国兵势之盛。五陇阪之战中,李世民用反间计挑拨颉利和突利的关系,这才逼退突厥。另一次是武德九年（626年），李世民刚刚发动玄武门之变夺权成功,趁唐朝政变欲趁火打劫的颉利可汗就领兵近二十万,于这年八月攻至离长安仅有四十里的泾阳。李世民亲率高士廉和房玄龄等六骑"径诣渭水上,与颉利隔水而语,责以负约",又设疑兵之计,"俄而诸军继至,旌甲蔽野",才让颉利与他签下了著名的"渭水之盟"后退军。对于突厥的不战而退,尽管唐代正史中极力彰显李世民个人的英明神武与临危不惧,这自然没错,但"渭水之盟"无疑也是一个城下之盟。

李世民的对策实则是拿钱摆平,也就是他亲口所说的"故卷甲韬戈,啖以金帛,彼既得所欲,理当自退"。甚至有传言李世民是"空府库以安突厥",才使得自忖无必胜把握的颉利退兵。

突厥撤军后,李世民曾对臣下说："贿以金帛,施以小惠,其必得意忘形,战备松弛,骄横自恣于内,倾轧瓦解,其破亡之渐,必自此始。"无论这是极具战略前瞻性的高明预言,还是史官事后粉饰出来的后见之明,"渭水之盟"签约后没多久,原臣服突厥的薛延陀、回纥和拔野古等部落就在贞观元年(627年)群起而叛突厥,颉利可汗派作为副王的突利可汗前去平叛,谁料大败而归,突利单骑逃回。颉利大怒,将突利监禁,"突利由是怨望"。颉利平叛未成,反倒又与突利交恶。

当东突厥汗国为了平叛精疲力竭时,噩耗纷至沓来。

贞观元年(627年)冬,东突厥汗国"大雪,羊马多冻死,人饥"。贞观二年(628年),唐军出兵朔方,灭掉了依附于东突厥汗国而割据朔方十余年的梁师都,不仅让东突厥汗国少了一支"仆从军",还占据了便于反击东突厥汗国的军事要地朔方。也是在这一年,突利密信联络唐朝,表示不堪忍受颉利的压制排挤,愿归附大唐共抗颉利。贞观三年(629年),薛延陀首领自称可汗,派使节来告唐朝,双方在实质上结成了南北夹攻东突厥汗国的松散军事同盟……东突厥汗国已是一派众叛亲离的亡国气象,唐军大举反击东突厥汗国适逢其时。

事实上,自贞观元年(627年)东突厥汗国接连陷入内乱与雪灾起,唐朝内部对突厥用兵的声音就此起彼伏。尽管唐太宗多次以道义和盟约为由驳回了群情汹汹的出兵请求,但从之后的历史来看,唐太宗其实是在韬光隐迹,静静等待一剑封喉的机会。

贞观三年(629年)十一月,唐太宗下诏分六路进攻东突厥汗国,突厥的外围部落基本在第一阶段或降或灭。最关键的是,早就有附唐之意的突利可汗率五万部众自缚请降,身在定襄(今内蒙古自治区呼和浩特市和林格尔县)的颉利可汗羽翼尽失。李世民下敕给李靖和李世勣(因避李世民讳,后称李勣)两位前线统帅:

> 卿等宜乘胜追击，克复定襄，擒颉利收北地归朝奏捷，天下自此长安！

也就是在此刻，唐军轻骑兵自建军以来的最高光时刻开始了。他们贡献了中国战史上最精彩的长途奔袭和连续打击战例。

贞观四年（630年）元月，李靖亲率三千轻骑，自马邑（今山西省朔州市朔城区）出发向北，绕过突厥军主力，乘夜突袭颉利可汗的王庭——定襄。颉利完全没想到唐军骑兵行动如此之神速，更没料到唐军敢孤军深入，大呼"唐不倾国而来，靖何敢孤军至此！"并在"一日数惊"中一路北逃。此后，李靖又离间、招降其部众，颉利心腹大将康苏密居然趁机裹挟了隋炀帝皇后萧氏及皇孙杨政道赴定襄降唐。这是唐军对突厥的第一次打击。

康苏密降唐后，颉利在绝望中继续率部北撤阴山，但途中又连续遭到柴绍和李世勣所部的截击，损失惨重，等撤到铁山（今内蒙古自治区包头市白云鄂博矿区一带）时，只剩下几万部众，其他失去统一指挥的东突厥汗国部众被唐军分割包围各个击破。这是唐军对突厥的第二次打击。

颉利此时使出缓兵之计，派使节向唐太宗求和，试图撤往漠北再图后计。唐太宗一边派使节安抚颉利，一边密令李靖穷寇必追。

贞观四年（630年）二月，李靖引兵至白道（今内蒙古自治区呼和浩特市西北）与李世勣会合，商量下一步的作战方针。现在的问题是，随着颉利一路北撤，唐朝大军的补给与后勤辎重问题愈加凸显，如果还要继续追击的话只能冒险以部分轻骑兵先行。

李世勣建言称,"颉利虽败,其众犹盛",若放任他逃往漠北,得到当地部落的庇护,"道阻且远,追之难及"。李靖深以为然,当即决定由李世勣统大军继后,自己亲率精骑万名,备二十天口粮,连夜向铁山疾进。

李靖军冒雪至阴山,遇突厥营帐千余,尽俘之以随军。当颉利见唐使前来抚慰,以为天下无事时,李靖为加快追击速度,进一步组建了更为快速的机动轻骑兵,派苏定方率二百骑兵为前锋,在浓雾掩护下衔枚疾进,至颉利牙帐七里才被发现。苏定方率轻骑长驱直入攻下颉利牙帐,颉利乘千里马西逃。李靖率大军跟进,猝不及防的突厥军全面溃散,"靖斩首万余级,俘男女十余万",连颉利的妻子义宁公主也被乱军所杀。这是唐军对突厥的第三次打击,也是最致命的一击。

颉利率万余残部准备北逃碛口(今内蒙古自治区二连浩特市附近),但李世勣军已抢先占据了碛口,切断了颉利北逃之路,"颉利至,不得度"。唐军又迫使附近乱成一团的突厥部落来降,再次俘获五万余人。这是唐军对突厥的第四次打击。

此时,在唐军轻骑兵不间断的四次快速打击之后,颉利可汗身边只剩下数十名骑兵。他见逃往漠北无望,便去依附东突厥汗国贵族苏尼失。而颉利还未安顿好,唐军便又追来了,逼迫苏尼失交出颉利。颉利再次逃之夭夭,但被担心唐军追究的苏尼失出兵抓回,一来二去,颉利最终落入唐军手中。这是唐军对突厥的第五次打击,也是最后一次打击。东突厥汗国就此亡国。

彻底击败东突厥汗国后,四夷君长上表请求称李世民为"天可汗"。李世民说:"我为大唐天子,又下行可汗事乎?"群臣及四夷皆称万岁,"是后以玺书赐西北君长,皆称天可汗"。

东突厥汗国被灭甚至惊动了太上皇李渊。李渊心情复杂地说:"汉高祖困白登,不能报;今我子能灭突厥,吾托付得人,复何忧哉!"李渊召李世民与重臣贵戚赴凌烟阁参加庆功酒宴:

  酒酣,上皇自弹琵琶,上起舞,公卿迭起为寿,逮夜而罢。

这可能是玄武门之变后,李渊和李世民第一次有如此洋溢着亲情的交集,也可以从侧面看出,击败东突厥汗国在当时是何等的伟业,甚至盖过了帝王家的龌龊事带来的负面影响。

闪电战之王李靖

既然唐军轻骑兵是以突厥轻骑为模板组建的,为何在战场上展现了逾越突厥骑兵的战力?

若以李靖率轻骑夜袭定襄为始,唐军轻骑兵一共用了两个半月就灭掉了东突厥汗国,战绩远超经年累月的汉武帝北伐匈奴。

且不说突厥内乱这些大问题,笔者在此试着就事论事地说三点原因。

第一,唐军充分发挥了轻骑兵的超强机动性,对颉利所部进行了连续五次的不间断打击,穷追猛打,没有给敌手任何喘息之机,创造了不停顿连续作战的新型战术。

在与中原王朝的战争中,草原民族的最大优势其实就在于他们的"败而不亡"。草原骑兵凭借着机动性优势,中原王朝的优势军队即使战胜他们,也很难彻底歼灭他们;即使给予其重创,草原民族也可不断后撤,特别是撤退到中原大军无法长时间驻留的漠北地区,休养生息,联络周边部落,没几年便可恢复元气。而在唐灭东突厥汗国之战中,无论是庙堂之上的李世民,还是身在一线的李靖和李世勣,都没有打算给颉利这个喘息机会,用轻骑兵的高速度优势对颉利发动了五次不间断的打击,颉利只能一次次地弃军北逃,找不到任何可以稳住阵脚、聚集离散部众从而重整旗鼓的机会,以至于颉利的部队越打越少,最后只剩下了寥寥几十人。

做个未必恰当的类比,李靖的不停顿连续作战战术和二战时古德里安装甲部队的闪电战颇有相似之处。古德里安主张不管敌人的阻挠,不用关心侧翼安全,一直向前进攻,使对方无法建立新防线,不给对方喘息之机,最后把攻势深入敌人的后方。

而唐军之所以能够不停顿连续作战,其中一个秘诀是:为了达成行军的机动性和进攻的突然性,唐军常常以小规模的轻骑先行进击。无论是李靖第一次亲率三千轻骑突袭定襄,还是李靖冒雪率一万骑兵进击铁山,特别是苏定方率二百轻骑就敢夜袭颉利可汗牙帐,无不体现了唐军轻骑兵单兵突进的冒险精神。在实战中,分兵奇袭对唐军这样相对缺马的军队意义尤其重大(唐太宗高度重视马政,重用刘武周麾下降将张万岁主管养马,但贞观初年相对东突厥汗国,唐军仍然处于缺马状态),可以集合军中马匹重点配给参与奇袭之师,让其不仅不用被辎重所累,更可以具备一人双马以上的机动性优势,从而屡屡能打颉利一个猝不及防。按照《大唐卫公李靖兵法》,在一支两万人的唐军中,骑兵约占四千人,辎重兵六千人,步兵一万人。为了确保进军速度,让骑兵先行,甚至在骑兵中再挑选更小规模的先锋骑兵先行,对一支战马并不充裕的军队而言也是必然的选择了。

说白了,以颉利对唐军作战风格和马匹数量的了解,他根本不认为唐军有能力追上东突厥汗国的轻骑。但颉利却没有预料到,唐军采用了轻骑先行的战术。

第二,东突厥汗国的主力一开始集结在定襄一带,后来即使撤退到阴山一带,也还是距中原不远。这给了唐军就近打击的机会,唐军并没有进行真正意义上的劳师远征。但说到底,这也和唐军反击东突厥汗国的突然性和密集性有关。当颉利可汗还处于军事优势,以进攻态势与唐军对峙之时,唐军就展开了不间断的闪电打击。开战仅四个月,连颉利都成了阶下囚,东突厥汗国根本没有时间去重新调整战略部署,甚至颉利都没有撤回漠北的机会。试想,如果颉利回到漠北,唐军再想进行大规模奇袭就会难上加难,数千里的长途奔袭足以大幅增加这场战事的不确定性。

而在汉武帝北征匈奴的时代,匈奴就在屡次战败后将王庭撤回漠北,从而获得了战略新生的机会。卫青、霍去病纵然天下无敌,但始终无法伤及匈奴根本,匈奴反而将汉帝国拖出"亡秦之迹";明成祖朱棣五征蒙古时,蒙古骑兵更是长期隐匿于漠北,朱棣在后三次远征中连蒙古骑兵主力都没有抓到,更别提歼灭了。

第三,同为轻骑兵,唐军轻骑的肉搏战能力强于突厥轻骑,这与匈奴骑兵不敌卫霍骑兵的正面冲击战术,倒是如出一辙。

突厥人靠打铁起家,在柔然称雄草原时成为其以铁为贡品的依附部落，被柔然人蔑称为"锻奴"，因此突厥人的铁制近战兵器倒是不会远逊唐军。突厥轻骑不擅肉搏战除因战术偏好之外，可能还要归因于游牧帝国的组织结构。

与匈奴作战时，汉军的正面集团冲锋战术需要的是高度严明的战场纪律和对高伤亡率的极限容忍，而这恰恰是实行松散部落制、没有实现中央集权的匈奴人无法企及的。①突厥也是如此，各部落对劫掠中原这种伤亡小、收益大的行动趋之若鹜，而对要付出重大伤亡代价的大举进攻意兴阑珊。突厥也没有如鲜卑一样建立起中原式的中央集权政权，连可汗都有大、小两个（颉利和突利），打起仗来，各个外围部落投降起来可谓争先恐后，其部落结构的松散程度相较匈奴有过之而无不及，因此更加无法指望突厥可以建立起一支令行禁止、能够容忍高伤亡率的冲击型骑兵。可见，对于骑兵风格而言，制度因素（中央集权）有时候比单纯的技术因素（马镫）更有决定性。

轻骑兵再强，步兵始终是唐军的主要构成部分。李靖不仅是中国历史上的轻骑兵闪电战之王，为了增强以步制骑的战力，他还"吸收了长刀的战术，创造了新型武器陌刀，并创立了完善的陌刀使用法"②。

如果说轻骑兵是大唐的最强兵种，那么陌刀就是大唐第一神兵。当唐朝骑兵数量不足时，装备陌刀的唐军重步兵成为对抗游

---

① 李硕《南北战争三百年：中国4—6世纪的军事与政权》，上海人民出版社，2018年1月版，50—51页。
② 李锦绣《方阵、精骑与陌刀——隋唐与突厥战术研究》，《晋阳学刊》，2013年第4期，49页。

牧民族骑兵的首选，在平定安史之乱中大放异彩："(李嗣业)乃肉袒，执长刀，立于陈前，大呼奋击，当其刀者，人马俱碎，杀数十人，陈乃稍定。"(《资治通鉴·唐纪三十六》)

提到陌刀，世人皆知大唐安西军的李嗣业，流传着他与陌刀军在香积寺之战中四个时辰斩杀六万安史叛军的战争神迹，却淡忘了李靖这位陌刀的开创者。

灭掉东突厥汗国之后，马背上的唐军轻骑兵北征西讨，成为当时东亚第一强军。贞观九年（635年），六十四岁的李靖再度挂帅出征吐谷浑，再次运用速战速决及不停顿连续作战的轻骑兵两大战术，仅用两个月的时间就攻灭了吐谷浑。贞观十四年（640年）夏，唐军名将侯君集率军奔袭七千里外的高昌国，高昌国王麴文泰因唐军进军迅猛惊惧而死，新王见抵抗无望便开城投降，高昌入唐。贞观十八年（644年），唐军名将郭孝恪率三千奇兵夜袭焉耆，生擒归附西突厥的焉耆王。贞观二十二年（648年），唐军集合各族十万骑兵，攻灭龟兹，设安西四镇，迁安西都护府于龟兹。

最后是算总账。唐显庆二年（657年），唐高宗李治遣苏定方出征西突厥。没错，就是二十六年前一路追随李靖攻灭东突厥汗国，曾率二百轻骑攻破颉利可汗大营的苏定方。此战，他继续贯彻了李靖穷追猛打和不停顿连续作战的方针，冒大雪追击西突厥可汗沙钵罗，最后在沙钵罗毫无觉察的情况下，一战消灭了西突厥主力，斩、俘数万人。有理由认为，苏定方此战给唐宪宗时李愬雪夜下蔡州提供了最直接的思想资源。

高宗朝是大唐武功的巅峰。就在苏定方大破西突厥数年后，唐朝中央控制的监牧马匹达到了七十万六千匹，创造了中国历史上中原王朝养马之最。汉武帝和唐玄宗时代的养马巅峰也才刚刚超过四十万匹而已。

自李渊时代始，李唐启动了一次历史意义不下胡服骑射的军事变革，"唐朝师法突厥的战术，丰富了唐代军事文化，改变了隋代方阵作战的不利局面，完善了唐朝的战略战术。也正因为在与突厥的战争中师法突厥长技，唐才能统一全国，称雄亚洲"[①]。

---

① 李锦绣《方阵、精骑与陌刀——隋唐与突厥战术研究》，《晋阳学刊》，2013年第4期，48页。

第七章

唐灭高句丽：七十年的持久战

第七章　唐灭高句丽：七十年的持久战

从隋开皇十八年（598年）隋文帝第一次出征高句丽，到唐总章元年（668年）唐高宗灭高句丽，隋、唐两朝帝王整整花了七十年的时间，才彻底解决了让中原王朝念兹在兹的高句丽问题。

阅读隋亡唐兴那段历史时，很多人都会想不通，隋炀帝为什么要坚持不懈地打高句丽，甚至打到败国丧家也在所不惜，在后世，隋炀帝的这个举动往往被解读为非理性的疯狂行为，或者是好大喜功、穷兵黩武。

就中国历史来看，将如此大规模战争的发动仅仅归因为某个昏君的"疯狂"相当罕见。其实，要戳破这种观点非常容易，隋文帝和唐太宗总不是昏君了吧，但是，这两位明君也都打过高句丽，并且，也都没有打赢。

那么，事情就很明显了，一个横跨两朝、先后有四位帝王都不惜发动战争解决的高句丽问题，就一定不能简单粗暴地用某个人的"疯狂"来解释了。

隋炀帝的东北亚体系

想要理解隋炀帝的三征高句丽，必须从东北亚体系的角度来思考。

581年二月，杨坚建立隋朝，改元开皇，是为隋文帝。

从东晋到南北朝时期，辽东乃至东北亚是高句丽的统治范围，这就是隋王朝建立时所面对的形势。最让杨坚无法容忍的是，"为了保持在五胡十六国时代向辽东扩张而获得的利益，高句丽想方设法阻止隋朝在东北亚建立起关系秩序……转而采取联陈抗隋的政策，积极开展对陈朝外交，试图南北呼应，牵制隋朝"①。

高句丽对外政策最辉煌的一页是，它竟然还穿针引线，主导形成了"高句丽、陈、突厥"的三方反隋大同盟。高句丽很清楚，自己如果想称霸东北亚，一个前提条件就是中原王朝的分裂；一旦中原王朝完成统一，自己的美梦就做不成了。

开皇三年（583年），隋文帝击败突厥，"高句丽成为隋朝重建东亚国际关系秩序最大的障碍，只要高句丽公开与隋朝对抗，隋朝就不能实现建立以隋为中心的国际体系的战略目标"②。

开皇十八年（598年），隋文帝调集三十万大军进攻高句丽。隋军对辽东的天气和地形都不熟悉，后勤运输也状况迭出，最终铩羽而归。隋自开国以来，几乎是战无不胜，这一次战败是隋朝的第一次大的战略挫折。

隋文帝未完成的使命就交给了隋炀帝。隋炀帝面对的历史性任务是：终结高句丽在东北亚数百年的霸权，重建以隋为中心的东北亚秩序。

韩昇先生在《东亚世界形成史论》一书中给出了一个很有说服力的解释：

---

① 韩昇《东亚世界形成史论（增订版）》，中国方正出版社，2015年5月版，197页。
② 韩昇《东亚世界形成史论（增订版）》，中国方正出版社，2015年5月版，187页。

> 隋朝同高句丽的矛盾，已经超越了两国关系的范畴，具有全局性意义。……因此，征伐高句丽不是某位皇帝个人好恶所作的决定，不能归结为隋炀帝好大喜功，否则，整个隋朝的对外政策以及这场战争的历史意义都变得无法理解。正因为高句丽问题具有全局意义，所以，从隋到唐朝的四位皇帝都坚持贯彻臣服高句丽的方针。[①]

通俗地说就是，高句丽不服从以隋朝为主导的东北亚秩序，试图和隋争夺东北亚的主导权，所以隋炀帝必须击败高句丽。

大业八年（612年）春，国势臻于极盛的隋炀帝下决心对高句丽动手。他一出手就是百万大军，据《资治通鉴·隋纪五》：

> 壬午，诏左十二军出镂方、长岑、溟海、盖马、建安、南苏、辽东、玄菟、扶余、朝鲜、沃沮、乐浪等道，右十二军出黏蝉、含资、浑弥、临屯、候城、提奚、蹋顿、肃慎、碣石、东暆、带方、襄平等道，骆驿引途，总集平壤，凡一百一十三万三千八百人，号二百万，其馈运者倍之。宜社于南桑乾水上，类上帝于临朔宫南，祭马祖于蓟城北。帝亲授节度：每军大将、亚将各一人；骑兵四十队，队百人，十队为团；步卒八十队，分为四团，团各有偏将一人；其铠胄、缨拂、旗幡，每团异色；受降使者一人，承诏慰抚，不受大将

[①] 韩昇《东亚世界形成史论（增订版）》，中国方正出版社，2015年5月版，199页。

节制;其辎重散兵等亦为四团,使步卒挟之而行;进止立营,皆有次叙仪法。癸未,第一军发;日遣一军,相去四十里,连营渐进;终四十日,发乃尽,首尾相继,鼓角相闻,旌旗亘九百六十里。御营内合十一卫、三台、五省、九寺,分隶内、外、前、后、左、右六军,次后发,又亘八十里。近古出师之盛,未之有也。

这段史料信息量很大,关键之处至少有三处:

其一,隋炀帝征调了一百一十三万大军,按照"馈运者倍之"的说法,出动的民夫不下二百万,可见动员人数之庞大。

其二,设置了受降使者这一职位,且不受大将节制,受降优先于战胜。

其三,这支大军虽"出师之盛,未之有也",但过于注重军容,又是"铠胄、缨拂、旗幡,每团异色",又是"日遣一军……首尾相继,鼓角相闻",更像是一场大型军事演习。

隋炀帝对高句丽用兵有理有据,又有强大的国力支撑,那么,声势浩大的首征高句丽之战为何惨败呢?据《资治通鉴·隋纪五》:

初,九军渡辽,凡三十万五千,及还至辽东城,唯二千七百人,资储器械巨万计,失亡荡尽。

隋炀帝的主观错误很明显。

第一,一百一十三万大军可谓前无古人,再加上二百万民夫,且不论这些数字有多大水分,这样大规模的动员对隋帝国的国力和民力而言几乎都是一场极限挑战。仅《资治通鉴·隋纪五》中就有多处民力不堪重负、生灵涂炭的叙述：

> 敕幽州总管元弘嗣往东莱海口造船三百艘，官吏督役，昼夜立水中，略不敢息，自腰以下皆生蛆，死者什三四。
>
> 秋，七月，发江、淮以南民夫及船运黎阳及洛口诸仓米至涿郡，舳舻相次千余里，载兵甲及攻取之具，往还在道常数十万人，填咽于道，昼夜不绝，死者相枕，臭秽盈路，天下骚动。
>
> 又发民夫运米，积于泸河、怀远二镇，车牛往者皆不返，士卒死亡过半，耕稼失时，田畴多荒。加之饥馑，谷价踊贵，东北边尤甚，斗米直数百钱。所运米或粗恶，令民籴而偿之。又发鹿车夫六十余万，二人共推米三石，道途险远，不足充糇粮，至镇，无可输，皆惧罪亡命。重以官吏贪残，因缘侵渔，百姓困穷，财力俱竭，安居则不胜冻馁，死期交急，剽掠则犹得延生，于是始相聚为群盗。

隋实行府兵制，其规模最多不超过六十万。[①]这也意味着，隋炀帝这次征调的大部分人都是未受基本军事训练的平民。

第二，隋炀帝首攻高句丽更像是一场政治仗。隋朝大军光进发就用了四十天，形成了连绵一千多里的一字长蛇阵，一路带着

---

① 韩昇《东亚世界形成史论（增订版）》，中国方正出版社，2015 年 5 月版，200 页。

仪仗队吹拉弹唱，沿路热闹异常。难怪后世有人说，隋炀帝这不是去打仗出征的，而是去搞武装大游行和花车巡游的。

炀帝不仅设置了受降使者，还严令"高丽若降，即宜抚纳，不得纵兵"，这意味着只要高句丽请求投降，隋军就得停止进攻，而这恰恰被高句丽利用，多次用诈降获得喘息时机。

不过，对于这些军事错误，曾担任过灭陈主帅的隋炀帝不可能一点儿都不知道。最合理的解释是，无论是出兵规模，还是仪仗队，还是受降使者，都说明了隋炀帝意在不战而胜，试图通过炫耀武力以及展示军容压服高句丽，这一诉求甚至压倒了军事逻辑。

可以说，政治仗本就是隋炀帝的目的，他满以为吓破胆的高句丽会不战而降，根本没做好苦战的准备。

有人说了，隋炀帝征高句丽一败是咎由自取，那么为何还有二败和三败呢？

问题不是二败和三败，而是根本不应该有二征和三征。

客观来说，隋炀帝一征高句丽的方略虽然过于天真，但不战而屈人之兵却也不是什么天方夜谭，既然选择了打政治仗，愿赌服输而已。如果是一个理智的帝王，无非默默吞下苦果，回国粉饰一番，休养生息也就罢了。以隋朝的国力，至多十年，就可以恢复元气了。

但隋炀帝此时暴露出他性格上的致命缺陷，就如输红了眼的赌徒，刚刚过了一年，即大业九年（613年）正月，炀帝就再度征调大军，第二次征伐高句丽。

这次隋炀帝倒是没有再去幻想什么不战而胜，一上来就是全力猛攻，两军陷入僵持，"飞楼、橦、云梯、地道四面俱进，昼夜不息，而高丽应变拒之，二十余日不拔，主客死者甚众"（《资治通鉴·隋纪六》）。但时移势易，隋的国力、民力已被驱使至极限，再也经不起一场大战的折腾，各地民变风起云涌，天下板荡，四海鼎沸。更致命的是，前宰相杨素之子杨玄感起兵反隋，可见作为大隋立国之基的关陇集团也开始背弃炀帝。内外交困之下，炀帝只得撤兵。

三征高句丽就更加不可思议了。

又只过了一年，即大业十年（614年）春，平息了杨玄感之乱后，隋炀帝"诏百僚议伐高丽，数日，无敢言者。戊子，诏复征天下兵，百道俱进"（《资治通鉴·隋纪六》）。

很显然，杨广此时已失去了理智，"时天下已乱，所征兵多失期不至"。高句丽也打不下去了，遣使乞降，炀帝顺势宣告大功告成，实则不过是双方都无力再战。

那么，除了隋炀帝的主观错误和任意妄为，三征高句丽之败还有没有外部的客观原因呢？

有，而且不止一条。只是因为隋炀帝的乱政过于显眼，这些纯军事层面的探讨反而被掩盖了。

其一，高句丽的山城防御体系。为了防御中原王朝的进攻，高句丽筑城时会采用一种独特的双城模式，即在平原筑城的同时，通常也会在附近的山上修建一座山城，一旦战争爆发，就退居山城防守。高句丽山城的布局与平原城池截然不同，是完全军事化的，没有居住区、商业区和官府衙门，只有适合军队驻扎的半地下石头建筑，其中还砌有火坑，明显是为了应付冬天的战事。山城内有大量粮食和战争物资的储备，做好了长期据险而守、打堡垒战的准备。①

高句丽山城数量很多，现在去东北还能发现很多山城遗址。这就意味着，中原王朝要彻底击败高句丽，就要面对无数座山城的攻坚战，不仅攻城损失巨大，而且战事可能极其漫长。

隋炀帝前两次进攻高句丽，都被阻挡在辽东城下，始终拿不下这座城池，第一次更是进攻了四个月都无可奈何。这让隋军的后续战略计划都沦为笑话。

隋炀帝时期是中国重骑兵的巅峰，远征高句丽时据称带了高达九万六千人的庞大重骑兵军团，却在辽河边全军覆没。在高句丽的山城防御体系以及隋军捉襟见肘的后勤补给条件下，隋军重骑兵不仅因为缺乏野战机会而没有用武之地，而且很可能沦为一支需要巨量后勤辎重支持且对战局有负面作用的大型仪仗队。

其二，高句丽的持久战。山城防御体系的存在，令高句丽有能力轻易将中原王朝的进攻拖入持久战，直至拖入冬季。这样看，高句丽就很像拿破仑战争与苏德战争时的俄罗斯和苏联，把寒冷的冬天作为最好的防御武器。关键是，高句丽的冬天还很漫长，从阴历八月一直持续到次年三月。而在进入冬天之前，当地还有两个月的雨季。有一种说法是，"当地的气候条件决定了在该地展开的任何军事行动如果想取得成功，就必须在冬季结束后立即开始，在雨季开始前结束。否则，冬天的严寒和夏天的暴雨将使行

---

① ［加］王贞平，贾永会译《多极亚洲中的唐朝》，上海文化出版社，2020年6月版，69—70页。

军变得非常困难，统军将领无法迅速调度和部署军队"[①]。

在出兵时间上，隋炀帝倒是没有和自然规律作对，三次出兵都是在年初启动的。但正如之前所说，高句丽山城防御体系的存在，让中原王朝无法在短期内完成战略目标，隋炀帝可以避开前一个冬天，却无法在下一个冬天来临前胜利结束战争。

其三，不仅天时不在隋军这边，地利也同样不在。辽河平原被辽河及众多支流分割，部分行军路线干脆就是沼泽地。有一片东西绵延一百多公里、被称为"辽泽"的沼泽地，曾是隋军的"死亡之地"，很多隋军官兵殒命于这个几乎无法通过的地方，多年后，当唐太宗亲征高句丽经过此地时，仍然可见白骨露于野的惨状。[②]

更何况，当时辽东人烟稀少，再加上高句丽执行坚壁清野的战略，隋军根本没办法就地补给，只能完全依靠长达数千里的后勤补给线。事实上，隋炀帝第一次征讨高句丽时仓促退兵，除了冬季即将来临的原因，还因为军粮供给不足，而那次的退兵因为过于仓促，再加上人困马乏，在高句丽军的追击下，隋军遭受了极其惨重的损失："诸军俱溃，不可禁止。将士奔还，一日一夜至鸭绿水。"

事实上，进攻高句丽本来还有一条可以避开辽东远征的线路，就是走海路。从灭陈之战中隋军水军的压倒性表现来看，隋朝无论是造船工业还是水军技战术都已经超越了前面的朝代，已具备了一

[①] ［加］王贞平，贾永会译《多极亚洲中的唐朝》，上海文化出版社，2020年6月版，68—69页。

[②] ［加］王贞平，贾永会译《多极亚洲中的唐朝》，上海文化出版社，2020年6月版，68—69页。

次出动数千艘战船的能力，其中还有不少巨型舰船。据说有一种名为"五牙"的最大型号舰船，舰体上起楼五层，可以装载八百名士兵。从任何方面来说，隋朝水军都是当时的东亚第一水军。

一征高句丽时，隋军水师一路所向披靡，从大同江逆流而上进军平壤城，可谓当时隋军所取得的最大战绩。若不是隋军水军统领来护儿轻敌，在平壤城中遭遇伏兵大败，水军可能还会给隋炀帝带来更大的惊喜。相比陆路的劳而无功，水军的表现也是此战的最大变数了。

隋炀帝个人的折腾固然是三征高句丽招致惨败的主要原因，但在天时和地利都不在隋帝国这边的情况下，无论有没有隋炀帝的恣意妄为，三征高句丽都很难取得真正意义上的成功。拿破仑和希特勒战胜不了俄罗斯和苏联的冬天，隋文帝、隋炀帝以及之后的唐太宗也难以战胜高句丽的冬天。

隋炀帝的最大责任在于：出于个人的偏执，他将一场军事失败变成了三场失败，将军事失败扩大化为亡国的全面溃败。对于任何一位理性的帝王而言，遭受了第一次惨败之后，就算多么不甘心，至少也会让老百姓休息几年，待时机成熟再行二次远征，更不要说，在国内烽烟四起的情况下强行出兵。

无论如何，隋炀帝输掉了这场战争，更大的不幸还在于，他毁掉了一个致力于重整东北亚秩序的强大王朝。当然，高句丽在这几场大战中也元气大伤。

就这样，彻底解决高句丽问题，重整东北亚秩序的历史使命只能留给下一个王朝来完成。

唐太宗的战略转变

贞观十八年（644年）十一月，准备对高句丽大举用兵的唐太宗李世民召见了致仕的前宜州刺史郑元璹。

之所以有这次召见，是因为郑元璹曾经追随隋炀帝征高句丽，太宗想与他论兵。郑元璹似有止战之意：

> 辽东道远，粮运艰阻；东夷善守城，攻之不可猝下。

李世民自然还是想打，淡然回应称："今日非隋之比，公但听之。"

郑元璹说的这两点都极有针对性，一是后勤补给难，二是高句丽山城难攻，这都是当年远征者的锥心之痛。

贞观十九年（645年）二月，唐太宗自东都洛阳启程，亲征高句丽，兵锋直指辽东城。据《新唐书·高丽传》，唐太宗行前曾对左右吐露心声：

> 今天下大定，唯辽东未宾，后嗣因士马盛强，谋臣导以征讨，丧乱方始，朕故自取之，不遗后世忧也。

很显然，隋炀帝三征高句丽引发亡国的前车之鉴，给李世民造成了巨大的心理冲击。他唯恐子孙重蹈覆辙，索性迎难而上，亲自解决这一历史老大难问题。

亲征前，李世民为鼓舞士气，"略言必胜之道有五"：

> 一曰以大击小，二曰以顺讨逆，三曰以治乘乱，四曰以逸敌劳，五曰以悦当怨，何忧不克！

在这五点中，第一点没有新意，第二点有点儿自以为是，第四点更是错误，明明是对方以逸待劳，但第三点和第五点确有其事：所谓以治乘乱，大唐这边正值贞观之治，高句丽在贞观十六年（642年）爆发宫廷政变，权臣渊盖苏文（为避讳李渊，又记为"泉盖苏文""钱盖苏文"）弑杀旧王，另立新王，独揽大权于一身；所谓以悦当怨，说对方"怨"可能言过其实，但相比隋炀帝出征时的民怨沸腾，大唐这边的军民士气空前高涨。

话说得很满，唐太宗的战前准备也很充分。他是一个极擅以史为鉴之人，战备上吸取了不少隋炀帝三征高句丽的教训。

其一，当年隋军入辽过于仓促，对当地的气候、地形都不甚了了。贞观十五年（641年）七月，李世民派遣职方郎中陈大德利用出使高句丽的时机，侦察其"山川风俗"。陈大德进入高句丽境内后，自称"吾雅好山水，此有胜处，吾欲观之"，并以丝绸绫绮贿赂各地官员。地方官收钱办事，"导之游历，无所不至"。

其二，隋炀帝三征高句丽每次都集结了倾国之兵，第一次更是动员了超百万兵力。且不说劳民伤财引发国变，仅就军事而言，此等惊人的出兵规模对补给线的压力极大，是为得不偿失之举。为减轻对国力的消耗，唐太宗此次出兵采用的是精兵策略，仅动员了十五万左右兵力。

与隋炀帝抓壮丁式的征兵迥然相异的是，唐太宗此次募兵时只选择有意愿参战的，不料民间的从军热情远超预期。太宗得意地说："朕今征高丽，皆取愿行者，募十得百，募百得千，其不得从军者，皆愤叹郁邑，岂比隋之行怨民哉！"据说那些没被选上的，"自愿以私装从军，动以千计"，放下豪言："不求县官勋赏，惟愿效死辽东！"可见所谓的"以悦当怨"，唐太宗确实是有底气的。

其三，隋炀帝一征高句丽时对山城防御体系浑然无知，一筹莫展地顿足于坚城之下。唐太宗此次出征前准备了大批云梯和撞车等攻城装备，还专门下诏在全国范围内征集新型攻城器械。

其四，隋炀帝一征高句丽时，相比陆军的劳而无功，隋朝水军虽然功败垂成，实则是最大亮点。水上作战不仅可以避开辽东令人生畏的行军和补给路线，而且可以绕开山城防御体系。因此，唐太宗此次出征也照旧是水、陆两路并进。他命刑部尚书张亮为水军统领，出动的战舰数量超过了五百艘。舰上水军人数七万——其中仅登陆作战部队就有四万人。此次出征，唐朝水军的总人数和陆军人数已经达到了1∶1。

唐军第一阶段的进展十分顺利。隋炀帝一征高句丽时用了四个月都没有攻下辽东城，太宗爱将李世勣仅用了十二天就克竟全功。太宗喜出望外，下令用烽火台向太子报捷。

攻克辽东城后，唐军兵临高句丽的另一个防御重镇——安市城，也就是今天的辽宁省海城市一带。围攻安市城时，高句丽大将高延寿和高惠真率领十五万高句丽、靺鞨联军前来解围，与唐军爆发了此次远征中规模最大的一次野战。

安市一战的最大亮点是太宗亲自临阵指挥，这也成了他晚年军事生涯的代表作。跟随李世民参战的唐军只有三万人,而高句丽援军则有十五万人,双方兵力极为悬殊。《旧唐书·太宗本纪》对战事记载得极为简略:

> 高丽别将高延寿、高惠真帅兵十五万来援安市,以拒王师。李勣率兵奋击,上自高峰引军临之,高丽大溃,杀获不可胜纪。延寿等以其众降,因名所幸山为驻跸山,刻石纪功焉。

但在《资治通鉴·唐纪十四》中,可以看到太宗战前部署的指挥若定,复刻了年轻时攻克洛阳、大破窦建德援军的神迹:

> 上夜召文武计事,命李世勣将步骑万五千陈于西岭,长孙无忌将精兵万一千为奇兵,自山北出于狭谷以冲其后。上自将步骑四千,挟鼓角,偃旗帜,登北山上,敕诸军闻鼓角齐出奋击。因命有司张受降幕于朝堂之侧。戊午,延寿等独见李世勣布陈,勒兵欲战。上望见无忌军尘起,命作鼓角,举旗帜,诸军鼓噪并进,延寿等大惧,欲分兵御之,而其陈已乱。会有雷电,龙门人薛仁贵著奇服,大呼陷陈,所向无敌;高丽兵披靡,大军乘之,高丽兵大溃,斩首二万余级。

唐军还俘虏了高延寿和高惠真以下三万六千多人,缴获大量军资,高句丽军遭受重创,据《资治通鉴·唐纪十四》:

> 高丽举国大骇,后黄城、银城皆自拔遁去,数百里无复

人烟。

从此战可以看出，高句丽军的战力主要还是体现在山城防御战中，一旦进行野战，即使是优势兵力也无法对抗唐军轻骑兵，事实上，在此时的东亚及北方草原上，已没有任何一支军队拥有正面挑战唐军轻骑兵的能力。

安市一战后，高句丽军彻底丧失了与唐军野战的勇气与实力，但依托山城的堡垒战依旧是他们的核心竞争力。从六月到九月，唐军围攻安市城三个月，可以说穷尽了一切攻城战术，穷尽了一切攻城器械，安市城仍旧岿然不动。

可以说，安市城之于唐太宗，就像辽东城之于隋炀帝，都是他们始终无法逾越的坚城。

在围攻安市城初期，曾有人提出，可以绕过安市城，向平壤方向长驱直入，可以说，这一战略和麦克阿瑟在二战中太平洋战场上的"跳岛"战略颇有神似之处，也就是不必逐个进攻对方的诸多据点，而是直接进攻更为重要的战略要地。但可惜，长孙无忌以皇帝亲征不可冒险孤军深入为由，劝唐太宗否决了这一大胆的提议。

陆路进攻陷入僵局，被太宗寄予厚望的水师去哪儿了？太宗亲自任命的水军统领张亮持重怯战，虽未遭到大的败绩，但也始终没取得什么突破，一直徘徊在鸭绿江口一带，更别说完成太宗规划中的水师直取平壤计划了。

眼见攻城无望，而时间又拖到了初冬，无论是作战还是后勤运输都难以为继，唐军弄不好就会在漫天风雪中全军覆没。无奈之下，唐太宗只得面对现实，下令撤军，据《资治通鉴·唐纪十四》：

> 上以辽左早寒，草枯水冻，士马难久留，且粮食将尽，癸未，敕班师。先拔辽、盖二州户口渡辽，乃耀兵于安市城下而旋，城中皆屏迹不出。

但唐军撤军的全景远非如此趾高气扬，不仅饥寒交迫，还遭遇了暴风雪，"士卒沾湿多死者"。这也再次证明了，高句丽只要能以山城堡垒战将战争拖到冬季，中原王朝的大军只有狼狈退兵一途。

太宗此次出征高句丽的战绩远胜于隋炀帝三征，据《资治通鉴·唐纪十四》：

> 凡征高丽，拔玄菟、横山、盖牟、磨米、辽东、白岩、卑沙、麦谷、银山、后黄十城，徙辽、盖、岩三州户口入中国者七万人。

唐军取得了一次重大野战胜利，撤军时还将俘虏的数万高句丽百姓迁往中原，消耗了高句丽的战争潜力，而唐军的损失也不算很大，更未肆虐民间。但不可否认的是，太宗终究没有完成彻底击败高句丽的战略目标，据《资治通鉴·唐纪十四》，太宗甚至有几分悔意：

> 上以不能成功，深悔之，叹曰："魏徵若在，不使我有是

行也!"

事实上,高句丽的军事地理条件和气候状况决定了,试图一举击败高句丽,本身就是非常不现实的。如果说隋炀帝三征高句丽的一系列主观失误掩盖了上述客观事实,那么,准备充分且没有明显军事失误的唐太宗亲征,则以冷酷的事实确认了用速决战干掉高句丽的想法是多么脱离实际和荒谬。

在如何对待军事挫折的态度上,唐太宗拉开隋炀帝好几个身位。

贞观二十一年(647年)二月,太宗在一次朝会中提出了二征高句丽之议,但遭到大臣反对,太宗并未一意孤行,定下了以偏师骚扰、困敝高句丽的长期战略。《资治通鉴·唐纪十四》载:

> 上将复伐高丽,朝议以为:"高丽依山为城,攻之不可猝拔。前大驾亲征,国人不得耕种,所克之城,悉收其谷,继以旱灾,民太半乏食。今若数遣偏师,更迭扰其疆场,使彼疲于奔命,释耒入堡,数年之间,千里萧条,则人心自离,鸭绿之北,可不战而取矣。"上从之。

此后,唐军连续两年向高句丽发动了多次中低烈度的游击战,在局部骚扰中让高句丽疲于奔命,一点点耗尽其国力人力。某种程度上,这是对高句丽堡垒战术的反利用,迫使高句丽军民一直处于在要塞防守的状态,荒废了农业生产,"从一举臣服高句丽到实行拼国力、打持久战,是贞观末年最重要的战略转变。实现这一转变,是唐太宗吸隋炀帝亡国教训而做出的明智的选择,使得唐朝立于不败之地,为唐高宗最后征服高句丽奠定了基础"①。

在袭扰战立竿见影之后,太宗认为,二征高句丽的时机已经成熟。于是,太宗计划在贞观二十三年(649年)出兵三十万,以长孙无忌为大总管,一举灭亡高句丽。《资治通鉴·唐纪十五》载:

> 上以高丽困弊,议以明年发三十万众,一举灭之。或以为大军东征,须备经岁之粮,非畜乘所能载,宜具舟舰为水运。隋末剑南独无寇盗,属者辽东之役,剑南复不预及,其百姓富庶,宜使之造舟舰。上从之。

此时二征高句丽的时机是否成熟很难说,太宗之所以如此判断,很可能还是基于要在有生之年灭亡高句丽的战略目标,"不遗后世忧也"。

唐高宗的东北亚大战

贞观二十三年(649年)五月,李世民驾崩,二次东征计划遂取消。

令人唏嘘的是,唐太宗当年亲征高句丽的一大理由就是不想把历史包袱留给继承者,但最终这一切还是不得不留给高宗李

---

① 韩昇《东亚世界形成史论(增订版)》,中国方正出版社,2015年5月版,246页。

治——这个在历史上素以懦弱窝囊著称的皇帝。

经过太宗晚年的数次袭扰战，高宗面对的这个高句丽，国力、军力均已大幅衰落，很难再有动员数十万兵力和唐军硬拼的能力了。

不过，高宗所面对的东亚形势比父皇当年要凶险得多。在太宗时代，朝鲜半岛南部的百济和新罗还都臣属于大唐，太宗亲征高句丽时，两国虽然没配合唐军南北夹攻，但至少也算发挥了牵制高句丽的作用。然而，"唐朝征服高句丽未果，使得百济误以为唐朝将和隋朝一样无法战胜高句丽，所以进一步密切与高句丽的同盟，以其为北部屏障，放手攻打新罗"①。

从永徽六年（655年）开始，百济与高句丽的联军开始对新罗用兵。其战略意图也非常明显，趁着唐帝国陷入西突厥战事，先解决掉唐在半岛南部的盟友。对此，唐高宗显然无法坐视不理。新罗一旦覆亡，不仅会使唐朝失去一个重要盟友，而且会令高句丽再无后顾之忧地重夺辽东，与唐争夺东北亚霸权。

显庆五年（660年），在彻底解决西突厥问题之后，高宗开始腾出手来大举援助岌岌可危的新罗。让高句丽、百济一方没有想到的是，唐军这次放弃了从辽东正面战场进攻高句丽的传统打法，而是派出了十三万大军、一千九百艘战舰的庞大舰队渡海出征。值得一提的是，唐军这次的远征军主帅是刚从西突厥战场上载誉归来的苏定方。

为了防止百济的盟友日本提前得到唐军出师的消息，高宗李

---

① 韩昇《东亚世界形成史论（增订版）》，中国方正出版社，2015年5月版，243页。

治还于显庆四年（659年）扣留了日本遣唐使一行，把他们囚禁在长安，给了一个语焉不详的解释："国家来年必有海东之政，汝等倭客不得东归。"①

百济满以为有高句丽当地理屏障挡住唐军，自己就可以安心进攻新罗，没有料到唐军会渡海来袭，将自己作为优先打击对象，因此并未进行周密防备。结果是，唐军水师在与新罗水师合兵之后，就立即对百济都城进行了闪电战，只用了几个月，便灭掉了百济，这个建国近七百年的古国还没想明白怎么回事就亡了国。

实际上，唐朝将灭百济作为灭高句丽总体战略中的重要一环。唐将刘仁轨在灭百济后说道："今天子欲灭高丽，先诛百济，留兵镇守，制其心腹。"

灭掉百济的次年，也就是龙朔元年（661年）春，唐高宗便开始从南、北两线对高句丽用兵。此时唐朝在东北亚的战略形势，已经达到了空前未有之大好局面。但没有想到的是，唐军在北方遭到了高句丽的激烈抵抗，在初期的大胜后，又一次受阻于高句丽的寒冷冬天和周密的山城防御体系。苏定方围攻平壤数月未拔。龙朔二年（662年）春，唐军被迫解围撤军。

南线更是出了些状况，唐军被百济的复国游击队牵制，疲于奔命，南北夹攻高句丽的战略设想几乎变成了一句空话。新罗反而成为最大的赢家，一边忙着抢占百济地盘，一边出工不出力地履行着唐朝盟友的责任。

---

① ［加］王贞平，贾永会译《多极亚洲中的唐朝》，上海文化出版社，2020年6月版，85页。

灭百济易，平百济难，高宗君臣低估了百济人的血性和韧劲。让唐高宗更为焦虑的是，龙朔三年（663年），一个全新的危险敌人——日本，也以援助百济复国为名出兵了。当年八月，日军水师与唐军水师在白江口展开了大决战。唐军与日军先后四战，日军有四百艘战舰，一万多人；而唐军只有一百七十余艘战舰，七千余人。尽管日军舰船在数量上占绝对优势，但唐军在舰船质量上却占据了上风。由于造船技术的发达，唐军水师中有大批高大战舰，而日军则以中小型舰船为主。唐朝水师还占据了就近的港口。也就是说，日本水师在事实上总体实力并不占优势，但他们自以为胜券在握，未加严密布阵，就各自为战，一哄而上，冲向早已严阵以待的唐军水师编队，企图以数量优势一举压倒唐军水师。但一接战，唐军舰船的质量优势就压倒了日军的数量优势，控制了战场局势之后又发动了火攻，"唐军士兵在第一轮攻击中，利用风向，让载着引燃了的柴草的'火船'顺流而下，冲向敌船。接着，他们用'火箭'发起第二轮攻势，包括三个步骤：首先，唐军士兵先在劈开的葫芦里装上油，做成'油瓢'，把它们绑在箭头上，射向目标，让油泼洒在目标之上；随后，他们射出'火箭'，将油点燃；最后，他们用箭把更多的'油瓢'射向目标，确保其被完全烧毁。唐军还用浸过油的芦苇和柴草制成'燕子炬'，将其点燃后射向敌船"①。

火攻使白江口成为炼狱，日军水师几乎被全歼。《资治通鉴·唐

---

① ［加］王贞平，贾永会译《多极亚洲中的唐朝》，上海文化出版社，2020年6月版，87页。

纪十七》载：

> 遇倭兵于白江口，四战皆捷，焚其舟四百艘，烟炎灼天，海水皆赤。

此战史称"白江口海战"，日本称"白村江海战"。白江口海战显示了唐朝水师的领先是全方位的，唐朝也通过此战确立了在东亚海域的制海权。此战不仅是中国历史上最早的大规模对外海战，也是中日历史上的第一次交锋，"日本学术界对于日军在白村江战败的原因，一般归结为日本军队的组成，亦即日军由各地豪族武装临时组合而成，没有统一的上级指挥机构，遭遇组织严密的唐军，当然失败"，但还有一种说法是，日军"将应为突袭性的攻击，变成从次要战场发起的推进式进攻，一路攻城略地，完全丧失战役突袭性优势"。①

日军水师尽没之后，百济余部也迅速溃散，"百济王丰脱身奔高丽，王子忠胜、忠志等帅众降，百济尽平"（《资治通鉴·唐纪十七》）。

百济既平，日本胆寒，高句丽疲敝。唐朝首次如此接近彻底解决高句丽问题。

乾封元年（666年），高宗终于等到了最佳时机。这一年，与大唐为敌多年的高句丽权臣渊盖苏文去世，他的几个儿子为争权

---

① 韩昇《东亚世界形成史论（增订版）》，中国方正出版社，2015年5月版，274—275页。

而反目，高句丽的朝堂被分成了几大阵营。渊盖苏文长子渊男生最终失势，求救于唐。

十二月，高宗以李世勣为辽东道行军大总管兼安抚大使，二攻高句丽拉开帷幕。

在渊男生的协助下，唐军在高句丽境内几乎是无往不利，多座城池不战而降。总章元年（668年）九月，唐军兵临平壤城下。围城一个多月后，高句丽国王高藏秘遣九十八名大臣，持白幡请降于李世勣。渊盖苏文的另一个儿子渊男建誓死抵抗，但其身边亲信开城投降，平壤遂破。渊男建和国王高藏被俘。

至此，立国七百余年的高句丽亡国。

唐高宗打赢的远远不只是一场高句丽战争，还是一场"东北亚战争"，是一场在那个时代牵涉面广泛的"世界大战"。

第八章

岳飞战兀术：铁浮屠之踵

南宋绍兴十年（金天眷三年，1140年）五月，金国主战派撕毁了前一年刚刚签订的金宋和约，分东、西两路大举攻宋。

来势汹汹的金军没有想到的是，就在这一年，岳飞迎来了他军事生涯中的高光时刻，先后在郾城和颍昌两次大战中击败了金军统帅完颜宗弼（《宋史·岳飞传》中称"兀术"），打破女真"满万不能敌"的战争神话。

金帝国在靖康年间确立的对宋朝的压倒性军事优势，在绍兴十年（1140年）岳家军军旗的飘扬中尽化乌有。尽管岳飞的北伐大业被高宗与秦桧毁于一旦，但宋、金也由此进入了战略相持阶段，到近百年后蒙古灭金，再也无人打破此种战略均势。

甲骑具装的复兴

在靖康二年（1127年）的靖康之变前，有"满万不能敌"之称的金军正处于巅峰，战力不逊于先代任何一支强军。此时的金军，无论碰到辽军还是宋军都所向披靡，就连北宋时代最为精锐、在宋夏战争中出尽风头的西军，在金军面前也几无一战之力：姚平仲惨败于东京城下，种师中败亡于太原解围。

从宋金开战到靖康之变，金军仅用了两年就打得北宋几近亡国。

但靖康之变后，金军的战力似乎就巅峰不再，与宋军作战中，尽管总体优势尚存，却开始频繁地出现败绩。在西线的川陕战场，宋军在和尚原之战（1131年，今陕西省宝鸡市西南）和仙人关之战（1134年，今甘肃省陇南市徽县东南）中，两次大败金军。

在东线，完颜宗弼于金天会七年（南宋建炎三年，1129年）七月发动了第三次大规模攻宋，目标直指宋高宗。金军在进攻阶段无往不利，但在北撤时却仓皇南顾，遭到了包括岳飞在内的多支宋军跟踪追击。金天会八年（1130年）三月，金军在黄天荡（今江苏省南京市栖霞山一带）更是险些为韩世忠的水军全歼，以至于完颜宗弼北渡后仍心有余悸：

> 自江南回，初至江北，每遇亲识，必相持泣下，诉以过江艰危，几不免。（《大金国志·太宗文烈皇帝四》）

若细究这一阶段的战事，宋军的胜绩多为以下情况：一是险要地形的筑垒防御作战，金军的骑兵优势在山地战中很难发挥，如和尚原之战和仙人关之战；二是利用水军优势，如长江口的黄天荡之战。而在大规模野战中，特别是由女真骑兵担任主力的正面野战中，宋军仍然处于绝对劣势，如在建炎四年（金天会八年，1130年）的富平之战中，二十万（号称四十万）宋军被数万金军打得一败涂地。女真骑兵在此战中起到了决定性的作用。

在此期间，宋军的攻势作战或野战的胜绩，要么是对阵以伪齐军为主的敌军，并未遭遇金军主力，如岳飞收复襄阳六郡之役；要么是采用伏击的方式击败金军骑兵，而且也仅仅是数百骑兵，远算不上是大规模野战，如韩世忠在大仪镇之战。

即使在金军整体战斗力步入下行期时，金军骑兵仍然所向无敌，给宋人留下了恐怖的战争记忆："骑兵驰突，四通八达，步人不能抗。"甚至还有十七名女真骑兵对两千宋军步兵发动主动突击，并将宋兵彻底击溃的惊人战例。

那么，金军究竟强在何处？

曾在和尚原与仙人关两败金军的宋军名将吴璘认为："金人有四长……曰骑兵，曰坚忍，曰重甲，曰弓矢。"除了第一点，另外三点其实也都与金军骑兵密切相关。

一是坚忍。《金史》中说金军"能寒暑"，"惯苦战"，吴璘曾评论金军"更进迭退，忍耐坚久，令酷而下必死，每战非累日不决，胜不遽迫，败不至乱。盖自昔用兵所未尝见"（《宋史·吴玠传》）。与"一进却之顷，胜负辄分"的西夏重骑兵"铁鹞子"相比，女真骑兵在体能和耐力上达到了中国古代战争史上前无古人的高度。金军即使在第一个回合的交锋中落于下风，也能重整冲击队形，连续不断地发动冲锋，甚至可以反复进攻一整天，直至敌军的锐气、士气和体力耗尽为止。宋人赵彦卫曾在笔记《云麓漫钞》中提及，"虏用兵多用锐阵，一阵退，复一阵来，每一阵重如一阵"，金军骑兵的这一战术特点与西方中世纪重骑兵颇为相像，即所谓"冲击—撤离—再次冲击"的重骑兵经典战术。

宋人徐梦莘在《三朝北盟会编》卷二百四十四中记录了一段金军骑兵充满优越感的话："不能攻打一百余个回合，何以谓马军。"金军骑兵正是凭借"一阵重如一阵"的优势，用现代军事语言说就是"连续作战能力"，才得以在野战中频频击败更崇尚骑射战术的辽军骑兵。在金辽一次战役中，女真骑兵"冲其中坚。凡九陷阵，皆力战而出"(《金史·太祖本纪》)。王曾瑜先生在《辽金军制》一书中也说："在宋金之间著名的仙人关、郾城、颍昌等战役中，宋金都是打了数十回合，才分出胜负。"当然，在金军骑兵这种高强度作战的背后，很可能已全面实现了一人双马的标准配置，以确保战马在连续作战中的体力。

二是重甲。女真骑兵复兴了南北朝重骑兵的甲骑具装传统，即骑兵和战马都披护铠甲，而马是否披马铠正是轻、重骑兵的核心区别。特别是金军骑兵中最精锐的铁浮屠，堪称中国战争史上最负盛名的一支重骑兵军团，其重装程度超越了北朝和隋代重骑兵，即《三朝北盟会编》卷三十所录：

> 金贼兜鍪极坚，止露两目，所以枪箭不能入。

以同时代西方的标准来看，铁浮屠已经可以定义为拜占庭重骑兵一类的超重装骑兵了。铁浮屠得名，就是因为金军重骑兵在宋军看来像铁塔兵一样，当然在实战中，铁浮屠有时也会执行"下马重步兵"一类的作战任务，在仙人关之战就曾有铁浮屠下马后"人被两铠，铁钩相连，鱼贯而上"的作战记录。

无论叫什么名字，金军重骑兵给宋人留下了刻骨铭心的记忆。曾被金人俘虏的宋朝官员范仲熊在《北记》中提及"硬军"：

> 黏罕寨有兵五万人，娄宿孛堇寨有兵万人，皆枪为前行，号曰"硬军"。人马皆全副甲，腰垂八棱棍棒一条或刀一口，枪长一丈二尺，刀如中国屠刀。

"硬军"一词很传神地描述了身穿重甲的金兵的特点。身着重甲尤其考验金军骑兵的体能和耐力,铁浮屠多身着双层铁甲,更可见金军之坚忍。也正是坚忍令金军重骑兵可以在比前代铠甲更重的情况下,依然保证连续作战能力。

三是弓矢。金军骑兵在战术上虽高度依赖重骑兵的正面冲击,但也不代表短于骑射技艺。事实上,金军骑兵是一支将白刃肉搏战和中远距离骑射战结合得严丝合缝的强军,前文所说的十七名金军骑兵大败两千宋军,依靠的就是且驰且射。"骑兵冲击战术出现之后,弓箭仍是骑兵的重要的辅助武器,游牧族骑士尤其重视骑射。"[1]

金军骑兵很少使用强弓劲弩,但因为惯于抵近射击,非百步内甚至五十步内不射,再加上"箭镞至六七寸,形如凿,入辄不可出",因此破甲力和杀伤力并不弱,"百步之内,弓矢齐发,中者常多"(《三朝北盟会编》卷三)。

按照金军的军制,所有骑兵均配备弓箭,但如铁浮屠这样的超重装骑兵还是以白刃战为主,骑射会另交给机动性更强的轻骑兵(金军轻骑可能也是甲骑具装,只是马铠相对轻,骑兵"甲止半身"),所谓"每五十人分为一队,前二十人金装重甲,持棍枪,后三十人轻甲操弓矢"(《三朝北盟会编》卷三)。从这一数据来看,金军轻骑兵与重骑兵的比例约为"六四开"。

可能性更大的是,金军骑兵固然是一支冲击型重骑兵和骑射

---

[1] 李硕《南北战争三百年:中国4—6世纪的军事与政权》,上海人民出版社,2018年1月版,117—118页。

型轻骑兵的混编部队，但在实战中，全体骑兵要视战场需要随时切换"冲击"和"骑射"两大技能。不过，就整体作战风格与战术地位而言，尽管轻骑兵人数更多，但金军骑兵的核心竞争力仍然是重骑兵的正面冲击。

宋、金军力消长

金军在南宋绍兴十年（1140年）对阵岳家军前，还发生了两点对战事走向影响很大的变化。

第一，金军在起兵之初本是一支纯粹的骑兵军团，但随着战争规模的扩大，战争形态的日趋复杂化（从野战到攻城、守城），女真人的猛安谋克制已不能支撑，金军不可避免地开始大量引入步兵编制。按照金人军制，这些步兵主要由汉人签军构成，打打顺风仗还可以，一旦陷入苦战，就随时有可能崩盘。金军中的汉人签军的战斗力与清军入关后以吴三桂为代表的汉军有天壤之别。据宋人张棣的《金虏图经》：

> 虏人用兵专尚骑，间有步者，乃签差汉儿，悉非正军虏人。取胜全不责于签军，惟运薪水，掘壕堑，张虚势，般粮草而已。

金人刘祁《归潜志》对汉人签军的战斗力也等闲视之：

> 金朝兵制最弊，每有征伐或边衅，动下令签军，州县骚

动。其民家有数丁男好身手，或时尽拣取无遗，号泣怨嗟，阖家以为苦。驱此辈战，欲其克胜，难哉。

更重要的是，大量步兵的加入让金军从一支纯骑兵军团逐步转变为步骑混编部队，兵力虽然多了，却丧失了开国之初"骑兵驰突"的快速机动优势。

第二，自北宋政和四年（辽天庆四年，1114年）完颜阿骨打起兵，在连年征战与残酷政争的双重戕害之下，金军于天眷三年（南宋绍兴十年，1140年）再度南下时，开国将帅几已凋零殆尽，或病死，或退休，或死于政变，如完颜银术可、完颜娄室、完颜宗翰和完颜阇母这些追随阿骨打刮起女真旋风，横扫辽、宋的一代名将均已去世，堪称大金开国功臣之首的完颜宗望也于1127年去世。在1140年的金帝国军界中，开国将领也只剩完颜宗弼了。从战绩来看，完颜宗弼在开国名将中平平无奇，用兵喜蛮力，惯打硬仗，擅凭悍勇以骑兵正面冲锋击垮宋军，并不以谋略见长。但既称名将，完颜宗弼自然也有其所长。宋军降将郦琼对完颜宗弼推崇备至：

> 琼尝从大军南伐，每见元帅国王亲临阵督战，矢石交集，而王免胄，指麾三军，意气自若，用兵制胜，皆与孙、吴合，可谓命世雄材矣。至于亲冒锋镝，进不避难，将士视之，孰敢爱死乎？（《金史·郦琼传》）

"皆与孙、吴合"这句显而易见的吹捧之语可以忽略掉，但与宋军大部分高级将领"每当出兵，必身居数百里外，谓之持重"相比，亲临一线、不避矢石的完颜宗弼无疑是当世勇将中的佼佼者。

而跟着完颜宗弼南下的将领们都是哪些人呢？在顺昌、郾城和颖昌这几次大战中最有存在感的金军将领都是李成、孔彦舟和郦琼等战绩惨淡的宋军降将，韩常等燕云汉人背景的将领已几乎算是完颜宗弼身边的顶级名将了。眼见女真良将此刻的青黄不接，再回想起金人开国之初那种人才济济的盛况，不免有恍若隔世之感。《金史·兵志》称：

> 金兴，用兵如神，战胜功取，无敌当世，曾未十年遂定大业。原其成功之速，俗本鸷劲，人多沉雄，兄弟子姓才皆良将，部落保伍技皆锐兵。加之地狭产薄，无事苦耕可给衣食，有事苦战可致俘获，劳其筋骨以能寒暑，征发调遣事同一家。是故将勇而志一，兵精而力齐，一旦奋起，变弱为强，以寡制众，用是道也。

此时的宋军，或者岳家军的战力如何？

先说宋军。金军战力自巅峰下跌的同时，丢掉半壁江山的南宋的军力比靖康年间却不退反进，可见在农业帝国时代，军队战力和综合国力并不一定成正比。

同时，如王安石所说，"宗庙社稷之忧，最在于募兵皆天下落魄无赖之人"，其目的是"每募一人，朝廷即多一兵，而山野则少一贼"。在这种国内维稳优先的建军思想下，北宋军队的纪律性和训练状况自然不甚乐观。但到了南宋，痛定思痛之下，朝廷募兵标准趋于正常,对军队战力的提升立竿见影。就北宋募兵的"城市游民无赖"导向,后世的戚继光和曾国藩在募兵时都反其道而行之,明确募兵只要朴实的农民,杜绝油滑的市井之徒,很可能是借鉴了北宋的教训。

绍兴十年(1140年)左右,南宋仅正规军数量就达到了三十万人左右,形成了以岳飞、刘光世、吴氏兄弟(吴玠、吴璘)、韩世忠、张俊为首的五大主力,无论是在精锐部队的数量还是质量上,都已超越北宋时代的西军。

在经年累月的战争中,宋军开始走出"恐金症",即使战败,也不复以往那种一触即溃、一溃千里的惨势,对女真骑兵也开始有了一些"以步制骑"的切实办法。在神臂弓、床弩这些射程超远的"神器"加持下,南宋军队的防御及守城能力已独步天下。但与北宋时代一样的是,因为严重缺马,骑兵仍然是南宋军队最弱的一环,这与金军的重骑兵长处恰好形成了强弱分明的状态。

再说岳家军。在承继了北宋崇文抑武制度的南宋,以武将的姓氏命名军队可以说是战争时代的一种特殊现象。检索收录一万种中国历代古籍的"中国基本古籍库",出现岳家军的次数有二百八十四次,远远超过其他"某家军"的频次,可见岳家军在南宋历史上乃至中国战争史上的特殊性。[①]

宋代整体的军事文化固然笼罩在"兵不知将,将不知兵"的阴影之下,但因为此"祖宗之法"被视作北宋末年军事溃败的原因之一,时值危急存亡之秋,南宋初年的军事文化出现了某种应

---

① 史泠歌《岳家军研究》,河北大学出版社,2017年8月版,16页。

激式的大幅转向，这可能就是岳家军等各种深深打上将领烙印的武装兴起的历史背景。当然，作为一种应付外患的权宜之计，只要外患的风险有所减弱，宋廷对"某家军"的容忍度就会逐步收缩。这是后话了。

绍兴十年（1140年）时，岳家军已经从一支万余人的队伍扩编到十二军，共计十万余人，无论从战斗力还是兵力而言，岳家军都已是当时宋军体系中的绝对主力了。

与宋军其他部队相似的是，岳家军也不是一支以骑兵为主的部队，但骑兵在岳家军中的地位和存在感并不低。自伪齐手中俘获了大量战马之后，岳家军中的骑兵数量很可能达到了一万余人，占比超过10%，骑兵综合战力在宋军五大野战军中首屈一指。岳家军骑兵主要分布在踏白、游奕和背嵬三支精锐部队中，特别是岳云手中掌握了一支规模中等却相当精干的骑兵。据《宋史·岳飞传》，"师每休舍，课将士注坡跳壕，皆重铠习之"，可见背嵬军骑兵应身披重铠，但战马很可能并不披马铠，因此也不算严格意义上的重骑兵。

在郾城和颍昌两次大战中，岳家军精锐骑兵均有亮眼的表现。特别是郾城大战后，杨再兴率领三百骑兵在小商河血战金军，虽全军覆没，却杀伤金军两千余人，足见岳家军骑兵之精锐程度。

稍微说开去，杨再兴的此次决死出击正是岳家军野战基因和进攻主义的最壮烈代表，很容易让人想起《亮剑》中高喊着"骑兵连，冲锋"，向日军骑兵发动死亡冲锋的独立团骑兵连，只是，杨再兴这个是史实，而后者很大程度上是戏剧虚构罢了。

但在与金军精锐重骑兵的正面对阵中，限于骑兵数量有限，岳家军的主要手段还是"以步制骑",远程可以依靠神臂弓等强弓劲弩克制金军的重甲,近距离就只能依靠肉搏战了。至于岳家军更具体的"以步制骑",稍后谈及郾城和颍昌两次大捷时再具体阐述。不过,有一点是明确的,"以步制骑"对步兵的坚忍和纪律性有着极高的要求,特别是必须能够容忍"兑子"式的高伤亡率。在古代战争中,骑兵对步兵的大多数压倒性胜利,是因为步兵,特别是前排步兵在骑兵气势骇人的决死冲锋下,骤现士气和阵形的双重崩溃,随之将比拼消耗的阵地战演化为追击战。步兵的大多数伤亡都是发生在大规模溃散阶段,而骑兵此时能以极低的伤亡率取得惊人的战果,楚汉彭城之战与蒙金三峰山之战无不是如此。

反过来说,只要步兵能够以其纪律性维持军阵,在骑兵的高速冲击下仍然可以保持秩序,不动如山,则战斗模式将是对双方都极其惨烈的消耗战。而这对人数更为精贵的骑兵而言是无法承受之重,即使打赢也是所谓"皮洛士式的胜利"。

而岳家军在那个时代正是以其军纪严明的纪律性闻名于世。曾有多位南宋大臣盛赞岳家军的军纪:"惟其有纪律,所以能破贼。若号令不明,士卒不整,方自治不暇,缓急岂能成功耶"(胡松年);"昔年岳飞一军,纪律最严,隐然如长城"(李椿)。就连宋高宗在襄汉战役之后也难掩激动:"朕素闻飞军极有纪律,未知能破敌如此。"

对于岳家军的战斗力,岳飞曾如此意气扬扬地"自夸":"某之士卒真可用矣!"

若单说纪律性,韩世忠的韩家军和吴玠、吴璘兄弟的吴家军也有,岳家军真正有别于同时代所有宋军的,就是其一往无前的进攻主义和野战能力。

尽管仍以步兵为主,但岳家军是宋军五大主力中唯一一支以攻势为主,敢于脱离城池防御,在平原上和金军主力骑兵展开对攻并战而胜之的野战军,这是无论韩世忠还是吴玠麾下这两支宋军精锐都无法企及的。

岳家军自成军伊始便自带野战基因,据岳珂《鄂王行实编年》,岳飞曾与宗泽就是否用阵法有过一段针锋相对的辩论:

> (宗)泽大奇先臣(即岳飞),谓之曰:"尔勇智材艺,虽古良将不能过。然好野战,非古法,今为偏裨尚可,他日为大将,此非万全计也。"因授以阵图。先臣一见,即置之。后复问先臣,先臣曰:"留守所赐阵图,飞熟观之,乃定局耳。古今异宜,夷险异地,岂可按一定之图?兵家之要,在于出奇,不可测识,始能取胜。若平原旷野,猝与虏遇,何暇整阵哉?况飞今日以裨将听命麾下,掌兵不多,使阵一定,虏人得窥虚实,铁骑四蹂,无遗类矣。"泽曰:"如尔所言,阵法不足用耶?"先臣曰:"阵而后战,兵之常法,然势有不可拘者,且运用之妙,存于一心。留守第思之。"泽默然良久,曰:"尔言是也。"

宗泽评价岳飞"好野战,非古法",授予阵图让岳飞参详,其中不无提醒岳飞野战过于冒险,应回归作为本朝兵学主流的防守与阵法之意。但岳飞似乎天生就是那个时代的离经叛道者,阵图阅后就束之高阁,对宗泽的唯阵法论不敢苟同。

可以说，岳飞几乎是中国战争史上最早明确对阵法表示不以为然的名将，下一位有类似认知的名将就要数明代中期的戚继光了。

有一种说法是，在南宋初年的诸军中，只有岳飞一人是进攻型的将帅，当时具备直捣黄龙（今吉林省农安县）、光复故土的决心和能力的统帅，唯有岳飞。[1]

岳飞与岳家军的野战基因虽然超越了同时代的所有将领，但也并不是无源之水。宋军在开国之初继承了五代时期尚武的军事文化，本有着强烈的进攻主义和野战取向，崇尚奇袭、速决战、纵深突破和大会战。但宋太宗时期北伐幽燕中几次速战速决式的战斗失败，特别是在高梁河一役中，如五代君王那样亲赴戎机的宋太宗乘驴车逃遁，宋朝由此开始正视自身实力不足情况下进攻主义和野战取向的高风险，逐步挥别五代野战文化，而高梁河之战也成了"最后一场'五代式'的战役"。因为北宋初期对辽作战的数次失利都与宋军崇尚野战和速战速决的战争文化相关，此后，宋军在对夏战争中就开始转而流行一种带有部分野战取向的"弹性防御"，也可以理解为克劳塞维茨所说的"攻势防御"，作为对五代军事文化继承和惨淡军事现实之间的一种"中和"与"妥协"。[2]

如果接着以上的精彩逻辑继续分析，可以发现，随着北宋末年宋金战争中宋军屡战屡败，特别是当时北宋第一野战精锐西军溃败后，宋军上下不仅视野战为畏途，就连对降一格的"弹性防

---

[1] 王曾瑜《尽忠报国：岳飞新传》，河北人民出版社，2007年10月版，163页。
[2] 曾瑞龙《经略幽燕：宋辽战争军事灾难的战略分析》，浙江大学出版社，2019年7月版，245—263页。

御"也在实战中形同放弃,宋军逐步走向过度崇尚野战的另一个极端,即消极防守的城池防御战。但结果是,北宋遭受了更惨烈的军事失利,连东京汴梁也守不住。那么,当极度保守被证明不是救世良方之后,宋军究竟该往何处去?

可以说,岳飞的横空出世,可以看作南宋开国初年宋军野战取向的一次军事复兴,是军事惨败后南宋军事精英对消极防守战略的一次深刻反思,以及在国史中寻找救国思想资源的一种具体表现。这是一次南宋军事精英的集体反思和回转,韩世忠、吴玠和刘锜等人复兴了"弹性防御",而岳飞则步子更大地复兴了五代式的进攻主义和野战取向。从这个角度来说,岳飞其实更像宋太祖宋太宗时代的一个"五代式军人",他的进化方式是从传统军事资源中寻找答案。

当宋军进化到连战略文化都改弦更张之时,可以说,宋、金1140年再次开战之前,除了骑兵的兵种优势,金军对宋军已经丧失了靖康及建炎年间那种"降维打击"式的碾压优势,而刘锜和岳飞找到破解金军重骑兵的法门之后,金军在局部战场上大规模溃败也就不足为奇了。

据《大金国志》载,金将韩常在金军此次南下前甚至表示:"今昔事异,昔我强彼弱,今我弱彼强。所幸者,南人未知北间事耳。"这一说法很大程度上是带有某种特殊指向的夸张,金、宋实力对比此时远未到"我弱彼强"的地步,但"我强彼弱"的时代的确已经走向尾声。

岳飞即将通过惊天两战证实这一事实。

砍马腿战术

绍兴十年（1140年）五月，金军大举南下，在由西至东的广阔战线上分三路进攻。在西路的川陕战场和东路的淮东战场上，吴璘和韩世忠都多次挫败金军攻势，宋、金双方在这两个战场上都进入了短时间内不分轩轾的胶着状态。

对全局有决定性意义的是中路战场。但在岳家军出场之前，宋军在中路战场已意外地取得了第一次大捷，这就是中国战争史上著名的顺昌之战。

中路金军由此时的金军头号人物完颜宗弼亲自指挥，计有十余万大军。出兵之初，金军在中路的河南战场上势不可当，宋军在东京开封和应天府（今河南省商丘市）竟望风而降。

五月中旬，南宋新任东京副留守刘锜本打算率两万"八字军"驻守东京，行军途中才获悉金军已攻陷东京，刘锜当即决定就地驻防顺昌（今安徽省阜阳市）。顺昌保卫战由此爆发。

顺昌保卫战中有两大亮点。其一，刘锜以两万人的劣势兵力，在城防并不算坚固的情况下挫败了完颜宗弼十余万大军的数次进攻。如果是一味死守也就罢了，刘锜在守城战中还多次遣兵出城打出了漂亮的反击战，以攻为守，也就是曾瑞龙所说的"弹性防御"。最后，宋军竟打得十余万金军弃甲曳兵，放弃了围城。

其二，刘锜此战击败了完颜宗弼最精锐的部队铁浮屠和"拐子马"，且是在兵力处于劣势的情况下，在野战中以纯步兵取得了这惊世一胜。尽管岳飞之孙岳珂在《鄂王行实编年》中认为，岳飞指挥的郾城大战是宋军首次在野战中击败金军的精锐重骑兵，但事实上，这一首胜的荣耀属于刘锜的顺昌之战。

顺昌之战还暴露了此前提到的金军兵制的严重缺陷。在高强度的作战中，金军中的汉人签军，将战斗力低下特别是士气斗志严重不足的弱点暴露无遗。在刘锜派五千人出城的那次反击战中，金军中的汉人签军临阵服软，竟对宋军说出了"我辈元是左护军，本无斗志。所可杀者，止是两拐子马"这样的千古奇谈。签军一触即溃，不仅让完颜宗弼在顺昌之战中的兵力优势大打折扣，更是严重影响了金军的整体战斗力和战场纪律，让刘锜军自出击伊始便势如破竹。

宋、金鏖战顺昌之时，岳飞正带兵从驻防地鄂州（今湖北省武汉市武昌区）北上进攻河南。高宗赵构此时对岳飞出兵的态度实际上是首肯心折的，连发六封亲笔御札敦促岳飞迅速出兵："此乃中兴大计。卿必已有所处，唯是机会不可不乘。"（岳珂《鄂国金佗稡编续编》卷二）

岳家军总兵力虽超过十万人，但岳飞此次北上未带水兵，还要留下部分防守兵力，此次反攻的总兵力可能在七万至八万人之间，与即将交手、麾下有十余万人的完颜宗弼仍有差距。[①]

由于金军主力正顿足于顺昌城下，岳家军出兵之初一路告捷，截至绍兴十年（1140年）七月初，岳家军已接连收复了西京河南

---

① 军事科学院主编《南宋军事史》，《中国军事通史》，军事科学出版社，1998年10月版，244页。

府、颍昌府、淮宁府、郑州、蔡州、汝州、陕州、虢州等地,兵锋直指开封。

而完颜宗弼此刻在干吗呢?兵败顺昌之后,完颜宗弼带兵撤回开封,舔舐伤口,等待预备队补充,即使看到岳家军在河南攻城略地,也颇为明智地没有即刻做出回应,而是静静地在开封恢复元气,静候给岳飞致命一击的时机。

完颜宗弼很快等到了他期待已久的战机。岳家军连战连捷之后,兵力一度比较分散,七月初,金军骑兵在侦察中发现,此时在郾城县境内,岳飞身边只有亲军背嵬军和一部分游奕军,尽管史料并未明确给出具体人数,但根据岳家军的军制,背嵬军人数当在八千人左右,也就是说,此时岳飞身边的兵力也就是一万出头的样子,最多也不会超过一万五千人。

闻讯后,完颜宗弼立即亲率一万五千精骑直扑郾城,企图一举端掉岳飞的指挥部,打一场漂亮的"斩首战"。尽管此时金军还有十万步兵作为第二梯队赶往郾城,但未及参加郾城之战。因而,郾城之战是完颜宗弼以全军最精锐的一万五千骑兵对阵以背嵬军为主构成的一万余岳家军。岳家军在人数上处于劣势,并且是以一支以步兵为主的步骑混编部队对战一支纯骑兵军团。岳家军此战是否能胜要看以下两点:其一,岳家军第一主力背嵬军是否名副其实,特别是精锐骑兵的战力是否可以匹敌女真重骑兵,尤其是强大的铁浮屠;其二,"以步制骑"的战法是否能够奏效,尤其是岳家军重装步兵的战力如何。

岳飞对宋军传统的据城死守,或是密集结阵防守反击等所谓以静制动的防守主义战法基本上不以为然,野战本就深刻写入岳家军的基因之内,郾城之战对这支崇尚进攻主义的军队而言更是一次绝佳的怒放时机。大战一开始,岳飞就安排岳云率领一支精锐骑兵作为突击集团,在人数处于劣势的情况下与金军骑兵进行对冲,可谓是远东重装骑兵的巅峰对决。

但从岳家军骑兵左冲右突、机动性极强的战术特点来看,岳云所部骑兵不太可能主要由重骑兵组成,轻骑兵应该占有相当大的比重。更有力的证据是,岳家军骑兵的主要作战对象都是金军骑兵,很少看到与金军步兵作战的记录。而作为一个骑兵通用定理,防御性强的重骑兵更适合正面冲击步兵军阵,反而因为机动性不足而不擅对阵轻骑兵。因此,有理由推测,岳家军骑兵很可能是一支轻、重骑兵并重,甚至相对更偏于轻骑兵的骑兵军团,其中的重骑兵很可能也没有全披金军的那种具装马铠。

如前所述,金军骑兵此时仍然保有开国之初那种"一阵重如一阵"的坚忍战力,但岳云的骑兵在连续作战能力上毫不逊色,双方鏖战数十合,反倒让金军渐显不支,这正是"以彼之道,还施彼身"的典范。杨再兴是当天战场上最为耀眼的煞神,"以单骑入其军,擒兀术不获,手杀数百人而还"(《宋史·杨再兴传》)。尽管对史书此类数据照例要打个折扣,但也足见杨再兴当天的威风赫赫,他与宋军精骑一起掌控了战场的主动权。

当宋金骑兵对攻之际,岳家军的重装步兵也杀入敌阵,与金军招牌重骑兵铁浮屠展开肉搏,将士各持麻扎刀、提刀、大斧,与敌厮杀。所谓麻扎刀,就是宋军当时装备的一种长柄刀,长度达3.8米,最适用的战法就是砍马腿,"以麻札(扎)刀入阵,勿仰视,第斫马足"(《宋史·岳飞传》)。对于"人马皆全副甲"的铁浮屠而言，马腿可以说是最薄弱的阿喀琉斯之踵，铁浮屠看似刀枪不入的决死冲锋由此一败涂地。

用砍马腿来对付金军重骑兵这一超级损招并不是岳飞在郾城之战中发明的，刘锜在一个月前的顺昌之战中已使用过，韩世忠更是在绍兴四年（金天会十二年，1134年）的大仪镇之战中就率先祭出这一大杀器。①

严格说来，麻扎刀（斩马刀）也并非什么重大创新。在宋神宗时期，为了对付西夏骑兵，宋朝军工业连续贡献了两大军备技术革新，除神臂弓以外，斩马刀也开始在宋军中大量列装。《宋史·兵志》记载：

> 又步兵之中，必先择其魁健材力之卒，皆用斩马刀，别以一将统之，如唐李嗣业用陌刀法。遇铁鹞子冲突，或掠我阵脚，或践踏我步人，则用斩马刀以进，是取胜之一奇也。

更往前追溯的话，麻扎刀可能取法唐代的利器——陌刀。在唐代名将李嗣业收复长安的香积寺之战中，其麾下的重装步兵正是运用陌刀大败安史叛军的。

不过，麻扎刀虽然是前已有之，但没有明确见过在南宋之前专门用于砍马腿的相关记录。笔者个人的推论是，正因为金军骑兵主打铁浮屠，相对而言速度较慢，且长于近身肉搏，才给了岳家军步兵从容砍马腿的战机，否则换作快速机动、以骑射战术为

---

① 邓广铭《邓广铭治史丛稿》，北京大学出版社，1997年6月版，609—610页。

主的轻骑兵,电光石火间砍马腿又谈何容易。

关于郾城之战中的金军武装,各种记载中出现最多的除了铁浮屠,就是"拐子马"。见岳珂在《鄂王行实编年》中的"权威发布":

> 初,兀术有劲军,皆重铠,贯以韦索,凡三人为联,号"拐子马",又号"铁浮图",堵墙而进,官军不能当,所至屡胜。是战也,以万五千骑来,诸将惧,先臣笑曰:"易耳!"乃命步人以麻扎刀入阵,勿仰视,第斫马足。"拐子马"既相联合,一马偾,二马皆不能行,坐而待毙。官军奋击,僵尸如丘。兀术大恸,曰:"自海上起兵,皆以此胜,今已矣!"拐子马由是遂废。

这一说法再经由《说岳全传》等民间话本小说"广而告之","拐子马"即"贯以韦索,凡三人为联",也就是民间所谓的"连环马",在几百年间几成定论,连《宋史·岳飞传》都从此说:"拐子马相连,一马仆,二马不能行。"

直到通晓兵事的乾隆皇帝感到不对劲,在《御批通鉴辑览》中写了一条御批:

> 北人使马,惟以控纵便捷为主。若三马联络,马力既有参差,势必此前彼却;而三人相连,或勇怯不齐,勇者且为怯者所累,此理之易明者。

拐子马之说,《金史·本纪》《兵志》及乌珠(兀术)等传皆不载,惟见于《宋史·岳飞传》《刘锜传》,本不足为确据。况乌珠(兀术)战阵素娴,必知得进则进,得退则退之道,岂有羁绊己马以受制于人?此或彼时列队齐进,所向披靡,宋人见其势不可当,遂从而妄加之名目耳。

乾隆皇帝驳斥了陈说,但"拐子马"究竟是指金军的什么部队呢?

经邓广铭先生的详细考证,"三人为联"一说被推翻,"拐子马即左右翼骑兵"为定论;而岳珂所谓郾城之战后"拐子马由是遂废"也就被证明是讹传了:

> 郾城战役之后,金人在作战时就不再配置左右翼骑兵,这显然不成道理……尽管在此以后,拐子马一词确实是极少出现了,但是,它之所以极少出现,也仍然不是因为"拐子马由是遂废",而是因为,这时宋、金军队中的将官与士兵(包括金军中的签军在内),全已换了一代人,在他们的口语和词汇当中,全已不再存在"拐子马"这个词儿,都不再以此称呼金军的两翼骑兵。①

根据军事常识的逻辑,"拐子马"的以讹传讹是一件极其不可思议的事情。但这竟可以从南宋一直流传到清代中期,足见中国古代"文人化战史"之粗疏。不仅如此,在有关岳飞的事迹中,中

---

① 邓广铭《邓广铭治史丛稿》,北京大学出版社,1997年6月版,611—612页。

国人的"历史"记忆基本是被《说岳全传》所统治的,除了"拐子马",如比武被岳飞枪挑的小梁王,挑铁滑车的岳飞麾下第一猛将高宠,身为金兀术义子后弃暗投明的双枪将陆文龙……这些人都是纯粹的虚构人物。牛皋将金兀术骑于胯下大笑而死、岳雷扫北直捣黄龙乃至朱仙镇大捷这些都是杜撰或夸大的情节。而"拐子马"这样的案例也说明,传说甚至侵入到史实记载当中,将军事史的可信度降低到神话和传说的层面。

撇去传说,针对郾城之战中的金军骑兵战术,仍有一些未明之处。比如,"拐子马"究竟只是一种泛泛的左右翼骑兵战术,还是以行动相对缓慢的铁浮屠重骑兵为居中的冲击军团,轻骑兵作为两翼机动力量执行的战术?这就涉及金军轻、重骑兵的编排组织问题,辨析清楚对进一步解读郾城之战将很有助益。

如果说宋军在顺昌之战中的防守反击,是在大规模野战中开步兵击败金军精锐重骑兵先河的话,那么郾城之战则在保留了顺昌之战"以步制骑"精彩元素的同时,还开了宋金"骑兵会战"的先河。从这一点而言,郾城之战在古代战史上的价值是略高于顺昌之战的。

宋高宗闻听郾城大捷后,也在诏书中对郾城之战极尽夸赞之能事:

> 自羯胡入寇,今十五年,我师临阵,何啻百战。曾未闻远以孤军,当兹巨孽,抗犬羊并集之众,于平原旷野之中,如今日之用命者也。

可见，岳家军"于平原旷野之中"击败金军，在那个时代造成了何等震动。

岳飞，当时的野战之王。放眼当时的金、宋两国，横刀立马，唯我岳帅一人。

必须说，完颜宗弼也不是等闲之辈。郾城之战后，他用了一两天就整顿好败兵，眼见奈何不了岳飞亲军，就转向颍昌府方向，集中了十余万人的兵力，企图歼灭王贵所部。这就是战史上著名的"颍昌之战"。

颍昌之战的规模甚至还要大于郾城之战。完颜宗弼集中了三万余骑兵、十万步兵的庞大战力，不过，金军步兵在郾城和颍昌两战中的行踪一向成谜，全数参战的可能性并不大，岳家军需要重点考虑的也就是那三万余骑兵。而宋军这边则有五个军，按照岳家军的军制，一个军的人数大约八千人，但因为五个军都不是全军，因此岳家军此战的人数应当在两万至三万人。

不过，颍昌之战的戏剧性和画面感要逊于郾城之战。一开始仍然是岳云带领八百背嵬军骑兵出场，与金军骑兵苦战数十回合，全军"人为血人，马为血马"，岳云前后十余次杀入敌阵，身受百余处创伤，活脱脱的杨再兴第二。此战的戏剧性之处是，岳家军的守城部队眼见形势不妙，便擅自从城中杀出支援，绕到金军背后，打了金军一个措手不及，顿时扭转了战场形势。这一战中，宋军共计杀死金军五千多人，俘虏两千多人，光各级军官就俘获了七十余人。

郾城和颍昌两战之后，宋军彻底掌握了中路战场的战略主动权，宋人心心念念的收复中原的计划从未如此接近成功。

南宋与金人开战以来，共计有五次大捷：和尚原、仙人关、顺昌、郾城和颍昌。这五次大捷在战绩上或难分轩轾，但与其他三战相比，只有郾城和颍昌两战才是真正意义上的野战对决。

直捣黄龙再评估

颍昌之战后，流行的说法是还有所谓最后一战的"朱仙镇大捷"：宋军以寥寥五百骑兵大败十万金军。这一源自岳珂并经由《说岳全传》"发扬光大"的说法在史学界已基本被驳倒，"朱仙镇大捷"被视作子虚乌有之战。但更可能的是，岳家军有可能曾经到过朱仙镇，也不排除发生过小规模前哨战的可能性，但"大败十万金军"这样大规模战役存在的可能性微乎其微。

颍昌之战也好，"朱仙镇大捷"也好，有没有"十二道金牌"也好，有一点是明确的：岳飞此后确实被迫奉诏班师，并在悲怆苍凉中发出了"十年之功，毁于一旦"的哀叹。

既然这是一本军事视角的书，就暂且不从政治和道义上讨论宋高宗、秦桧君臣的龌龊，以及岳飞的千古奇冤，不妨试问一下，如果岳飞不班师，继续北伐的话，有无可能实现"直捣黄龙"，从而剪灭金帝国的最终战略构想呢？或者说，可以将这个构想实现到哪个程度？是收复中原，还是收复燕云之地，还是可以直捣黄龙？

先看下当时的局势，宋、金在东、西两线处于战略僵持状态，岳家军在中线战场一枝独秀，两次大败后，完颜宗弼在短时间内很难再有实力与岳家军进行新的一次主力对决，大概率是继续北撤，将包括开封在内的河南之地让给岳飞。

除了锐气正盛的岳家军，宋军此时还有一个极大的战略优势。岳飞在此次出兵之前，就提出了"连接河朔"的方略，简单说就是，与"敌占区"的反金义军积极联络，给予各种支援，最大程度地搅乱金军后方。为了配合此次大军北上，岳飞在战前就派遣在河北地区声望斐然的数位将领，分别率领小股精兵潜入金人腹地，配合在河朔地区反金活动业已开展得如火如荼的义军作战。趁金军主力和宋军展开大决战时，多路敌后义军几乎同时发难，在金军后方展开大规模破袭战，收复了大量城池。留守后方的金军败况甚至比前线还要惨。一时间，金帝国在河朔地区的统治已是风雨飘摇。

抗金义军甚至写信给岳飞报捷：

> 河北忠义四十余万，皆以岳字号旗帜。愿公早渡河！（岳珂《鄂国金佗稡编续编》卷十四）

当时完颜宗弼还准备在河北签军，但他惊恐地发现，金国号令不出幽州以南，"河北诸郡无一人从者"。当然，"无一人"的绝对化说法可能也夸大其词了，但金国的诸多汉人官员的确已经留好后路，只待岳家军军旗一至，随时准备反正。

腹背受敌之下，完颜宗弼相对理性的选择就是即刻北撤，有不少史料显示，他的确做好了放弃开封的准备。

如此大好局面，可以说，如果不是宋高宗紧急叫停，在其他战场宋军桴鼓相应的情况下，当时岳家军凭借锐气一举收复包括开封在内的河南之地的可能性极大——毕竟岳家军距开封仅百里之遥。

但如果宋军其他各部都奉旨停止北上，仅凭岳家军一支孤军，别说收复燕云乃至直捣黄龙了，颍昌之战后是否还有余力继续北进攻取开封，都是未定之数，何况还要冒着被完颜宗弼反攻的风险。

为何如此悲观？

岳家军此番北上的兵力一共也就七万至八万人，历经两次大战、无数次小战，虽为大捷但战损恐怕不容小觑，再加上留守收复城池的，能继续北上的野战部队恐怕还不到六万人，这与岳飞当年提出的"以精兵二十万直捣中原，恢复故疆"的兵力规划相去甚远。

而对面的金军呢？尽管颍昌和郾城两战中金军受到重创，但毕竟没有打成歼灭战，两战对金军的杀伤都在数千人左右。完颜宗弼军主力尚存，尽管一时间丧失了主动进攻的能力，但在北撤退出河南之后，稍加喘息和补充后备兵员，仍可以重整出一支十万人以上的大军。有一种说法是，东路的主力部队张俊军先于岳飞军班师，使得"金兀术能够集中兵力来对付正在开封附近地区孤军奋战的岳家军，岳飞被迫班师显然与此有关"；而完颜宗弼新败后也在河北、河东与少数民族地区大举征兵，并准备再度南下。[①]

也就是说，如果岳飞单军突进，一举拿下开封的可能性也是

---

① 徐规《朱仙镇之役与岳飞班师考辨》，《杭州大学学报（哲学社会科学版）》，1978年第1期。

有的，但能否在完颜宗弼其后的大举反攻下以孤军守住开封就难说了。作为旷世名将，岳飞自然不可能复制汉武帝时代李广利以全军性命为筹码的赌博式进攻，理性选择也就是"被迫班师"。

那么，如果宋高宗改弦易辙，继续鼎力支持岳家军的北伐呢？

如前所述，岳家军自是可以收复河南之地，事实上，完颜宗弼大概率会不战而退，将空城开封留给岳飞。相应地，如果宋军趁此发动全面进攻，东、西两线同时发难，韩世忠在东线挺进山东，吴璘在西线恢复关中，都大有可为。

那么，再进一步的话，宋军收复燕云以及直捣黄龙呢？

对此，就很难下一定论了，因为涉及太多的推理与假设。但基本可以明确的是：在短期内，收复燕云举步维艰，直捣黄龙难如登天。

简单说几点直捣黄龙绝无可能的理由。

其一，在真实历史上，完颜宗弼在宋军从中原撤军后不到半年，就统兵九万对淮西发动主动进攻，可见金军远没有到元气大伤的地步，战力恢复的速度也极快。金军的骑兵优势尽管在顺昌、郾城和颍昌三战中光环消散，但只要金军认真总结战败的教训，获胜是不难的。毕竟，骑兵克制步兵作为古代战争史上的一则基本规律是不会长期失灵的。特别是，宋金此时的交锋战场都在适合骑兵长驱直入的华北平原，更有利于金军骑兵的战力发挥。

其二，从联金灭辽时的历史经验来看，宋人一贯有高估燕云汉人"心怀故国"的情怀误区，范仲淹就曾说过"幽燕数州，人本汉俗，思汉之意，子孙不忘"（范仲淹《范文正公集》），但当宋军联金灭辽进军燕云时,却远没有得到当地汉人"箪食壶浆"和"当以香花楼子,界首迎接"的"王师"待遇。同样,沿袭了辽帝国统治基础的金帝国在北方也没有那么丧尽民心,如陆游"遗民泪尽胡尘里,南望王师又一年"的叹息也只是南宋人的一种燕云想象罢了。

即使以最低限度来看,宋军在北方就地得到充足补给的可能性也不大,后勤供应仍然依赖江淮地区的输送,长驱北进时的补给线将会破绽百出,特别是宋军的后勤补给系统又一贯效率低下。反观金军,在家门口作战反而获得了补给优势,更有利于放大骑兵的机动性。如果战争真的打到辽东,离开了传统农业区,离江淮补给中心路途遥远,宋军的补给劣势将成倍放大,对岳家军的战斗力将形成极大的牵制。要知道,强如明初的徐达,在中原对蒙古骑兵的作战几乎无往不利,深入漠北之后就曾惨败于岭北之战,丧师数万。毕竟,岳家军再强也无法脱离战争的基本规律。

其三,对河朔义军的作用也不能过于高估。在真实历史中,宋军主力从前线撤军后,号称四十万的义军很快就土崩瓦解。从古代战争史的一般经验来看,对于非正规军的战斗力,以及动辄数十万的数量,都不宜过于当回事,大多数时候非正规军只有打顺风仗的能力,一旦金军在前线稳住阵脚,义军的作用也就仅限于在后方牵制金军部分兵力而已,很难成为金军的心腹之患。

其四,宋、金在绍兴和议之后进入战略相持阶段,固然是因为宋高宗君臣苟且因循,但根本上还是宋、金双方的实力对比趋于均衡。这不是哪个天才将领可以独力改变的。正如虞云国先生所言:"从绍兴末年金主完颜亮南侵,中经隆兴北伐,直至开禧北伐,不论率先发动战争的是宋还是金,从来都没能如愿以偿过,其间地缘政治的综合因素似在冥冥之中起着决定性的作用。"①

身为一代名将,岳飞对北伐中的风险不测不可能没有认真考量。在客观条件尚未完备的情况下,岳飞绝不可能兵行险着,冒着全军覆没的高风险强行北上。进攻主义绝不意味着冒进,谨慎也是一种"运用之妙,存乎一心"。

事实上,直捣黄龙很大程度上可能是岳飞为振奋大宋人心、军心所用的宣传语。无论在具体军事部署上,还是与宋高宗的沟通中,岳飞的中长期战略目标都是聚焦于"恢复中原",而这正是审时度势的冷静评估。

尽可能地还原岳飞北伐的具体军事部署,撒去后世那些对岳飞的夸张与神化,才是对岳飞这样一位千古名帅的最大尊重。毕竟,岳飞在战场上就是一个最务实求真之人。

最后,将克劳塞维茨在《战争论》中的一段话献给伟大的岳帅和岳家军:

> 如果有这样一支军队:在尸横遍野的战火中保持凝聚力,不会被虚幻的恐惧吓倒,能够强有力地抵抗现实的恐惧;会为取得的胜利感到自豪,即使在失败中也能服从命令,不会丧失对上级的尊敬和信赖;这种军队的体能就像运动员的肌

---

① 虞云国《南宋行暮:宋光宗宋宁宗时代》,上海人民出版社,2018年9月版,274页。

肉，在艰难困苦中得到过锤炼；他们把艰难困苦视为走向胜利的必要手段，而不是前进道路上的厄运；这样的军队有极强的荣誉感，恪守职责、不忘美德——这就是一支充满尚武精神的部队。

第九章

蒙古灭金：骑兵的终极版本

野狐岭：一战定兴亡

以历史的后见之明来看，历时二十四年的蒙金战争（1211—1234年），其实在第一个回合就已分出了胜负。

金大安三年（南宋嘉定四年，1211年）二月，成吉思汗亲自统军大举伐金。此前，蒙古为了伐金时剪其羽翼，自1205年始三次进攻西夏，1209年时更是包围了西夏都城中兴府，逼得西夏签下臣服纳贡的城下之盟。对蒙古人而言，此次伐金的一个意外收获是，西夏战事不利时曾求援于金，却招致金国幸灾乐祸的拒绝，金章宗甚至放言"敌人相攻，中国之福，吾何患焉"，导致金夏同盟破裂，双方在强敌在侧的情况下展开了长达十余年的互相残杀。

面对蒙古骑兵的长驱直入，女真人的第一反应是中原王朝式的消极防守——修长城。金国进一步加固此前开始修建的金界壕，打算依托界壕边堡在中都西北和蒙古军打一场筑垒防御战，全无当年金军吞辽灭宋时"骑兵驰突，四通八达"的野战主义风采。

而讽刺的是，就在金军统帅独吉思忠"用工七十五万"加固西北路约三百公里长的金界壕时，大安三年（1211年）七月，蒙古骑兵来袭，一举拿下了乌沙堡和乌月营，金军西北防线由此全面崩溃。

一个最简单的军事逻辑是，无论金军有何等雄厚的兵力，耗散在三百公里长的防线上就等于处处薄弱,成吉思汗只要集中数万兵力攻其一点,防线焉有不破之理。更何况,金人的金界壕防线还是临渴掘井,几十万民工暴露在蒙古军的刀锋下,一打起来就是雪崩式的溃逃,又如何组织有秩序的防御呢?

这也正如金平章政事图克坦镒所说:"自国家与蒙古交兵以来,彼聚而行,我散而守;以聚攻散,其败必然。"(《续资治通鉴·宋纪一百五十九》)在蒙古军聚焦一点的攻势面前,金军分散兵力的消极防守注定屡屡受挫,而这只是第一次罢了。

西北防线瓦解之后,金帝国当时的统治者完颜永济解除了独吉思忠的兵权,改任在金宋战场上纵横捭阖的完颜承裕为统帅。但完颜承裕干脆连据城打防御战的勇气都没有,将桓、昌、抚三州拱手让于蒙古军(另一说为野狐岭之战后),径直退往野狐岭(今河北省张家口市万全区)一线,似乎只有依靠险要山势才能让金军有一战的胆气。

对手连失三个坚城让蒙古军用兵野狐岭时没了后顾之忧。更重要的是,桓州(今内蒙古自治区锡林郭勒盟正蓝旗上都镇西北)是金帝国养马的牧监重地,它的陷落对渐渐衰落的金军骑兵造成了致命一击,不过这是后话,稍后再做讨论。

野狐岭之战前,完颜承裕号称有四十五万大军(一说为四十万),对阵成吉思汗的数万骑兵。但有理由相信,金军这一数字水分不小,不仅四十五万人可能是夸大其词,并且金军中很可能有相当一部分人是此前修筑金界壕的民夫。无论如何,金军中有野战能力的正规军不太可能有四十五万人。事实上,按照金朝的军制,此时金军正规军的总数都不到四十五万人,还要兼顾辽东、金夏边境、金宋边境（两淮和川陕）等多个战略方向，怎么可能拿出四十五万战兵置于野狐岭一隅呢？即使真的有四十五万人，其中相当一部分也是临时抽来的汉人签军，甚至是民夫，属于乌合之众。

对于金军而言，野狐岭虽然是利于防守的险要之地，但野狐岭也不是一个狭义的地理概念，金军在此仍然陷入了分兵防守的窠臼，山地作战还影响了金军各部的联络呼应，因此被木华黎一击即破。

事实上，广义的"野狐岭之战"由野狐岭之战和距离不远的浍河川之战两战组成，甚至有说法认为，金军在野狐岭上只有七千兵力，其后的浍河川之战的规模更大。怯战的完颜承裕原就无心在野狐岭决战，短暂对阵后就迅速撤离到浍河川（今河北省怀安县东），但还是被跟踪追击至此的蒙古军打到全军覆没。

无论是野狐岭还是浍河川，有一点是明确的，金军的确在广义的"野狐岭之战"中遭到了致命一击，死者蔽野塞川，"识者谓金之亡，决于是役"（《金史·完颜承裕传》）。

在野狐岭之战中，金帝国很可能丧失了当时唯一一支可以机动使用的野战军大兵团，但如之前所说，四十五万人是一个很有争议性的虚数，金军野战兵团的损失从数万人到二三十万人之间都有可能。

除了争议颇大的兵力损失，此战对金帝国的损害甚至远超战役本身。野狐岭之战后，金军在中都一带的兵力极度空虚，不得不紧急从各个战场调兵回来勤王，特别是从龙兴之地辽东也撤回来两万人。金崇庆元年（1212年），耶律留哥就在辽东发起了契丹遗民之乱，复辟了辽国。连锁反应随即而来，参加了野狐岭之战的金国大将蒲鲜万奴，攻伐耶律留哥失利后，对金国前途心灰意冷，于金贞祐三年（1215年）叛金，自立为天王，国号"大真"。

成吉思汗自然不会错过耶律留哥起兵的天赐良机，在1214年派木华黎进军辽东，仅用一年多时间就吞下辽东。金帝国自此彻底丧失了龙兴之地，上百万猛安谋克星离云散，金国战争潜力遭受重创。

野狐岭之战对金帝国的"国家威信"不啻当头一棒，让其陷入了烽烟四起的绝境。本就和金人撕破了脸的西夏由此坚定了对金倾国一战的决心。山东、河北一带的反金义军红袄军趁乱起事，短时间内即成燎原之势，规模最大时竟至数十万之众。金至宁元年（1213年），野狐岭之战中的败军之将胡沙虎发动政变，弑杀卫绍王完颜永济，拥立完颜珣为新帝，是为金宣宗。正是这位新帝，日后使出了抛弃中都南逃的昏招。

当然，野狐岭之战最直接的影响是，黄河以北至此成为蒙古铁骑任意驰骋之地，包括河北和山西在内的华北地区从此再无片刻安宁，金帝国的人口、农业，特别是财政陷入了持续失血的绝路。

作为金国都城的中都也不能幸免。尽管金军的中都防守壁垒森严，蒙古军几次围城都无功而返，但动辄被围的危局还是彻底摧垮了金宣宗的斗志和勇气。金贞祐二年（1214年），金宣宗顶着百官和太学生的反对强行宣布迁都至南京开封。

迁都固然让金帝国朝廷免于"天子守国门"，让蒙古军的"斩

"首"行动变得不再那么容易实行,但它存在极大的危害:让包括中都在内的黄河以北的金国守军人心沦丧。第二年(1215年)五月,蒙古军最终攻陷中都,金中都主帅完颜承晖服毒自杀。这也是蒙、金开战以来擅长野战的蒙古军攻克的第一座有标志性意义的超大城池。

相继失去辽东和中都后,曾经人口高达近五千万人的金帝国有效控制区实际上已经大幅缩小至当年北宋的北方地区,如果再考虑到红袄军在山东四处活动,金帝国政令真正可以通达的地区就只剩河南和陕西了。试问,仅凭这不大不小的地方,金帝国又如何展开复兴大计?更重要的是,朝廷拿什么去养活将要和蒙古人血战的数十万大军呢?

以上说的这几点都是野狐岭之战后非常直接的连锁反应,从这一点上来说,《金史》评论野狐岭之战"识者谓金之亡,决于是役",绝非危言耸听。

在蒙金战争的第一年,双方主力军团的第一次正面决战,金军就如此失利。这不仅令此前看似庞然大物的金帝国彻底丧失了战略主动权,从此片刻都没有脱离被动挨打的态势,更令金国提前预定了亡国的终局。

但野狐岭之战又不是与淝水之战同类的灭国之战,毕竟,金国在战后还坚持了二十三年之久。因此,更有意义的设问是,在一战定兴亡的野狐岭之战后,金帝国何以苟延残喘到1234年,而不是"旋踵而亡",其间甚至还出现过似是而非的"中兴"?

速决战打成了持久战

很遗憾,这个问题的答案与金国的"迷途知返"没什么关系。相反,金国迭出昏招。在与西夏鏖战的同时,金宣宗还于贞祐五年(南宋嘉定十年,1217年)侵宋,而理由居然是荒谬至极的"北失南补",不仅空耗了国力,还损失了本可用于金蒙战场的宝贵生力军。金末汉族文人刘祁在《归潜志》中喟叹:

> 南渡后,屡兴师伐宋,盖其意以河南、陕西狭隘,将取地南中。夫己所有不能保,而夺人所有,岂有是理?……嗟乎!避强欺弱,望其复振,难哉。

此时,金国形势已是危如累卵,有效控制区仅剩下陕西和河南。以前几年的进军速度而言,蒙古军面对的是一支已被严重削弱的金军,如果倾力灭金,至多也就是三五年的事情。

而金帝国之所以没有在野狐岭之战数年后就亡国,最重要的原因,或者说唯一原因就是:蒙古军的主力突然从蒙金前线撤了。

蒙古成吉思汗十二年(1217年)八月,成吉思汗封木华黎为太师、国王,全权指挥攻金。而成吉思汗亲率的蒙古军主力则在灭西辽后,发动了世界史上著名的蒙古西征,以十万左右的兵力,历时七年,一路打到了阿富汗、伊朗、格鲁吉亚和阿塞拜疆腹地,征服了中亚第一强国花剌子模,连带消灭了对方的四十万大军。

成吉思汗为何在再加把劲就可一举灭金的当口突然西征呢?

最直接的原因当然是花剌子模国王摩诃末杀掉了蒙古使节，但更根本的原因可能是，成吉思汗认为此时的金国只是待宰羔羊，灭国只是早晚而已。除了眼前苟延残喘的金国，还有远方，而正是这更远的远方定义了这位有史以来最厉害的征服者。也就是说，灭金这样一个小目标对于此时的成吉思汗而言有些无关紧要了，他的野心和壮志远不是一个金国可以容纳的。

那么，西征的成吉思汗留给木华黎多少人用来对付金国呢？乍一看也不少，十万人，但再仔细一端详，这十万人中正牌蒙古军只有区区一万三千人，其他都来自汪古部、契丹和汉人。

但就是木华黎这部偏师，以一派气吞万里如虎之势，一度打得金国只有招架之功，更别提什么夺回战略主动权了。当然，正如前所说，金军趁着成吉思汗远征的确也干了件大事：进攻南宋。

但气势归气势，仅凭木华黎这点人，继续掌控战争主动权或许是足够的，真想要灭金就难度过高了——当然，成吉思汗很可能也只打算让木华黎牵制金军。一直到1223年木华黎去世前，他都未能彻底摧毁金军的潼关防线和黄河防线。病死军中前，木华黎扼腕长叹：

> 我为国家助成大业，擐甲执锐垂四十年，东征西讨，无复遗恨，第恨汴京未下耳！汝其勉之！（《元史·木华黎传》）

土地越占越多，木华黎却又兵力有限，怎么办？木华黎也曾萌生一个天才的想法：分封汉人世侯。金宣宗南渡之后，山东、河北一带原本心向金国的诸多汉人地主武装眼见大势已去，纷纷转投蒙古,在木华黎那里也得到了相当高的礼遇和自主权。他们中的很多人日后都成为元帝国赫赫有名的汉人世侯,甚至被赋予藩镇和诸侯一般的权力——管理某一地区的军事、民事、财政以及设置僚属的世袭权力,其中最有名的就是张柔(日后灭宋于厓山的元将张弘范即其子)和史天倪、史天泽兄弟。

为了应付汉人世侯的威胁,金人推出了一项对标模式:九公封建。所谓九公封建,就是分封九个地主武装首领。由此,部分汉人地主武装鼎力支持金国,竟成了帝国末期的最主要军力之一。如果没有九公封建,金国将在河北、山东一带彻底丧失存在感,亡国时间也可能会提前数年。

在蒙古西征及其后几年中,蒙金战争从某种意义上来说就是一种"代理人战争",双方都用世袭诸侯的权位吸引汉人地主武装参战,一方是因主力去国万里兵力不足,一方是因作为帝国基本武力的猛安谋克日渐衰落,不得不另辟蹊径。

虽然之后金军有大昌原之战、倒回谷之战、卫州之战三次标志性胜利,但这三战是否真正延续了金国的寿命则很难说。

当然,同样很合理的说法是,当蒙古大军主动放弃一鼓作气灭金的时机之后,获得喘息之机的金军从起初的巨大陌生感中走出,逐渐熟悉了蒙古军的划时代战法,稳住了阵脚。当蒙古大军再次大举进攻时,势必要付出比一开始更大的代价,花更多时间,但因为实力过于悬殊,所谓"更大"也只是一个相对概念。只是,蒙古人本可以不给金军这个喘息续命的机会。

因此,可以断言,金国之所以能续命至天兴三年(1234年),将一场很可能在十年内结束的战争拖长至二十四年,快慢节奏始终都操控在率性而为的蒙古人手中。套用《三体》中那句流行语，就是"我何时毁灭你，与你无关"。

更残酷的事实在于，如果金军的战场表现比历史上更高一个层次，那么有可能激发出成吉思汗更强烈的征服欲，说不定他就推迟西征全力灭金了，如此，金国的亡国时间反而会提前。历史的荒诞在于，金军表现得差，反而可能多活几年。

这对于曾身为东亚第一强国，号称女真"满万不能敌"的金帝国而言，可能是与亡国同等屈辱之事吧。

失踪的女真铁骑

蒙金战争爆发时，金军之孱弱可能让睥睨天下的蒙古人也惊诧万分，特别是金军完全放弃机动性进攻而选择被动防守，以及严重缺乏韧性，一触即溃，完全颠覆了开国之初那支金军"坚忍"的历史设定。

一个非常合理的疑问是：那支曾经纵横天下的女真铁骑去哪儿了？

这个问题可以分两个层面探讨：第一，作为金帝国基本武力的女真猛安谋克为何在短短几十年中衰落如斯？第二，当年那支无坚不摧的金军骑兵特别是冠绝天下的重骑兵去哪儿了？为何在蒙金战争中几乎看不到铁浮屠的身影？

先说第一点。

《金史·兵志》说："金兴，用兵如神，战胜功取，无敌当世，曾未十年，遂定大业。原其成功之速，俗本鸷劲，人多沉雄，兄弟子姓才皆良将，部落保伍技皆锐兵。"1114年，完颜阿骨打定制以"三百户为谋克,十谋克为猛安",如同后世清帝国定立国之基为八旗制,猛安谋克制由此成为金帝国的基本军事制度。

自金熙宗时期(1135—1149年)始,女真人从上到下就开始了急速的汉化,海陵王完颜亮更是一度确立了汉地本位政策。女真社会的汉化在政治和文化上有诸多正面功效,但在汉化过程中,女真人也迅速丢失了尚武传统,"仅仅三四十年之后,女真人就尽失其昔日的勇锐"①。

海陵王末年,宋人曾嘲讽金军:"当其出军,其金人与亲戚泣别,自谓极边,有往而不返之虑。其军畏怯如此。"(《三朝北盟会编》卷二百三十)到了金世宗时代,女真人甚至私下对宋使抱怨:"旧时见说厮杀都欢喜,而今只怕签起去。"

尚武精神的丧失直接导致了女真人战斗力的江河日下。当时在金宋外交场合中有一种叫"射弓宴"的比赛,"双方在宴会上射箭以决胜负。金朝前期,金人在这种场合往往是胜多负少,然而从世宗以后,胜负就颠倒过来了","这种情况屡屡发生,令金人感到很失面子"。为此,金国派出了殿前右卫将军完颜守荣这样的高级职业将领参赛,竟然还是输给了南宋使臣。②

据估算,到了金世宗大定年间,金国可以动员的猛安谋克已有二十万人左右,比开国时有了不小的增长,③但此时的猛安谋克

---

① 刘浦江《松漠之间:辽金契丹女真史研究》,中华书局,2008年7月版,268页。
② 刘浦江《松漠之间:辽金契丹女真史研究》,中华书局,2008年7月版,268—269页。
③ [日]三上次男,金启琮译《金代女真研究》,黑龙江人民出版社,1984年2月版,393页。

却再也不是开国时那支精兵。金大定八年（1168年），金廷从猛安谋克中遴选侍卫亲军，"其中多不能弓矢"，可见猛安谋克战斗力的每况愈下已是普遍现象，以至于难以选出适合侍卫亲军这样的金军最精锐部队的兵员。正如刘浦江先生所说："金源一朝的盛衰，在很大程度上取决于猛安谋克的盛衰，金朝后期的猛安谋克完全丧失了战斗力，这对金的败亡有着举足轻重的影响。"[1]

就如同清代中期之后清帝对八旗的忧虑一样，猛安谋克的腐化也引起了金帝国上层的警醒。金廷重臣曾向金世宗完颜雍指出："军政不修几三十年矣，阙额不补者过半，其见存者皆疲老之余，不堪战阵。"（《大金国志》卷十七）金世宗深知女真人"不习骑射，不任军旅"，甚至破天荒地操心起金军连宋军都打不过。《金史·世宗本纪》载：

> 朕闻宋军自来教习不辍，今我军专务游惰，卿等勿谓天下既安而无豫防之心，一旦有警，军不可用，顾不败事耶？其令以时训练。

而金世宗的盛世危言也被证明不是杞人忧天。正是在金国最鼎盛的世宗年间，南宋川陕一带的边将曾不屑一顾地嘲讽猛安谋克"敌兵易与，十不敌部落一二"；而金军还真就从善如流地"招西蕃部落子为正兵"，以提升战力。（员兴宗《九华集》卷二四）

为此，完颜雍掀起了一场轰轰烈烈的改革，有学者称之为

---

[1] 刘浦江《松漠之间：辽金契丹女真史研究》，中华书局，2008年7月版，266页。

"女真本土化运动"①,希望借此唤醒族人的尚武精神。据《金史·宦者列传》载,世宗言:

> 祖宗以武定天下,岂以承平遽忘之邪?皇统尝罢此事,当时之人皆以为非,朕所亲见,故示天下以习武耳。

这一幕很难不让人想起康乾时的"木兰秋狝"。

但金世宗的努力最终被证明是枉费心机。到了金章宗时代,不仅迁居汉地的猛安谋克日趋文弱化,甚至连黑龙江下游地区的"新女真"——素以勇悍著称的胡里改人也开始文弱化,金军等同于丧失了原初意义上的最后"兵源地"。

既然作为帝国基本武力的女真猛安谋克与尚武精神渐行渐远,金国还能依靠谁?

契丹人肯定靠不上。不是说契丹人不能打,讽刺的是,金末的契丹人战斗力反而强过女真人。但问题是,有灭国之恨的契丹人对金国能有几分忠诚?金世宗曾有言:"异时或有边衅,契丹岂肯与我一心也哉?"金国历代帝王对契丹人都是昼警夕惕,卫绍王时期北边有警,他竟下令"辽民一户,以二女真户夹居防之"。这自然可以理解为防患于未然及深谋远虑,但套用索罗斯的反身性理论,如此行事的最大问题是,猜疑和防范会进一步加大契丹人的离心力,最终让完颜雍的猜忌陷入预言的自我实现。

蒙金开战第二年,契丹人耶律留哥就在辽东起兵,葬送了金

---

① 陶晋生《女真史论》,台湾食货出版社,1981年4月版,77—84页。

帝国的龙兴之地。野狐岭之战后，以契丹人为主的纠军一度成为当时金军最有战斗力的队伍，金宣宗迁都开封时，还以纠军作为精锐部队护驾，其后纠军却在中都附近哗变，转投蒙古，使蒙古人得以顺利打下中都。

抽调汉人参军显然是一个办法，毕竟汉人是金帝国的主体民族。与传统认知有出入的是，北方汉人对金帝国并非那么缺乏国家认同，更不是终日等着王师北进中原的状态，金帝国的汉化至少在争取汉人人心归附上是有正面作用的。但汉人签军战斗力低下的问题无法解决，这也成为金国兵制的一大弊病。

女真猛安谋克"不堪战阵"，契丹人"岂肯与我一心"，汉人签军"号泣怨嗟"。因此，当蒙古大军进攻时，金帝国的尴尬处境就类似太平天国起兵时的清军了：满蒙八旗不能打，接班的汉人绿营也跟着腐化了。

可以说，金军后期赖以与蒙古军周旋的，主要是一些杂牌部队。但谁说杂牌军不能打呢？湘军不也是清廷经制武力以外的杂牌军吗？

没错。在金代末期，最能战之师就要数忠孝军了。忠孝军由"河朔各路归正人"组成，民族成分极其复杂，包括回纥、乃蛮、羌、契丹、吐谷浑及逃亡汉人，给三倍军饷，"授以官马"。这支部队也就数千人，但在完颜陈和尚的指挥之下，取得了辉煌的抗蒙战绩。特别是在大昌原一役中，忠孝军以四百骑击破八千蒙古军，是金军在金蒙交战二十年来前所未有之大捷。

除了忠孝军，金末另外一支抗蒙中坚力量就是以汉人为主的民间抗蒙武装。除如武仙这样的封建九公武装之外，出身于抗蒙义军的还有郭仲元的"花帽军"。郭仲元号称大金国的最后名帅,曾在凤翔之战中逼得木华黎被迫撤围而归。

说完女真人战斗力严重下滑的问题,再说在蒙金战争中几无存在感的女真骑兵。

金军在开国之初本是一支纯粹的骑兵军团,"虏人用兵专尚骑""骑兵驰突,四通八达,步人不能抗",更曾有十七名女真骑兵击溃两千宋军的惊人胜绩。随着战线的拉长,虽然金军开始引入汉人步兵,但女真骑兵仍然是无可替代的绝对主力。

但在蒙金战争中,这支曾傲睨当时的女真骑兵去哪儿了?出场的怎么是一支消极防守、全无机动性的金军?

原因可能有三点。

第一,金军骑兵的主要构成是女真人的猛安谋克,当猛安谋克对骑射技艺日渐生疏,尚武精神被承平时光消磨殆尽之后,又怎么能指望当年那支精锐的女真铁骑还能存在呢?这就是一个"皮之不存,毛将焉附"的道理。

第二,随着时间的推移,金军开始像宋军一样更注重据城防守,战略思维也日趋保守。特别是面对蒙古骑兵时,金军已经失掉了野战和对冲的勇气,以进攻为天性的骑兵在金军中的地位也越来越边缘化。一个简单的逻辑是,在一支被防御主义主导的军队中,一个始终秉持进攻主义和以野战为灵魂的兵种在多数时候只能作为辅助性力量。

更何况,长期的边缘化也势必影响金军骑兵的装备水平、训练水平乃至实战经验,一旦到了真的需要骑兵站出来时,也很难起到"即插即用"的奇效,这就进入了一种恶性循环。千万别拿金军骑兵和宋军打的那几仗说事,后期的宋金战争再无法重现岳飞时代的宋金骑兵对决了,这种低层次的战争经验对金军骑兵聊胜于无。

更重要的原因可能是第三点:金军的马没了。蒙金战争初期,金军溃败过于迅速,连养马重地都顾及不了,将群牧司所在地桓州丢给了蒙古人。《元史》称"下金桓州,得其监马几百万匹,分属诸军,军势大振",几百万匹马很可能言过其实,但即使是几十万匹,对金军也是创巨痛深。更致命的是,金军从此失去了境内最佳的养马地之一。之后没几年,金军又丢掉了辽东和燕云之地,境内适合养马的重地基本扔给了蒙古人,马政再无复兴之可能性。金国从此陷入了类似北宋当年的"无处养马"的窘境。

有大臣曾上书金宣宗,"山东残破,群盗满野,官军既少,且无骑兵"(《金史·移剌福僧传》)。金军实际上也是被迫从步骑混编沦落为以步兵为主,更别提开国初一人双马的骑兵标配了。南迁之后,金国虽想在河南强行养马,重建骑兵,但一来在古代的牧业技术条件下,在黄河以南大量繁殖战马的成本过高,性价比很低,二来养马会侵蚀本就捉襟见肘的农地,加剧金国岌岌可危的粮食和财政危机。

轻重骑兵之争

若要讨论蒙金战争中的金军骑兵,还有一个不容忽视的维度是:女真骑兵和蒙古骑兵是同一类型的骑兵吗?他们战术风格的不同是否也影响了战场交锋时各自的表现?

本书此前曾谈到轻骑兵和重骑兵,他们最主要的区别就在于战马是否披挂马铠。

金军极其重视重骑兵,复兴了南北朝重骑兵的甲骑具装传统。在战术风格上,除同时代通行的骑射战术外,金军更崇尚"一阵退,复一阵来,每一阵重如一阵"的正面冲击白刃战,即所谓"冲击—撤离—再次冲击"的马镫时代重骑兵经典战术。在宋金战争中,完颜宗弼最倚重的一支精锐部队就是堪称中国重骑兵巅峰的铁浮屠,"兜鍪极坚,止露两目,所以枪箭不能入"。这很可能是中国古代最接近中世纪欧洲超重装骑兵的部队。

蒙古骑兵则几乎无条件地强调机动性。为了机动性,他们可以牺牲部分防御性,特别是战马不披马铠这一点。轻骑兵也由此成为蒙古骑兵中的主力兵种。在战术风格上,蒙古骑兵也相对更崇尚能发挥机动性的骑射,而不是正面冲击,"蒙古战士主要是轻装弓骑兵","大多装备轻型护甲,但他们的护甲是以皮革或金属制成的薄甲,较锁子甲更善于防箭","在将马的机动性与弓箭的火力相结合这一方面,蒙古人是最为精熟的"。①

当然,蒙古骑兵并不是完全排斥正面冲击战术,曾出使蒙古的南宋人彭大雅在《黑鞑事略》中说,蒙古骑兵"每以骑兵轻突敌阵,一冲才动,则不论众寡,长驱直入。敌虽十万,亦不能支"。虽然彭大雅的记录有可能言过其实,但至少印证了蒙古骑兵的冲击能力很强。有一种说法是,蒙古骑兵"通常只有在敌人阵形散

---

① [美]梅天穆,马晓林、求芝蓉译《世界历史上的蒙古征服》,民主与建设出版社,2017年10月版,121页。

乱或变弱的决定性时刻,才直接与敌人近距离交锋",在大多数时候,他们"将草原上的战术推向极致,例如包围战术和'假撤退'战术。这些战术将他们的弓箭技巧和机动性发挥到了极致,使他们能够保持在敌人武器射程之外"。①

更准确地说,蒙古和金国的骑兵军团其实都是"混装骑兵",兵种上重骑兵和轻骑兵混编,战术上也是冲击和骑射战术混用,所谓轻重之分更体现在侧重点和核心竞争力之不同。

蒙金骑兵的"轻""重"定义甚至可能有所不同。蒙古重骑兵的"重",是相对于骑士只戴头盔而不穿铠甲的蒙古轻骑兵而言的,与以铁浮屠为代表的金军重骑兵相比,蒙古重骑兵要"轻"得多,战马也仅仅披有少量皮制护甲。而金军轻骑兵的"轻",也是相对于人穿双层铁甲、马全身披甲的金军铁浮屠而言的,一些金军轻骑兵"甲止半身",战马也只披轻铠。

总体做个比较,女真骑兵更"重",更注重防御性;而蒙古骑兵更"轻",更强调机动性。

对蒙古骑兵的一大利好是,轻骑兵天然就可以克制重骑兵。甲骑具装是骑兵针对步兵的产物,在骑兵之间的战斗中并不适用,"马铠会增加战马的负担,使战马过早疲倦,影响奔跑。这点机动性的降低,在冲击步兵时影响并不明显,因为步兵的速度和骑兵差距太大;但当交战双方都是骑兵时,马铠对战马速度的影响可

---

① [美]梅天穆,马晓林、求芝蓉译《世界历史上的蒙古征服》,民主与建设出版社,2017年10月版,121页。

能就是致命的了"①。

也就是说,重骑兵的优势是利用其高防御性来冲击步兵结阵,而如果对手并没有太多步兵,反而是轻骑兵时,重骑兵最好的战法是脱掉马铠,让自己也变成轻骑兵。这也正是唐初在面对突厥骑兵的威胁时,唐军抛弃南北朝甲骑具装骑兵传统,转向轻骑兵的重要原因。

在实战中,蒙古骑兵的确摸索到了克制重骑兵的有效战术,与一千年前帕提亚骑兵以快制慢的"帕提亚战术"颇有相似之处。蒙金骑兵军团会战的战例不多,这种战术在蒙古西征中表现得更为淋漓尽致。当面对欧洲重骑兵时,蒙古骑兵往往"向敌阵派出多波战士,每一波都在冲锋的同时射箭,并在与敌军接触之前退却,回转至己方阵线。他们射出最后的箭矢并退却时,距离敌军约四十至五十米。这段距离足够他们的箭矢穿透敌人的护甲,同时也足以使他们避开敌人的反冲锋"②。

也就是说,蒙古骑兵根本不给对方重骑兵什么近距离白刃战的机会,以西欧重骑兵的"龟速",进攻时完全追不上蒙古轻骑兵,等到重骑兵休息时,蒙古骑兵再掉头回转来发射一轮箭雨……这样反复数个回合,蒙古人凭借机动性优势和佯退战术,不仅利用弓箭大量杀伤对方重骑兵,也将对方的体力和士气消耗殆尽。此时,差不多就是蒙古骑兵全线压上,用白刃战最后解决

---

① 李硕《南北战争三百年:中国4—6世纪的军事与政权》,上海人民出版社,2018年1月版,65页。
② [美]梅天穆,马晓林、求芝蓉译《世界历史上的蒙古征服》,民主与建设出版社,2017年10月版,122页。

对方的时机了。蒙古骑兵并非不擅长冲击肉搏战，只是使用骑射战术更易发挥其高机动性的比较优势而减少伤亡。

很多人也许会问，难道重骑兵的铠甲无法抵御蒙古弓箭的攻击吗？这是因为蒙古骑兵装备的是双曲反弯复合弓，配备两种箭，"一种比较轻，箭头小而尖利，用于远射；另一种比较重，箭头大而宽，用于近战"[①]。双曲反弯复合弓拥有惊人的穿透力和射程，在一百五十米内的较短距离战斗中，这种弓射出的箭大概率能够洞穿锁子甲和其他护甲。蒙古骑兵根本不怕接近重骑兵——反正你也追不上。重骑兵的防御性优势被破解，在机动性上又完全无法与蒙古骑兵匹敌，这仗能打成怎样也就不言自明了。

因为具备高机动性和举世无双的耐久性，蒙古骑兵不仅可以进行卫霍式的长途奔袭，更可以长期保持机动性。因而蒙古骑兵可以承担如西征这样经年累月跨境作战的任务，用坚忍和耐久性耗死同时代所有军队。

除了蒙古骑兵出身于牧民的体制优势，蒙古马也是蒙古式持久战的重要助力。蒙古马的爆发力和速度不如其他马种，但耐久力却是无可匹敌的，并且能耐各种气候，特别是严寒。蒙古骑兵战略上重视长途奔袭，战术上强调大范围拉扯、忽进忽退和多回合作战，尽量避免速决战，这些都极其契合蒙古马的"基础设定"。

---

① ［美］T.N.杜普伊，严瑞池、李志兴等译《武器和战争的演变》，军事科学出版社，1985年6月版，93页。

蒙古骑兵不仅早已实现了一人双马这样的游牧帝国标配，在远征中每人配给的马匹甚至可以高达三至五匹。这些马紧跟在部队的后面，在行军过程中，甚至在战斗进行时都可以随时替换。这样雄厚的马匹配给在世界战争史上也是开创性的。即使其中一匹马疲乏或受伤，仍然不影响蒙古骑兵的机动性，这使他们在战斗中可以轻易拖垮对方一人单马甚至是双马的骑兵军团。"机动性使蒙古人造就了一种不可复制的战斗风格，直到二十世纪机动车辆应用于军队，这种情况才有所改观。"[1]

《世界军事历史全书》也写道："成吉思汗部队的机动性从没有其他的地面军队能与之匹敌。""蒙古军队运动的快速性使他们总能在决定性地点获得力量优势，这是一切战斗战术的最终目的。通过采取主动并最大限度地利用其机动性，几乎总是蒙古军队指挥官而不是他们的敌人在选择决战的地点和时间。"[2]

蒙古骑兵连战斗力正处巅峰的欧洲重骑兵都不畏惧，难道会怕战力步入下行，连军马都凑不齐的金军重骑兵？

在蒙金最后一次大战三峰山之战中，金军的两万骑兵及十三万步兵就像猎物一样一步步地被跟踪攻扰的蒙古骑兵耗死。蒙古骑兵出没无常，围而不战，轮番修整，待金军人困马乏士气崩溃之时，再发动致命一击。最大的讽刺可能在于，金国女真骑兵在开国时本也以"坚忍"闻名于世，"能寒暑"，"惯苦战"，"忍

---

[1] ［美］梅天穆，马晓林、求芝蓉译《世界历史上的蒙古征服》，民主与建设出版社，2017年10月版，123页。

[2] ［美］T.N. 杜派、R.E. 杜派，传海等译《世界军事历史全书》，中国友谊出版公司，1998年8月版，286页。

耐坚久，令酷而下必死，每战非累日不决"，但当女真骑兵的这一特质日渐衰退之时，蒙古人却将"坚忍"和耐力提高至超越金军巅峰时代的高度。

从大历史的角度来看，蒙古骑兵的崛起也彻底终结了中国战争史上持续上千年的轻骑兵与重骑兵之争。机动性被证明是骑兵的核心价值，而战术上则是升级版的骑射战术颠覆了卫霍开创的"冲击型战术优胜论"。相应地，金军铁浮屠也成了中国战争史上最后的重骑兵神话。

而在同时代的西方，欧洲重骑兵在惨遭蒙古轻骑兵的荼毒之后，又直面了英国长弓兵的强力挑战。特别是在1346年的克雷西战役中，当时欧洲最精锐的法国重骑兵被英国长弓兵击败，成为欧洲重骑兵衰落的里程碑。

就骑兵的发展而言，蒙古骑兵成为世界战争史上的骑兵终极版本。蒙古骑兵将骑射战术和正面冲击战术结合得臻于完美，无论是对付步兵，还是应对骑兵，蒙古骑兵都可以凭借其无与伦比的机动性找到克敌之术。

因此，不少西方军事史家也认为，德国二战时的装甲部队闪击战术的原始思想资源就来自崇尚机动性超越一切的蒙古骑兵。无论是在闪击波兰之战中，还是在六周闪击法国之战中，速度和机动性成为德国装甲部队压倒一切的战术方针。就如德国装甲之父古德里安所实践的那样，尽量使坦克运动迅速，不顾敌人的阻挠，不顾侧翼安全与否，一直向前运动，使敌人无法建立一个新的防线，最后把攻势深入敌人的后方。英国军事史大师富勒更是断言："在机械化战争中，首要的作战手段是速度，而不是火力。"①

从三峰山到蔡州

金元光二年（1223年）十二月，金宣宗完颜珣驾崩，完颜守绪即位，是为金哀宗。金哀宗可以说是中国历史上评价最高的亡国君主之一：崇祯皇帝以殉国得享令名，而金哀宗同样以身殉国，在政治能力上他还显著强于崇祯。但奈何金哀宗接手时金帝国已是残山剩水，面对的还是世界史上最狂暴的征服帝国，最终还是无力回天。

金哀宗一上台，就在军事上做了几项非常及时的重大调整。

第一，他改变了宣宗时代自不量力的"三面对敌"战略，分别于正大元年（1224年）与正大二年（1225年）停止了对宋和对夏的战争，但金帝国已在这些无谓的战争中邦国殄瘁，特别是金夏战争，被《金史》指斥为"构难十年不解，一胜一负，精锐皆尽，而两国俱弊"。

第二，金哀宗提拔并重用了一批新生代名将。金哀宗时的一大变化是，金军突然恢复了开国之初将星云集的盛景。要知道，早在完颜宗弼时期，金军就开始陷入名将青黄不接的窘境；至金蒙开战时，金军的一线将领都是独吉思忠、完颜承裕和胡沙虎这种畏蒙如虎、临阵即溃的庸将。《金史·侯挚传》中侯挚上章批评说：

---

① ［英］J.F.C. 富勒，胡毅秉译《第二次世界大战史：战略与战术》，台海出版社，2018年6月版，44页。

从来掌兵者多用世袭之官，此属自幼骄惰，不任劳苦，且心胆怯懦，何足倚办。

而在金哀宗时，涌现出一大批如完颜合达、移剌蒲阿、蒲察官奴和完颜陈和尚这样的名将，特别是忠孝军统帅完颜陈和尚，堪称金末第一名将，在大昌原、卫州和倒回谷三战中光芒万丈，甚至击败了蒙古西征的名将速不台。金哀宗还成功劝归了此前叛金投蒙的汉将武仙，不计前嫌，继续授予他重权，而武仙此后也不负所望地为大金国奋战，至死方休。

第三，金哀宗建立了忠孝军。这也成了金帝国末期最后的荣耀。忠孝军人数不多，成立之初也就千余人，最辉煌的一战大昌原之战仅以四百人就大破蒙古军八千人。忠孝军战力强大的原因之一是：这是一支金哀宗举全国之力打造的精锐骑兵军团，因为军马有限，只能走精兵路线。成立忠孝军凸显了金军重建骑兵，与蒙古骑兵打野战的雄心，恢复了开国之初女真骑兵一人双马的规制。当然，这和蒙古军一人三至五匹马仍然相差悬殊。而在战术上，忠孝军很可能在力图恢复女真重骑兵的传统，在大昌原、卫州和倒回谷这三次对蒙大捷中，都可以看到女真重骑兵正面冲击敌阵的记录。

尽管以上说过"轻骑兵克制重骑兵"的基本规律，但这是置于双方在正面战场上大规模野战的设定之下，轻骑兵可以任意利用机动性进行大范围拉扯。如果是在突袭、狭窄战场等非正面野战的特殊情境下，重骑兵的冲击优势和防护优势仍然可以撕碎一切近战之敌。

金哀宗重建骑兵的努力立竿见影,《金史·兵志》甚至认为新建骑兵的战力已不下于开国之初:

> 自正大改立马军,队伍鞍勒兵甲一切更新。将相旧人自谓国家全盛之际马数则有之,至于军士精锐、器仗坚整,较之今日有不侔者,中兴之期为有望矣。

除力挽狂澜的主观努力以外,完颜守绪起初的运气也不错。他继位这一年正值蒙古全权负责攻金的主帅木华黎因病去世,成吉思汗和蒙古军主力也尚在西征途中(1225年回到蒙古),金哀宗不仅利用这个稍纵即逝的时间窗口重整了金军,还在山西等地收复了部分失地,令人有了一些"大金中兴"的幻觉。

的确,从此时金军的战略态势来看,短时间内亡国的可能性看似已不复存在。金军在经营多年的"关河防线"(潼关和黄河)一线集结了三十万重兵,蒙古军正面强攻屡攻不下;再以完颜陈和尚与武仙率领的精干机动兵团,冷不防咬上蒙古军一口,且频频得手。金军此时唯一可见的软肋反而不在军事本身,而是千疮百孔的财政状况,财政危机极大地妨害了金军的战时后勤供给。有种说法甚至认为,金军日后在三峰山之战的惨败就部分缘于没有足够的冬衣。这是不是让你想起了莫斯科战役时的德军?

对于金军的"关河防线",《元史·太祖本纪》载成吉思汗还特意留下了"借道南宋"的遗言:

> 金精兵在潼关,南据连山,北限大河,难以遽破。若假道

于宋，宋、金世仇，必能许我，则下兵唐、邓，直捣大梁。金急，必征兵潼关。然以数万之众，千里赴援，人马疲敝，虽至弗能战，破之必矣。

成吉思汗于1227年去世后，三子窝阔台于1229年继位，决意全力攻金，在短时间内解决这个历史遗留问题。

之后蒙古灭金的方略也的确是基本遵照成吉思汗遗言而行的，唯一的订正是：因为南宋不愿意借道，蒙古军干脆用武力强行借道。1231年秋，窝阔台下令三路攻金，其中拖雷的西路军为蒙古军主力，实施成吉思汗的包抄战略。

拖雷战前转述降人李昌国之言："金主迁汴，所恃者黄河、潼关之险尔。若出宝鸡，入汉中，不一月可达唐、邓。金人闻之，宁不谓我师从天而下乎！"（《元史·拖雷传》）拖雷的大迂回果然让金军的"关河防线"阵脚大乱，与二战初德军避开马其诺防线，绕道比利时、荷兰的那记"右勾拳"异曲同工。金哀宗只得极其被动地调驻守潼关的完颜合达、移剌蒲阿、完颜陈和尚与黄河一线的武仙所部，共计二十万大军，紧急回师救援南京开封。

接下来不久，犹如金军噩梦的三峰山之战爆发了。此役，拖雷以不到四万的骑兵，对决含两万骑兵在内的十五万金军。拖雷所部将蒙古军的机动性和耐久性两大优势发挥到了极致，一路像猎手追踪猎物一样追逐金军，围追堵截，只骚扰而不决战，极其耐心地等待战机，"毋令彼得休息，宜夜鼓以扰之"。金军不仅被袭扰得疲惫不堪，还因缺粮陷入饥寒交迫之中。当金军行至位于钧州（今河南省禹州市）附近的三峰山时，已断粮三天，恰逢此时天降大雪，金军"僵冻无人色，几不能军"，那些身穿冰冷重甲的重骑兵境遇可能更为凄惨。

这对于习惯了恶劣生存环境的蒙古骑兵和蒙古马而言，正是围猎收网的时机。拖雷不等与大汗窝阔台的亲军会师，向众将宣称"机不可失，彼脱入城，未易图也"，随即采取"围三阙一"的战术，主动给金军放开一条去往钧州的逃生之路，然后趁金军夺路而逃之时，"奋击于三峰山，大破之，追奔数十里，流血被道，资仗委积，金之精锐尽于此矣"，"自是金军不能复振"。（《元史·拖雷传》）

三峰山一战，金军失去了最后一支主力机动兵团。哀宗寄予厚望、苦心经营的两万骑兵也全军覆没，还损失了完颜合达、移剌蒲阿和完颜陈和尚这三位金帝国最优秀的将帅，一大批在蒙金战争中涌现出来的骨干将领也陨落在三峰山上。

之后的蒙金战事就只是走一个过场，历史的垃圾时间罢了。

三峰山败报传开后，金军潼关守将即刻开关降蒙。两个月后，蒙军围攻金国南京开封，金军守城时使用了当时最新式的火器震天雷和飞火枪。在开封城中目睹战事的刘祁在《归潜志》中记录："北兵攻城益急，炮飞如雨……莫能当。城中大炮号'震天雷'应之，北兵遇之，火起，亦数人灰死。"但横空出世的震天雷等火器终究稚嫩，还是未能为败亡在即的金帝国扭转乾坤，反而成了日后蒙古军第二次西征时的秘密武器。

金天兴元年（1232年）十二月，金哀宗眼见开封矢尽粮绝，一路辗转突围到了蔡州。天兴二年（南宋绍定六年，1233年）十一月，达成联合灭金协议的宋军与蒙古大军在蔡州城下会师。

金天兴三年（1234年）正月十一，蔡州城陷，金哀宗自缢，前一天刚刚即位的金末帝完颜承麟战死于巷战之中，金亡。

在蒙古骑兵这个人类历史上的骑兵终极完美版本面前，再去讨论"金以儒亡"就有些草率了。

第十章

朱棣北伐：神机营开火

第十章　朱棣北伐：神机营开火

从明永乐八年（1410年）至永乐二十二年（1424年），明成祖朱棣五次北伐蒙古，最后一次甚至驾崩于回师路上。尽管成祖重创蒙古，但始终没有一劳永逸地解决漠北问题。短短二十五年后，即正统十四年（1449年），就爆发了土木堡之变。

有三个在时间线上密切相连的问题随之而来：一百多年前横扫天下的蒙古骑兵为何不是明军的对手，被一路从中原打到漠北？朱棣北伐为何没有克竟全功？遭到重创之后，蒙古骑兵又为何迅速恢复了元气，可以在土木堡前后将明朝打得几至亡国？

明军vs蒙古骑兵，数十年间的数次攻守易势，是中国战争史上最有争议性的大事件之一。

朱元璋北伐

朱棣北伐前，明军和蒙古军（元军）已鏖战了四十多年。

元至正二十七年（1367年）十月，在基本扫平南方群雄后，朱元璋命徐达和常遇春率军二十五万北伐大都。在内战中虚耗实力的元军无力抵抗明军的如潮攻势，至正二十八年（明洪武元年，1368年）八月，明军攻克大都。按照明朝的官方口径，元朝就此灭亡。此后，明朝称漠北元朝政权为"残元""故元"，后称其"鞑靼"。漠北元朝在1402年前国号仍为"大元"，后多以"蒙古"为主。史书上多称"北元"。

但此时北元的实力仍然是极其雄厚的，还控制着从蒙古草原到辽东的广阔地区。蒙古骑兵在之前的战争中基本是一路北撤避战，主力尚存。为了消弭北元的威胁，从洪武三年（1370年）到洪武二十九年（1396年），朱元璋向北元发动了八次北伐，其中第五次和第六次的战果尤其辉煌：第五次北伐全歼了北元太尉纳哈出的数十万部众，肃清了元在辽东的势力，辽东从此成为大明的势力范围；第六次北伐由蓝玉率领十五万大军出塞，洪武二十年（1387年）在捕鱼儿海抓住了北元朝廷和禁卫军主力，北元各路兵马在此战中损失了十万人左右。北元第三任君主天元帝脱古思帖木儿虽逃出生天，但不久后就在内讧中被杀，这也标志着元顺帝在塞外重建的朝廷分崩离析，其君主此后不再有汉式年号、庙号、谥号。

八次北伐之后，曾经不可一世的蒙古骑兵被打成了一支连装备都残缺不全的残军。尽管此时的蒙古对大明已无灭国威胁，"恢复中原，光复大元"已成具文，但他们仍然具备类似当年匈奴一样的大规模入寇抢掠能力。据朱元璋本人估计，"胡人之马计有十万"，而明军边防骑兵虽也有十万，但分布在由东至西"不下六千里"的漫长战线上，各处能集结的"多不过两万"，"若逢十万之骑，虽古名将亦难于野战"。

在骑兵不足且"彼聚我散"的情况下，朱元璋制定的新战法是步骑结合且尽量减少野战，要求边防军尽量待在据点附近，"方今马少，全仰步军，必常附城垒"，以免被蒙古骑兵在野战中以多击少。如果骑兵一定要单独行动，"止可去城三二十里"，一旦遭遇蒙古骑兵的大举进犯，则可退回城池固守，"以待援至"。

可以看出，朱元璋已经基本放弃了八次北伐期间的主动进攻战略，转而奉行筑垒防守战。据《明太祖实录》记载，在与燕王朱棣等皇子的交流中，朱元璋表示自己一贯主张持重防守，奈何诸将主攻：

> 吾用兵一世，指挥诸将，未尝败北，致伤军士，正欲养锐，以观胡变。夫何诸将日请深入沙漠，不免疲兵于和林，此盖轻信无谋，以致伤生数万。

朱元璋为何突然一改明军的野战主义的倾向，转向筑垒防守？其中一个很重要的原因就是徐达在洪武五年（1372年）第二次北伐时的岭北之败，此役明军丧师可能高达数万人，不仅是元室自北遁后取得的最辉煌胜利，也号称明军建军以来的最大惨败。时隔多年，朱元璋对岭北之败仍心有余悸。

当然，从根本上而言，朱元璋可能从一开始，或迟至岭北惨败，就放弃了彻底剪灭北元之念，他的数次大举北伐与其说是为了灭元，不如说是为了消弭北元对明朝的军事及政治威胁。既然北元的威胁不复当年，朱元璋也不必再大规模北伐，因为北伐不仅劳师糜饷，而且要承担巨大的军事风险。

朱元璋驾崩前，留下了一个苦心搭建的北方边防体系：在体制上，以藩王守边为基础，设立了包括燕王朱棣、宁王、晋王、谷王等在内的"九大塞王"体制；在战略上，放弃大规模战略进攻，转向战略防御；在战法上，奉行筑垒防守，放弃野战；在军队建设上，大力建设骑兵军团。第六次北伐的首功就要记在蓝玉亲率的五千精骑身上，他本人还被朱元璋盛赞，称"虽汉之卫青、唐之李靖，无出其右"，因此朱元璋寻求扩建骑兵军团。但受制于马匹数量，明朝北方边防军仍以步兵为主。

与前代相比，朱元璋这套边防体系并没有什么出彩之处，与金国当年凭借界壕消极防御蒙古骑兵如出一辙，同样面临着"彼聚我散"，蒙古骑兵可以集中兵力轻易突破。事实上，明朝这套边防体系之所以在一段时间内行之有效，也是受益于朱元璋和朱棣的大规模北伐，使得北元元气大伤，在短期内丧失了大规模进攻能力，而不是这套边防体系有多么高明。

明蒙骑兵对决

建文四年（1402年），打赢了"靖难之役"的朱棣在南京即位，次年改元永乐。此时，北方的形势正变得更加波诡云谲。

先说两个基于明朝视角的好消息。第一，北元政权此时连名义上的统一都难以维系，从西往东分裂为三大部分：西边的瓦剌（清朝时也称"卫拉特""漠西蒙古"）、中间偏东的蒙古本部（又称东蒙古，明人蔑称为"鞑靼"）和辽东的兀良哈三卫[①]。其中瓦剌和鞑靼最为强大，朱棣即位时，双方正以武力争夺全蒙古的主导权。第二，在失去中原的物资供应之后，蒙古骑兵难以从冶铁业不发达的蒙古草原获得充足的铁质装备补充，从骑兵铁甲到重骑兵的

[①] 脱古思帖木儿被明军击败后，北元属下辽王阿札失里降明，明分封其所领三个千户所为三卫所，分别称为"朵颜""泰宁""福余"，统称"兀良哈三卫"或"朵颜三卫"。

马铠，甚至弓箭的铁质箭头，都处于短缺状态。这必然导致蒙古骑兵战斗力的下降，尤其是面对步兵结阵时的正面强攻能力。

再说两个关于明朝的坏消息。第一，藩王出身登上皇位的朱棣为了根除出现下一个"朱棣"的可能性，废除了藩王守边国策，对于北方边防前线而言，此时的防御体制正处于某种制度上的真空状态；第二，洪武二十九年（1396年）之后，明军已停止了对蒙古草原的大规模进攻，给了连年战祸的蒙古人一个难得的休养生息机会，蒙古骑兵在未来可能会卷土重来。

永乐六年（1408年），鞑靼的实际控制人阿鲁台拥立元顺帝曾孙本雅失里为蒙古大汗。按照蒙古人的政治惯例，只有身为成吉思汗子孙的黄金家族成员才有资格成为蒙古大汗，不过他们也只是"成为大汗"，此时在鞑靼和瓦剌掌握实权的都是权臣，并非他们各自拥立的大汗。自捕鱼儿海之战后的二三十年间，蒙古大汗的威望已降至谷底，甚至一度出现过非黄金家族成员的大汗。

本雅失里称汗之后，明朝与鞑靼的关系急转直下。永乐七年（1409年），阿鲁台杀掉了明朝使节，彻底与朱棣撕破了脸。

闻讯后，朱棣任命丘福为征虏大将军，率领十万骑兵出征漠北——请注意，是十万骑兵，可见虽经靖难之变的消耗，明帝国此时的马政事业较朱元璋时期还是有着稳健进展的，已可以一次性组织十万人这样的大规模骑兵军团出击。

在靖难之变中，作为北方边防军组成部分的朱棣军作战风格本就偏重于野战和骑兵突击，军中还有大量来自朵颜三卫的蒙古骑兵。在白沟河之战中，朱棣还曾亲率数千重骑兵突入南军的密集步兵结阵中，其间三易其马，最后还是以骑兵绕后攻击，才决定性地击败了李景隆号称六十万的大军。可以说，骑兵，特别是重骑兵的强大正面攻坚能力与突击能力，是朱棣得以在兵力处于绝对劣势的情况下，打赢靖难之变的关键因素之一。

在此时的明军中，丘福是一名非常卓越的骑兵统领，靖难之变中他曾多次担任全军的突击先锋，屡屡在关键战役中用骑兵冲击撕开南军防线，故有"靖难功臣第一"的说法。

尽管在大军出征前，朱棣曾反复叮嘱丘福不要轻敌，"军中有言敌易取者，慎勿信之"，告诫他即使不见蒙古骑兵的影踪，也应该像时时面对敌人一样，相机进止，不可固执己见。但战功赫赫的丘福并未将皇帝的叮嘱放在心上。永乐七年（1409 年）八月，兵至蒙古腹地后，急于建功的丘福撇下大军，率千余轻骑先行。阿鲁台沿用了自成吉思汗以来蒙古军队的经典战术——诈败和诱敌，引诱丘福的偏师孤军深入，在胪朐河以优势骑兵围歼明军，丘福被俘遇害，"一军皆没"。剩余的近十万明军主力没有了主心骨，其后也被鞑靼骑兵击溃，朱棣时代的第一次北征以明军的一败涂地而告终。

明军十万骑兵的溃败，只是丘福一人的责任吗？有论者指出，"正史中用太多的笔墨记述朱棣对丘福出征反复叮嘱，溢美之词过多，反倒令人感到并不真实，那不过是史官们对于皇帝错误的掩饰"[①]。

过于轻敌，是朱棣君臣共同的问题。胪朐河之战前，强大的明帝国中很少有人想到，当统一的蒙古大军不复存在之时，仅仅是其中的一支鞑靼骑兵也可以在野战中歼灭十万明军骑兵。鞑靼

---

① 商传《明成祖大传》，中华书局，2018 年 1 月版，291 页。

骑兵的战术也并不出奇，无非是诱敌和诈败这些已有两百年历史的蒙古骑兵经典战术，明军会入坑，主要还是过于轻视蒙古骑兵所致。

事实上，过多批评丘福的轻骑突袭意义不大，胜败同源而已。当年蓝玉在捕鱼儿海取得朱元璋八伐蒙古中的最大一胜时，所采用的是与丘福几乎同出一辙的战术，不同的是，蓝玉甩下十五万大军，亲率五千精骑突袭蒙古而大获成功。对于同一种战术而言，尽管有此一时彼一时、因地因时制宜之说，但至少证明了轻骑突袭战术本身并没有太大问题。除了蓝玉，霍去病率八百骑兵奇袭匈奴后方，李靖率三千骑兵突袭东突厥汗国颉利可汗主力，也都是轻骑突袭的经典战例，无不大获全胜。

如何看待此时蒙古骑兵的战斗力呢？如前所说，在被逐出中原，屡遭沉重打击，特别是分裂之后，蒙古骑兵的兵力与巅峰时期已无法相比，鞑靼和瓦剌能组织起的骑兵军团最多也就是三五万人。这样的兵力用来消灭明帝国自然是痴人说梦，但在草原腹地对孤军深入的明军打一场歼灭战还是绰绰有余。

另外，蒙古骑兵此时缺乏铁制装备。由于大明的铁器贸易禁运，需要大量铁制甲胄和马铠的重骑兵军团被迫缩编。但一个派生出来的优势是：蒙古骑兵因为穷又被迫退回到成吉思汗时期的状态，变回一支更强调机动性和骑射战术的轻骑兵军团。在元朝，蒙古骑兵逐渐"变重"也是因为占领了中原地区，得到了大量的铁器输入，可以大规模装备铁制马铠。而此时这支以轻骑兵为主的蒙古骑兵虽然降低了攻坚能力，但凭借独步天下的机动性优势，反而可以在与明军重骑兵的对阵中占得上风。

在朱棣时代，蒙古骑兵的机动性优势与巅峰时期的差距并不大。蒙古草原唯一不缺的战略资源就是战马，尤其在骑兵人数不多的情况下，蒙古骑兵此时仍然具备着蒙古西征时代一人三至五马的历史级战马挥霍能力，再考虑到蒙古骑兵此时是在蒙古高原本土作战，没有远征的负累，三至五马所能赋予的机动性几乎是无与伦比的。另外，蒙古人放弃中原的一个意外收获是，汉人步兵逐渐从军队中消失，蒙古军队又重新变成了早期那支纯粹的骑兵军团。

而明军骑兵呢？尽管永乐朝的马政较之于洪武时代更为繁盛，但这也只是基于中原王朝的标准。事实上，丘福出征时，明帝国能动员的军马也就在十万匹左右，充其量也就只能满足一人一马的要求，又怎可与鞑靼骑兵的三至五马争锋？更何况，明军即使以骑兵为主出征，也是劳师远征，后勤辎重势必拉慢全军的行军速度，这就更加妨害了明军的机动性。我们不妨对胪朐河之战进行一个合理推测，丘福之所以率领一千多骑兵先行，就是想以无辎重的轻兵获得机动性能力，但导致的悲剧后果我们也都看到了。丘福何尝不想带十万骑兵全体出击，但机动能力根本不允许，即使是一支纯粹的明军骑兵军团，在实战中也不具备后世想象中的如蒙古骑兵那般长驱直入、横行草原的快速机动能力。

简单来说就是，军马少导致一人一马，马力易疲限制了骑兵的持续机动能力；远征和中原军队的作战后勤模式需要大量辎重跟随，又进一步限制了骑兵军团的行军速度。这不仅是永乐时期明军不得不面对的现实，也是中原王朝与草原帝国交战史的千年之问。

从靖难之变开始，明军骑兵就以重骑兵正面突击为核心竞争力。从通行的兵种相克原理出发，行动相对缓慢的明军重骑兵在实战中很难占到蒙古轻骑兵的便宜，明军轻骑兵限于训练水平又无法和蒙古轻骑兵比拼骑射，更重要的是，蒙古骑兵即使被打败，还可以凭借机动性优势和对地理环境的熟悉一跑了之，而远征的明军一旦被打败，很可能就是全军覆没之局。

从根本上来说，在朱棣统治时，在没有绝对优势兵力的情况下，远征的明军很难通过一两场决战重创蒙古骑兵，丘福之败只是向朱棣证实了这一事实而已。

那么，朱棣又将如何应对？

神机营来了

永乐七年（1409年）九月，也就是丘福兵败身亡的次月，朱棣决定亲征漠北。既然是御驾亲征，此次明军在后勤上所做的准备自然相当充分。其亮点有两个：其一，朱棣命工部造武刚车三万辆，可供运粮二十万石。这种车就是仿制当年卫青北征匈奴时所用的武刚车（"大将军令武刚车自环为营"），不仅可以运输辎重，还可以在防御时抵御蒙古骑兵的冲击。其二，为了解决大军的用水问题，朱棣征调大量骆驼运水随行。

除后勤以外，朱棣在出征前，还出台了一项在中国战争史上影响深远的重大举措：组建中国历史上第一支专用火器的部队——神机营。这比16世纪初西班牙创建火枪兵还要早一个世纪左右。毕竟，法国在1566年才淘汰了十字弓，而英国在1596年才正式将火枪作为步兵制式武器。

在朱元璋时，中国的火器发展进入了一个新高潮，洪武朝在中央和包括边远地区在内的各地卫所设立军器局，将元代创制的初级火铳的制式规范统一，进行规模化、制式化生产。洪武火铳代表了当时世界火器制造技术的最高水平，而欧洲与火铳同规格的火器"火门枪"此时才刚刚出现。火器在朱元璋扫平群雄的统一战争中时有亮眼表现，其中在消灭陈友谅的鄱阳湖大战中发挥过决定性作用。

在技术进步的带动下，明军开始从一支冷兵器军队逐步迈向火器化。据《明太祖实录》，洪武十三年（1380年）规定：

> 凡军一百户，铳十，刀牌二十，弓箭三十，枪四十。

又据《大明会典》，洪武二十六年（1393年）规定：

> 每一百户，铳手一十名，刀牌手二十名，弓箭手三十名，枪手四十名。

总之，根据洪武朝的规定，十分之一的明军必须装备单兵火铳（手铳）。

那么，明军使用火器的士卒约有多少人呢？美国学者欧阳泰在《从丹药到枪炮：世界史上的中国军事格局》一书中说："那时明军的总数在一百三十万至一百八十万之间，其中就有大约十三万至十八万专司火铳使用的兵丁。"如此庞大的一支火器部队，在当时的世界绝无仅有。

可以说，正是在朱元璋时代，火器开始登堂入室，中国战争史进入了冷热兵器并用的时代。

到了朱棣时，火铳在"结构的改进、质量的提高、品种的增加、性能的改良、威力的增强"等方面都得到长足进步，火铳的月产量可能达到八千支，还制成了重达千斤的大型铳炮，形成了"大中小相结合的永乐系列制式火铳"：小的有手铳，大的有铳炮。①

永乐朝单兵火铳的技术进步最为突出，增加了保护火药不受潮的火门盖和将火药装药量标准化的装药匙，以及压实火药增强火药爆发力的木马子。②单纯就杀伤力而言，这个时代的手铳对弓弩尚无绝对优势——手铳在射程上更远，弓弩在射速上占优，但火铳的确是一种更适合大规模装备的武器。毕竟，射箭是一项长期训练方能精熟的技能，而火器只要经过简单的培训即可顺利操纵。

火器渐渐大量列装，成为明军的制式装备。为了集中火器，充分发挥火器的火力优势，适应新的作战需要，朱棣对明军的编制和组织架构进行了一次前所未有的变革，即创建神机营。

神机营的横空出世，直接触发点是朱棣第一次亲征漠北。这支新创建的战略机动部队，就是冲着解决明军骑兵难以独力战胜蒙古骑兵这个北伐痛点去的。

一个重要佐证是，在永乐八年（1410年）之后的五次北伐中，

---

① 王兆春《中国火器史》，军事科学出版社，1991年3月版，71—72页。
② 王兆春《中国火器史》，军事科学出版社，1991年3月版，100—101页。

神机营皆随同朱棣出征。在前两次北伐中,神机营更是起到了至关重要的奇兵作用。此时的神机营配备的各类管形火器有手铳、盏口铳炮、碗口铳炮、独眼神铳、神枪与神机炮等,无疑是明帝国科技含量最高的一支军队。

可以说,尽管最早的火器出现于两宋,但正是在朱元璋和朱棣时,中国开始并完成了第一次火器革命。

关于火器之来源,《明史·兵志四》言之凿凿:"至明成祖平交阯,得神机枪炮法,特置神机营肄习。"此种"明初火器外来说"很可能是以讹传讹。如前所述,明初的火器技术进步是"内生"的,并非得自域外;而且,神机营是一支使用火器的新军,并非新的造铳机构。①

永乐八年(1410年)二月,朱棣亲率五十万大军出塞,征伐蒙古本部(鞑靼)。尽管五十万这个数字多少有些水分,但如此庞大的数量,也意味着这支明军不可能是一支纯粹的骑兵军团,必然以步兵为核心。

五月,明军便在大蒙古国的发祥地斡难河追上了蒙古大汗本雅失里亲军。明军只动用了前锋骑兵部队,就击垮了不堪一击的敌军。本雅失里仅剩七骑突围而出,不久在流亡途中被瓦剌刺杀。

没多久,朱棣大军就如愿遭遇了阿鲁台率领的鞑靼军主力。此战中,明军的骑兵和神机营第一次打出了漂亮的多兵种协同作战,这也成为明军日后的经典战法。两军接阵时,朱棣亲率精骑千余直扑鞑靼营阵,阿鲁台见势不利率军北逃,明军紧追不舍。《明太

---

① 王兆春《中国火器史》,军事科学出版社,1991年3月版,106—107页。

宗实录》记载：

> 上追及虏于回曲津，命安远伯柳升以神机铳（铳）当先，铳发，声震数十里，每矢洞贯二人，复中傍马，皆立毙。虏怖慑策马走，我师奋进大败之。

"每矢洞贯二人"很可能是夸张了，但也可见明军火铳的战场统治力。

神机营的表演还没结束。朱棣率军北返时，鞑靼骑兵尾随于后，明军故意遗弃辎重诱敌，让神机营设伏。鞑靼骑兵入伏时，遭到神机营的密集火力打击，顿时溃不成军，此时朱棣又亲率一千多名骑兵杀回，几乎全歼了鞑靼的追击骑兵。

朱棣历时五个月的第一次亲征让鞑靼元气大伤，虽然减轻了明军的边防压力，却也让瓦剌颇有些渔翁得利的意思。瓦剌首领马哈木趁机向东吞并了鞑靼的很多领土，实力大增，开始不断对大明发起各种挑衅。

永乐十二年（1414年）三月，朱棣第二次亲征漠北。此次出征人数还是五十万，只是这一次的目标由鞑靼变成了瓦剌。六月，明军在忽兰忽失温（今蒙古国成吉思汗市西北）遭遇瓦剌军主力。但出乎明军意料的是，三万多瓦剌军没有任何避战远遁之意，而是摆开阵势，准备与明军决战于此。

由此，忽兰忽失温之战成为朱棣五次北伐中规模最大的一次野战。

瓦剌骑兵的底气无非有两个。

其一，与鞑靼相比，瓦剌有一支更强大的重装骑兵。由于明朝官方对铁器实行贸易禁运，鞑靼难以获得重骑兵必备的铁质甲胄和马铠，而靠西的瓦剌因为毗邻东察合台汗国和帖木儿汗国等西域大国，可以通过贸易在西方取得铁器，因此有物质基础长期维持一支规模中等的重骑兵。重骑兵的存在，使得瓦剌骑兵的正面冲击力更强，更有可能在野战中冲破明军的步兵密集结阵。

其二，瓦剌军虽只有三万余人，但每人带从马三四匹，战马数量不下十万，在机动性上可以轻松压制明军。而所谓五十万明军，且不说其中有多少夸张成分，即使有五十万人，其中很大一部分也是后勤辎重部队，作战部队远没有五十万。

忽兰忽失温之战中，瓦剌大军抢先占据了高地。发现明军后，瓦剌铁骑从高处一拥而下，试图借助地形优势一举冲垮明军。但柳升的神机营早已在山下候着，一交火，当场就击毙了数百瓦剌骑兵。当敌军陷入混乱之后，朱棣再乘势亲率重骑兵发动反击，将瓦剌骑兵逼回高地之上。

忽兰忽失温之战的一大特点是，瓦剌骑兵表现得坚忍不拔，初战失利后没有顺势撤退，反而在高地上死战不退，让强攻的明军付出了惨重代价。但此类消耗战阵地战对兵力雄厚的明军显然更为有利，也更利于神机营的发挥。当双方陷入苦战时，朱棣率领随驾的骑兵加入战团，瓦剌最终经受不住这支生力军的打击而全线溃退。

此战自中午始，明军收兵回营时已是夜深了。

忽兰忽失温之战后，朱棣从原路班师，结束了第二次亲征。此战明军斩杀包括瓦剌王子在内的十余名首领，并斩首数千级，仅有三万余野战骑兵的瓦剌元气大伤。不过反过来想，作为朱棣五次北伐中规模最大的一次野战，瓦剌骑兵也"很配合"地没有接战后即撤退，但明军还是没有取得歼灭战式的预期战果。

明军的伤亡很可能大于瓦剌军，至多为惨胜。明末史学家谈迁在《国榷》中评论称：

> 是役也，虽胜所杀伤相当，几危而复攻，故急还。

忽兰忽失温之战牵涉步骑作战的某种"不对称"：骑兵被击败五次，都还可以凭借机动优势相对安全地退出战场；而以步兵为主的军队只要战局不利，很难全身而退，会遭到对方骑兵的不间断追击，直至走向崩溃。兵种上的"不对称"再叠加中原王朝军队的劳师远征，情势将更加趋于极端：远征漠北的步兵军团只要被击败一次，很可能就会演变成一场歼灭战，或是因为后勤辎重被切断而全军覆没。而作为防御方的骑兵军团完全可以自如地选择决战的时机和地点，被打败了也可以快速撤出战场，避免更大的损失。如果发现对方势大，骑兵还可以远遁避战，坐等敌军因粮饷耗光而撤军。

朱棣前两次北伐的战绩虽不乏争议，但至少都与鞑靼或瓦剌发生了大规模的战斗；而在后三次北伐中，鞑靼实控人阿鲁台基本采取远走避战的战略，令长途跋涉而来的明军空手而归，空耗人力、物力而一无所获。在第三次北伐中，明军甚至在返程途中拿兀良哈部泄愤，方才为劳师无功"挽尊"。

朱棣的五次北伐，是非成败聚讼纷纷，但神机营之崛起却是熠熠生辉。明末火器大师赵士桢在《神器谱》中将朱棣的武功归于创建神机营：

> 成祖文皇帝三犁虏廷，建置神机诸营，专习枪炮，以都督焦玉辈掌管。是以武功超迈前王，威严远震殊俗。

创建神机营后，朱棣手下的大臣们也摸索出一套有些许近代化色彩的火器战术。明军在火器战术上主要有两个创新：

第一个创新是轮射战术。相比弓弩，火铳的射速过慢是一个突出的弱点。士卒发射出一轮弹丸之后，重新装配弹药要消耗太多的时间，面对骑兵的快速冲击很有些有力不能逮之感，如果神机营单独编组，这个问题可能会很严重。洪武二十一年（1388年），朱元璋爱将沐英首创"叠阵"，将火器部队分为三行，三行轮流射击。《明太祖实录》记载："乃下令军中置火铳、神机箭为三行，列阵中。俟象进，则前行，铳箭俱发；若不退，则次行继之；又不退，则三行继之。"

永乐年间，明军又升级了沐英的战术，虽然火器部队同样分为三行，手上也都持有火铳，但只有第一排的士卒需要射击，后两排士卒负责装弹和传递火铳，确保第一排的士卒一直处于可射击状态即可。

李伯重先生将明军的火器战术革新与弩的战术进化相勾连：

> 多层更迭射击法的出现是世界军事史上的一件大事……明代初期中国就已发明了这种射击方法。其源自弩的更迭射击

法。从弩的轮射到火铳的轮射，技术上完全没有问题，只是改换一下武器而已。①

不过，在很多西方的战史学者看来，这是否能算是全世界最早的轮射战术，尚存很大争议。

姑且将明军这一战术视作轮射战术的雏形。在连发火器未发明前，轮射战术可以部分弥补火铳射速慢的弱点。在一百多年后的日本战国时代，织田信长又进一步发展出了"三段击"。借此，织田军在1575年的长篠之战中击败了号称战国日本最强骑兵的武田军。而在欧洲，三段射击又进化为六段、九段，直到17世纪初，瑞典古斯塔夫二世完成了轮射战术的终极完美版本——"线列步兵"，称霸欧陆。

第二个创新是火器与骑兵协同战术。第四次亲征漠北途中，根据此前的战场实际反馈，朱棣总结出了一套协同作战战术。《明太宗实录》记载：

> 上命诸将于各营外布阵，神机铳居前，马队居后，令军士暇间操习，且谕之曰："阵密则固，锋疏则达。"战斗之际，首以铳摧其锋，继以骑冲其坚，敌不足畏也。

在朱棣前两次亲征中，这套骑兵、火器协同战术屡建奇功，

---

① 李伯重《火枪与账簿：早期经济全球化时代的中国与东亚世界》，生活·读书·新知三联书店，2017年1月版，326—327页。

将明军本就显著的火器优势与重骑兵冲击优势通过协同互补进一步放大。并且，这一战术也可以缓解之前提到的火器射速慢的弱点，用骑兵对神机营起到一定保护作用。

与神机营诞生同时的欧洲，正值英格兰长弓手在英法百年战争中风头无两，这甚至可以说是欧洲冷兵器特别是弓弩最后的辉煌。在1415年的"阿金库尔战役"中，英军长弓手以仅损失一百多人的微小代价，杀伤了上万名法国重骑兵。

而法军在百年战争末期逐步扭转战局，与其说靠的是圣女贞德的神迹，不如说靠的是火炮。火炮在百年战争的主要应用场景是要塞攻防，在野战中的存在感并不高。但在百年战争最后一役，也就是1453年的"卡斯蒂永战役"中，法军火器部队在野战中决定性地击败了英国长弓兵，比神机营在野战中大放异彩已晚了四十年。

还是在1453年，奥斯曼帝国苏丹穆罕默德二世带着重达十七吨的乌尔班巨炮来到君士坦丁堡，炸开了这座以防御坚不可摧而著称的巨城的城墙，被一些历史学家认为可能是"火炮促成的第一件重大历史事件"。

在1419—1434年的胡斯战争中，捷克胡斯派军队则凭借装备了大炮等各型火器的战车，击败了神圣罗马帝国的重骑兵。

神机营末路

正统十四年（1449年）秋，三万瓦剌骑兵大败明朝五十万大军，明英宗朱祁镇被俘，史称土木堡之变。此时，距离永乐二十二年（1424年），朱棣最后一次亲征漠北，仅二十五年；距离宣德三年（1428年），明宣宗朱瞻基巡边时击败兀良哈部，仅二十一年。

短短二十余年，明军战力为何断崖式下跌？自徐达时代便已威震漠北的明军铁骑为何烟消云散？朱棣亲手打造的神机营去哪了？

先澄清两点关于此役明军的流行误解。

其一，跟随明英宗亲征的明军人数。从时人刘定之的《否泰录》到《明史纪事本末》《明通鉴》和《国榷》，参与此战的明军人数的最盛行说法为五十万。

但这一人数即使在同时代都不乏争议，多以明军在土木堡之役"死伤数十万"含糊了事。据当代学者的考证，随明英宗亲征的明军远没有五十万，真实数字也就在二十五万左右，明军到达土木堡时更是只有约二十万人，"明军号称五十万，可能只是沿永乐时以五十万大军亲征的说法，以大造声势而已"[①]。

其二，明军战斗力江河日下。"正统末明军的战斗力当然已不如洪武、永乐时，但此时距永乐时期仅二十余年……军队实力下降当不致如此之快"，"并非后世所渲染的那么不堪一击"。如前所述，到达土木堡时明军只有二十万，而不是五十万，"或可稍为明军战斗力低下的解释"[②]。

至于所谓王振弄权导致土木堡惨败，由于这不是纯粹的军事议题，这里暂不展开。那么，土木堡惨败的原因究竟为何？这里无意延展出去，只想说两点和本文主旨，即与朱棣北伐相关的原因。

---

① 李新峰《土木之战志疑》，《明史研究》，黄山书社，1999年版，112页。
② 李新峰《土木之战志疑》，《明史研究》，黄山书社，1999年版，114—115页。

第一，明英宗的亲征决策草率、仓促，准备不足近乎儿戏。《明英宗实录》记载："车驾发京师亲征……命下逾二日即行，扈从文武吏士皆仓猝就道云。"正统十四年（1449年）七月十四日，英宗下诏亲征。七月十六日，英宗即率大军出京。这绝不是什么兵贵神速，而是军事冒险。

反观成祖朱棣当年的亲征，从永乐七年（1409年）九月下诏，到永乐八年（1410年）二月出征，准备时间近五个月。从督造武刚车，到沿路修粮库，再到广泛征集骆驼，特别是在此期间专门组建了神机营，这些准备无不显示了朱棣对战备的重视。而英宗朱祁镇呢？不过是给士兵一人发一两白银，每三人配一头驴负载辎重，再从武库中拿出八十余万件参差不齐的兵器，就带着大军奔向末路了。

不过，较真地说，朱棣对土木堡之败也是有责任的。朱棣的五次亲征成为子孙效仿的榜样和无形的压力：北方边防一旦出事，亲征似乎就成为第一选择，明宣宗如此，明英宗也如此。不过明英宗只学到了曾祖父的"亲征"和"五十万大军"的皮毛表象，其他诸如重视战前准备这些几乎都没有学到。

当然，明英宗也没有忘记带上曾跟着曾祖父亲征漠北的宿将，如英国公张辅、成国公朱勇和恭顺侯吴克忠等。但从之后的战事来看，明英宗并没有从这些宿将身上学到曾祖父的战争原则。

第二，明英宗时的明军在火器普及率上超过了朱棣时代，装备火铳的士兵比例已接近20%之多，但明英宗朱祁镇违背了曾祖父的火器、骑兵协同原则。朱棣这套原则的核心并不是更具体的"神机铳居前，马队居后"，而是神机营在实战中应与骑兵协同作战，以克服其面对蒙古骑兵时因射速过慢，以致经不起骑兵冲击的弱点。至于如何协同，倒在其次了。明宣宗朱瞻基在北征兀良哈时也遵循了火器、骑兵协同原则，获得大捷。

但英宗偏偏将骑兵和神机营分开使用，以致他们被各个击破。英宗撤军时先后以吴克忠、吴克勤兄弟及成国公朱勇两支骑兵，共计五万至七万人用来殿后，导致他们在一天之内均遭到瓦剌骑兵的伏击，几至被全歼。两支骑兵被歼灭后，随扈大军基本变成了一支二十万人的纯步兵集团。在土木堡的最后决战中，缺少骑兵协同的神机营也独力难支，在瓦剌重骑兵的轮番冲击下，将射速不快的弱点暴露无遗。悍不畏死的瓦剌人只要能够抓住一两轮的火器射击，就可以杀到几乎没有近战能力的神机营跟前。神机营溃败后，土木堡几无可战之军。

瓦剌军队满载而归之后，宣府总兵杨洪打扫了土木堡战场，发现"神铳二万二千余把，神箭四十四万枝，大炮八百个"。神机营不仅将随朱棣北征积累的王牌部队威名尽丧于土木堡，几乎也被整建制歼灭了。此后虽经重建，但神机营再未有机会重返朱棣时代的巅峰。这里还有一个细节，瓦剌军队将明军遗弃的火器视如敝屣，根本没有作为战利品带回去之意，也可见神机营在土木堡之战中的表现过于孱弱，令瓦剌骑兵对火器看轻至斯。

这里有一个巧合是，明军土木堡惨败和丘福在漠北丧师十万，都是八月十五，相隔了整整四十年，明军又经历了一次盛衰轮回。

通过远征和决战彻底解决漠北问题，这在汉武帝时代没有做到，唐太宗时代没有做到，明太祖时代没有做到，明成祖时代没有做到，在明英宗时代就更没有可能做到。

火器和神机营，破不了这一盘漠北的"珍珑棋局"。

## 第十一章

万历朝鲜战争：东亚火器争霸赛

万历二十年（1592年）三月，日本"关白"（替天皇统摄朝政者）丰臣秀吉派小西行长、加藤清正、黑田长政等将领出征朝鲜。近十六万大军在釜山登陆，拉开了壬辰战争的帷幕。

据《明史纪事本末》，"时朝鲜承平久，怯不谙战，皆望风溃"。日军在朝鲜如入无人之境，仅一个月时间便攻陷朝鲜王城汉城；又一个月后，日军攻克平壤。当时朝鲜全国八道仅剩平安道以北、靠近中朝边境的义州一带尚未为日军攻取，朝鲜国王李昖即托身避难于此。

心急如焚的朝鲜宣祖李昖先后至少四次遣使往北京向万历皇帝朱翊钧呈交求援国书，"请援之使，络绎于路"（《明史纪事本末》），同时也遣人大力游说明朝官员，甚至表示愿内附大明，力图促使宗主国尽快出兵援朝。

明廷一开始没有对朝鲜的求援做出积极回应，原因可能有两点：日军推进速度过快，以至于明朝官员怀疑朝鲜并没有认真抵抗；明军正深陷于"万历三大征"之一的宁夏哱拜之乱，无力大举援朝。[①]

兵部把这一军情向万历帝奏报，万历帝当即做出决定："辽东、山东沿海省直督抚道镇等官，严加整练防御，无致疏虞。"（《明神宗实录》）意思很明显：大明虽然暂时按兵不动，但备战要加快。

[①] ［加］塞缪尔·霍利，方宇译《壬辰战争》，民主与建设出版社，2019年7月版，158—159页。

没多久，明军和日军就将在朝鲜半岛迎头碰上，是为万历朝鲜战争。

铁炮 vs 佛郎机

这支日军分成九大军团，总数达十五万八千八百人。日军侵朝初期能取得闪电式胜利，靠的不仅仅是人数优势。

第一个优势是，这支日军可谓是百战之军，是先后跟随织田信长和丰臣秀吉称霸日本的战国精锐。经过数十年的征战，这支日军在大规模野战、攻城、守城等不同战争形态上，经验之丰富可谓独步天下。

第二个优势是，日军在战国后期已经完成了一场深刻的军事变革，从一支过度讲究个人勇武的冷兵器武士军队，进化成了一支精于使用轻型火器和强调战场纪律的步兵精锐。

相比曾开火器风气之先的明朝，日本引入火器的时间并不长。1543年，几个遭遇海难的葡萄牙人将火绳枪带入日本，经过引进和改良之后，火绳枪演变成了日本战国时期大名鼎鼎的铁炮——请注意，日本战国语境内的铁炮是火枪，不是火炮。在战争的刺激下，铁炮在战国日本的普及速度极快，"到16世纪80年代，火枪手在最强大的日本军队中已占三分之一。17世纪早期，火枪手的数量明显超过了长矛兵、弓箭手"[①]。

[①] ［美］欧阳泰，张孝铎译《从丹药到枪炮：世界史上的中国军事格局》，中信出版集团，2019年3月版，184页。

到了日军侵朝之时，日本不仅已成为当时东亚最大的火枪制造国，而且经过改良的火枪制造技术在某些指标上，已经超越了同时代的西方。1575年，在著名的长篠之战中，织田信长正是凭借装备了铁炮的步兵、阻碍骑兵冲击的栅栏，以及铁炮轮射的"三段击"战术，大败当时日本威名赫赫的武田家骑兵的。这标志着日本战争形态因铁炮的使用发生了剧烈变化——日本进入了半火器时代。

日军的铁炮在朝鲜所向披靡，朝鲜宰臣柳成龙哀叹，两军对垒，朝军的弓箭不达敌阵，敌方铳弹却雨落如注。可以这么推断，丰臣秀吉之所以敢于制订先攻略朝鲜再进攻明帝国的狂妄计划，与日军当时称霸东亚的火枪发展水平关系密切。

而日军的劣势呢？也有两点。

第一点，相对日军先进的铁炮，也就是火绳枪水平，日军的火炮发展水平不过尔尔。

第二点劣势可能更为关键，日本陆军在侵朝初期虽然势如破竹，但制海权却被朝鲜海军掌控。朝鲜海军史上的头号军神李舜臣，凭借传奇战舰龟船，在海战中屡次大败日本海军。制海权的丧失，导致日军在战争中的大多数时间都面临着后勤补给不继的压力。无论是粮草、军械、战马，还是后备兵力的补充，都捉襟见肘，这使得日军日后即使在与明军的战斗中占得上风，也没有底气大规模北进，反而逐步向南收缩，唯恐将脆弱的补给线压垮。

再看明军。明军也有两点优势。

其一，明军有骑兵优势。援朝的明军有大量骑兵，除了李成梁长子李如松率领的辽东边军骑兵，宣大和蓟镇的明军骑兵也素以精锐闻名。而作战风格的转化或是因为后勤条件的限制，导致侵朝日军带到朝鲜的战马数量并不多，与援朝明军中的大批骑兵相比相形见绌。不过，由于朝鲜地理条件以山地为主，且东西向缺乏纵深，对明军骑兵的大范围机动性形成了一定的限制。

其二，明军有火炮优势。如前所述，日军火器发展的优先级是轻型火器，无论从装备数量还是技术水平而言，日军的火绳枪部队都要显著优于明军。明军火器的比较优势是火炮。自从嘉靖时代自西方引入了新一代火炮佛郎机以后，明军的火炮发展水平一直冠绝东亚。明军此行带了诸如大将军炮和虎蹲炮等各型火炮入朝，正面对阵时在火力上可以有效压倒日军的轻型火器部队。但明军火炮在实战中的问题在于机动性不强，如果发生遭遇战无法及时投入战场。

而明军最主要的劣势在于内部派系分立，乃至互相倾轧。援朝明军分成两大派系——南军和北军：前期的前线主帅是北军的李如松，他平日处处为难南军，将功劳留给北军特别是自己的辽军，甚至不顾吃相地吞掉南军的功劳；而援朝一开始的最高主官宋应昌又是浙籍官员，可以看作南军的后台，他与李如松各种明争暗斗。更何况，在北军内部，又有辽东、宣大和蓟镇几大派系，李如松最倚重的始终是他的辽东铁骑。

对明军而言最讽刺的是，侵朝日军分属不同藩主大名，理论上应该比明军更加松散，但现实中却是明军内部的倾轧更加严重。

李如松功败垂成

万历二十年（1592年）六月，朝鲜国王李昖在距离中朝边境五十公里的林畔馆遇到了一支明军。

这是大明派出的第一支援朝之师，此时距离日军侵朝已过去了三个月。

李昖君臣或许大失所望。他们请求大明发兵十万，但这支援军只有一千人。

在义州，这支明军与第二批援军会合，总兵力约为三千人（另有一说为五千人），由辽东副总兵祖承训统一指挥。无论如何，这三千（或五千）人几乎是当时明朝能够派出的最大兵力。

祖承训出身辽东将门，长期追随李成梁家族，是李家军的核心将领。刚刚从西北边疆平乱归来的祖承训对日军不屑一顾，放言"予观倭贼如蚁蚊耳"。得知日军仍然留在平壤时，他甚至举杯欢呼："贼犹在，必天使我成大功也。"

祖承训本想通过奇袭拿下平壤，但这支以骑兵为主的辽东精兵，在战斗中却被人数占优势的日军引诱进入狭窄的平壤街道中，不仅无法展开集团冲击，反倒遭到日军铁炮的迎面密集杀伤。明军几乎全军尽没，祖承训仅以身免。

日军铁炮给了明军当头一棒。

五个月后，也就是万历二十年（1592年）十二月，大明正式出兵援朝。此时的大背景是，明军刚刚平定了宁夏哱拜之乱，从而有能力用兵朝鲜。

朝鲜学者黄景源《江汉集》中录有万历帝出师敕，万历帝宣布发兵十万，有犁庭扫穴之志：

> 朕今专遣文武大臣二员，统率辽阳各镇精兵十万，往助讨贼，与该国兵马前后夹攻，务期剿灭凶残，俾无遗类。朕主天命，君主华夷。方今万国咸宁，四溟安静，蠢兹小丑，辄敢横行。复敕东南边海诸镇，并宣谕琉球、暹罗等国集兵数十万，同往日本，直捣巢穴，务令鲸鲵授首，海波晏然。

当然，十万只是虚数，明廷本次向朝鲜派出三万五千援兵，其中大部分刚从西北战场归来。事实上，明军第一次援朝，兵力最多时也不过四万三千人。

所谓"文武大臣二员"，是指这支援朝大军的两大灵魂人物：兵部右侍郎宋应昌和刚从西北战场新胜归来的东征提督李如松。按照明朝以文驭武的政治传统，宋应昌是李如松的上司，但两人关系不睦，李如松凭借刚立下的军功和李成梁家族在辽东的势力，对宋应昌态度倨傲。《明史·李如松传》记载：

> 如松新立功，气益骄，与经略宋应昌不相下。故事，大帅初见督师，甲胄庭谒，出易冠带，始加礼貌。如松用监司谒督抚仪，素服侧坐而已。

但在即刻收复平壤这个问题上，宋应昌和李如松高度一致。也就是说，正式出师后，明军主力的第一个目标是平壤。

在第二次平壤之战中，中朝联军总计近六万人，而对面的日军只有一万五千人。明军优势兵力在火炮的火力支援下，依次突破了日军的城防。李如松一马当先，不避斧钺，在战斗中其坐骑一度被日军铁炮击毙，"如松马毙于炮，易马驰，堕堑，跃而上，麾兵益进"（《明史·李如松传》）。

还有一个细节是，为迷惑日军，李如松战前让祖承训等人换上了朝鲜的军服。攻城时，这批明军突然脱去朝鲜军服露出明军盔甲，打了日军一个猝不及防。

为减少明军伤亡，李如松围三阙一，默认日军主将小西行长率部弃城而走，中朝联军遂克复平壤。

据明人茅瑞征所著《万历三大征考》，第二次平壤之战"斩获倭级一千五百有余，烧死六千有余，出城外落水淹死五千有余"，日军合计减员一万余人。

此役，明军火炮大发神威，"火器并发，烟焰蔽空"（《明史·李如松传》）。朝鲜国王李昖战后向大臣们询问明军和日军的火器，得到的回答是："倭铳之声，虽四面俱发，而声声各闻；天兵之炮，如天崩地裂，山原震荡，不可状言。"李昖说："军势如此，则可不战而胜矣！"①

丢掉平壤后，日军士气低迷，不复侵朝之初的锐气。一夜之间，密布于朝鲜北部的日军各部几乎都在慌不择路中南撤汉城。

李如松看到了乘胜追击的战机，留下炮兵辎重，派轻骑直扑

---

① ［美］石康，周思成译《龙头蛇尾：明代中国与第一次东亚大战：1592—1598》，民主与建设出版社，2023 年 12 月版，158 页。

汉城。面对宋应昌的异议，李如松自负地说："倭人在平壤已胆落矣，王京唯有弱旅一队，何惧之有！"

平壤克复一役中，明军大炮和南军出尽风头，李如松最倚重的辽东铁骑在攻城战中处处受制，而长途奔袭正是骑兵的看家本领。

这是稍纵即逝的战机，是李如松新胜后的轻敌，也是北军在南北军内讧背景下的争功冒进。

当然，争功并不是问题，争功的另一面是锐气正盛，很多军事胜利的原动力都是争功。

万历二十一年（1593年）正月月底，在距离汉城以北十五公里的碧蹄馆，查大受和祖承训率领的三千明军先锋骑兵遭遇了日军的一支小部队。这本是一次典型的前哨战，当时很难有人想到，这将是明军和日军在万历朝鲜战争中最激烈、最具争议的一役。

日军第六军军团长小早川隆景决心集结优势兵力全歼这支明军。他可能认定明军这次奔袭是总攻汉城的前兆，又或者日军在平壤失守后一退再退，急需一场胜利。

碧蹄馆之战中，明军和日军交替增兵，但明军兵力始终处于明显劣势。最终，日军参战兵力达到四万一千人，明军也达到了两万人。①

碧蹄馆一役，明军险象环生，甚至李如松本人也差点遇险，《明史·李如松传》记载：

---

① ［加］塞缪尔·霍利，方宇译《壬辰战争》，民主与建设出版社，2019年7月版，239页。

> 官军既连胜，有轻敌心。二十七日再进师，朝鲜人以贼弃王京告。如松信之，将轻骑趋碧蹄馆。距王京三十里，猝遇倭，围数重。如松督部下鏖战。一金甲倭搏如松急，指挥李有声殊死救，被杀。如柏、宁等奋前夹击，如梅射金甲倭堕马，杨元兵亦至，斫重围入，倭乃退，官军丧失甚多。会天久雨，骑入稻畦中不得逞。倭背岳山，面汉水，联营城中，广树飞楼，箭炮不绝，官军乃退驻开城。

尽管李如松最终率部成功突围，打破了日军围歼明军的图谋。但明军收复平壤一役中积攒出的锐气却一朝丧尽。顾盼自雄的李如松经此一败，更是意气消沉、斗志全无。

在谷应泰《明史纪事本末》笔下，碧蹄馆一败令明军痛失大好局面：

> 方李如松平壤大捷，李如柏进拓开城，四道复平，三倭生絷，廓清之功，可旦夕阙。而乃碧蹄轻进，兵气破伤，功亏一篑，良足悼也。

碧蹄馆一役暴露出，辽东铁骑在朝鲜的山地环境下无法发挥出最大战力。但更本质的教训在于，私心过重的李如松在收复平壤后赏罚不公，得罪了战功赫赫的南军，更加只能依靠辽东铁骑进行战略冒险。南人徐光启对李如松在平壤之役后的处事不公耿耿于怀，说：

> 而先登者多南将，提督李如松不能无内忌。欲立奇功，辄深入，是以有碧蹄之败。(《海防迂说》)

碧蹄馆一战结束后，明军和日军第一阶段的大规模交锋就此告一段落，双方进入了战略僵持状态，两军一边谈判，一边各自将主力撤回国休整，《明史·李如松传》记载：

> 及碧蹄败衄，如松气大索。应昌、如松急欲休息，而倭亦乏粮并绝，且惩平壤之败，有归志。于是惟敬款议复行。四月十八日，倭弃王京遁。如松与应昌入城，遣兵渡汉江尾倭后，将击其惰归。倭步步为营，分番迭休，官军不敢击。倭乃结营釜山，为久留计。时兵部尚书石星力主封贡，议撤兵，独留刘綎拒守。如松乃以十二月班师。论功，加太子太保，增岁禄百石。

宋应昌和李如松无心恋战，日军因缺粮无力再战，两军在釜山陷入了战略僵持，也形成了新的战略均衡。

再战

万历二十五年（1597年）初，在持续近四年的停战谈判破裂之后，丰臣秀吉再次派遣主力十二万人入侵朝鲜，加上日军留守釜山的两万人，日军在朝总兵力再次超过了十四万人。

鉴于第一次侵朝的教训，丰臣秀吉此次大大加强了水军。

明廷迅速反应，做出了二次出兵援朝的决定。但明军的动员效率依旧低于日军，先期入朝的明军只有一万余人，所幸后续援军不断，最高峰时达到了七万五千人，远高于初次援朝时的四万三千人。

除了兵力增多，援朝明军此次有两大变化。

其一，援朝主帅从辽东系的李如松换成了宣大系的麻贵。与辽东李家相似的是，麻家也是明军中赫赫有名的将门，有"东李西麻"之称。与李如松所部相似的是，麻贵麾下的部队同样以骑兵闻名。

其二，明军此番抽调了更多的南军入朝。原因很可能是：南军更擅使用火器。

万历二十五年（1597年）九月，日军自南方长驱直入，直取汉城。中朝联军决心保卫朝鲜王京。

在汉城以南不远处的稷山，明军和日军爆发了二次援朝以来的最激烈一战。麻贵的宣大骑兵甚至展现出了比辽东骑兵更强大的战力，以凌厉的冲锋击破了日军的铁炮阵。还有一处细节是，为抵御日军铁炮的威胁，明军此次装备了更坚固的铠甲和铁盾。①

尽管中朝联军在稷山之战中的战果并不丰硕，甚至有说法称明军的伤亡高于日军，只能算是小胜。但此战的最大意义在于，日军从此再无实力北进一步，重占汉城更是遥不可及，此后逐步开始了向南的战略撤退。

几乎就在稷山之战的同时，复出的朝鲜水军军神李舜臣在鸣

---

① ［美］石康，周思成译《龙头蛇尾：明代中国与第一次东亚大战：1592—1598》，民主与建设出版社，2023年12月版，253页。

梁海战中,以区区十三艘龟船大败据说拥有数百艘战船的日军水师,至此日本水军彻底丧失了在朝鲜海域的制海权。

此后,中朝联军发动了战略反攻。而日军的应对是,基本放弃了与明军野战,依靠坚固城池且战且退。

万历二十五年(1597年)岁末,蔚山之战爆发。四万明军和一万朝鲜军包围了岛山城中的一万日军。但由于岛山城采取了日本的战国筑城法,也就是俄罗斯套娃一样的大城套小城,明军不熟悉日本的守城战法,再加上日军铁炮战力强大,明军最终功亏一篑,不仅没拿下岛山城,反而在日军援军到来后发生了大溃败。

此役明军的最大主观失误仍然是南北内讧这一痼疾,明军在前线的最高文官杨镐有辽东系背景,他自觉胜券在握时又开始为难南军,据说甚至在南军破城有望时鸣金收兵,意图让北军独占大功。但这一说法有可能是夸大了。

除了南北之争,明军此时还有东西之争。辽东系的杨镐也与宣大系的麻贵明争暗斗,明军最终在各种内讧中与胜利失之交臂。

新败后,朝鲜王庭也与援朝明军龃龉丛生。中朝互相诿过中,明朝言官借机生事,弹劾杨镐,朝鲜方面唯恐杨镐下野影响援朝全局,又反过来支持杨镐。朝鲜国王李昖甚至上疏万历帝,为杨镐求情,因此遭到了明朝言官的攻讦。李昖为此罢朝数日,甚至发誓以性命为杨镐担保。

明朝与朝鲜的一片混乱中,正是日本从中渔利之机。然而,日军在蔚山之战中虽先败后胜,但一来损失惨重,二来补给线告急,三来连丰臣秀吉也开始怀疑留驻朝鲜的必要,据说还曾有言"勿使我十万兵为海外鬼",总之,日军战后又继续向南进行战略收缩，将战略主动权拱手让给了新败的明军。

万历二十六年（1598年）九月，十万中朝联军兵分三路，向日军的防线发动了全面进攻。兵力处于劣势的日军除铁炮之外，最大的依靠还是来自他们新筑的多座日式城堡。这一次，明军规模浩大的反攻仍然没有一路得手，中路泗川之战更是因为明军火药库意外爆炸，演变成大溃败。

就这样，明军以这次惨败结束了中日两军在朝鲜的最后一次大规模陆战。

之所以是"最后一战"，关键的原因是丰臣秀吉于当年8月18日死去的消息传到了朝鲜日军大营中。侵朝日军随即决定撤军回国。

但中朝联合水军却并不打算让日军全身而退。万历二十六年（1598年）十一月，中朝水军对日本水军发动了最后一战，也就是号称朝鲜历史上最著名一战的露梁海战。按照明军的战报，中朝水军在此役击沉、俘获了三百艘日军战船，彻底击溃了日本水军主力，但李舜臣与明军水军宿将邓子龙不幸战死。

露梁海战为万历朝鲜战争画上了最后的句号。此战中，中朝联军的火炮再次战胜了日军的铁炮，至于为何日军始终拒绝在战舰上配备重炮，就是历史之谜了。①

《明史·日本传》似乎对万历朝鲜战争颇有微词：

秀吉死，诸倭扬帆尽归，朝鲜患亦平。然自关白侵东国，

---

① ［美］石康，周思成译《龙头蛇尾：明代中国与第一次东亚大战：1592—1598》，民主与建设出版社，2023年12月版，283页。

> 前后七载，丧师数十万，糜饷数百万，中朝与朝鲜迄无胜算。至关白死，兵祸始休，诸倭亦皆退守岛巢，东南稍有安枕之日矣。

"丧师数十万"一说显然夸大其词，明军在朝鲜的兵力从未超过七万五千人。

然而，"糜饷数百万"却又低估了明朝的战争支出，有资料显示，明朝在战争中共耗费了两千万到两千六百万两白银。[1]

与之相关的一种说法是，壬辰战争是导致明朝灭亡的关键事件之一。明朝财政因为壬辰战争一蹶不振，以至于在二十年后爆发的明清战争中左支右绌，在民穷财尽中走向系统性崩溃。[2]

---

[1] ［加］塞缪尔·霍利，方宇译《壬辰战争》，民主与建设出版社，2019年7月版，425页。
[2] ［美］石康，周思成译《龙头蛇尾：明代中国与第一次东亚大战：1592—1598》，民主与建设出版社，2023年12月版，296页。

第十二章

宁远之战：红夷大炮进化论

第十二章　宁远之战：红夷大炮进化论

大明天启六年（1626年）正月，袁崇焕以不足两万人的守军在宁远防御战中大败努尔哈赤亲率的六万左右的后金军。明军取得了双方开战八年以来的首次大胜。

明熹宗下旨称："此七八年来所绝无，深足为封疆吐气！"（《明熹宗实录》卷六十八）《清太祖武皇帝实录》记载："帝自二十五岁征伐以来，战无不胜，攻无不克，惟宁远一城不下，遂大怀忿恨而回。"

当时甚至有说法称，努尔哈赤本人也在宁远之战中身受重伤。

宁远之战中，明军第一次启用了自海外引进的最新式大炮——红夷大炮，取得了远超预期的效果。明人计六奇在《明季北略》中极尽渲染：

> 城内架西洋大炮十一门，从城上击，周而不停。每炮所中，糜烂可数里。

自朱元璋时代，特别是明成祖朱棣创建神机营以来，火器在明军中早已不是什么稀罕之物，甚至成为十分之一以上士兵装备的制式武器。但为何红夷大炮在宁远之战中却犹如横空出世一般？在火器的加持下，明军为何在野战中无法像朱棣时代那样与北骑对抗，开战八年才凭借一场守城战取得了"首胜"？宁远之战后如红夷大炮这样的先进火器为何未能挽救明帝国的覆亡？……

太多的长时段历史话题有待探讨。

从萨尔浒到宁远

万历四十六年（1618年）四月十三日，在基本统一女真各部之后，努尔哈赤以"七大恨"告天，对明帝国正式宣战。

宣战第三天，后金大军便在明清（后金）战争第一役抚顺之战中旗开得胜，突袭拿下抚顺城。三个月后，后金又攻克清河城，全辽震动，就连万历帝本尊也忧心如焚地表示，"辽左覆军陨将，虏势益张，边事十分危急"，随即开始部署大规模战略反攻，以期一战平辽，"朕庶几灭虏安边在此一举！"

经过半年左右的准备，万历四十七年（1619年）二月，明军从九边、四川、山东、浙江，甚至还有广东集结了号称四十七万大军，以曾在万历朝鲜战争中有所作为的杨镐为辽东经略，兵分四路（马林、杜松、李如柏和刘綎）围剿后金，是为明与后金战争的第一次大规模决战——萨尔浒之战。

明军虽号称四十七万，实数甚至不足十万，在八万八千人左右。不过，杨镐还调集了两路外援：海西女真叶赫部一万人、李氏朝鲜所派一万三千兵马。三方大军总数为十一万余人。

面对明军的"分进合击"，麾下只有六万余人的努尔哈赤说出了他这一生最有名的一句话："凭尔几路来，我只一路去。"（《明史纪事本末》补遗卷一）这正如战略大师克劳塞维茨两百年后在《战争论》中的名言："最高级的、最简单的战略法则莫过于集中兵力。除非有十分确定的紧急需要，不然的话，决不能把部队从主力分出去。"

分进合击，再叠加上明军内部的将帅不和、派系之争，令努尔哈赤的各个击破战术执行得十分顺利，仅用了四天三夜，便依次歼灭了杜松的西路军、马林的北路军和刘綎的东路军，逼降了姜弘立的朝鲜军，李如柏的南路军和叶赫军则闻讯溃逃。

萨尔浒一役，明军伤亡者四万五千八百余人，战死各级将领三百一十余人，丧失骡马两万八千余匹，损失各型火器两万余只，元气大伤，在辽东丧失了战略主动权。乾隆帝在《萨尔浒山之战书事碑文》中将此战视为大清开基之战：

> 由是一战而明之国事益削，我之武烈益扬。遂乃克辽东，取沈阳，王基开，帝业定……我大清亿万年丕基实肇乎此。

萨尔浒之战后，败军之将杨镐遭到御史弹劾，被投入诏狱。万历帝任命熊廷弼为新的辽东经略，试图重整辽东局面，但在熊廷弼到任之前，明朝在辽东又丢掉了两大重镇——开原和铁岭。

万历四十八年（1620年）七月二十一日，万历帝带着对辽东局势的深深忧虑撒手人寰。继任的明光宗朱常洛在位仅二十九天，服红丸后暴毙；九月六日，皇长子朱由校即位，次年改元天启，史称明熹宗。

政治乱局之中，上任仅一年多的熊廷弼在朱由校即位次月便因党争遭罢职，辽东经略由袁应泰接任。除党争之外，熊廷弼的下野与他主守的战略偏好高度相关，"自按辽即持守边议，至是主守御益坚"（《明史·熊廷弼传》）。

熊廷弼的主守战略虽然立足于辽东的军事现实，但因为"不可能攻城略地立竿见影，势必与朝廷的战略方针——速战速决以免'师老糜饷'——发生冲突，他的下台是迟早的事"。[①] 足见即使在萨尔浒之战后，明朝中枢仍然未从天朝上国的军事迷梦中走出。

努尔哈赤自然不会放过乱中取利之机。天启元年（1621年）三月，后金兵围沈阳。尽管仅用了一天就拿下了沈阳，但后金兵在城外与援沈明军遭遇，爆发了堪称明清开战以来的第一血战——浑河之战。

浑河之战参战的明军分川军和浙军两个部分：川军的主体部分是石柱土司秦良玉麾下的数千白杆兵，是明末著名的强军之一。秦良玉"驭下严峻，每行军发令，戎伍肃然。所部号'白杆兵'，为远近所惮"（《明史·秦良玉传》）。参战浙军则很可能算是戚家军的余脉，证据之一是在此战殉国的副将戚金"少从少保戎"，为戚继光族中后辈。

这支援沈明军本有全身而退的机会，但参战将领却表现出了那个时代明军难得的求战欲和血性，高呼："我辈不能救沈，在此三年何为！"（《明史·童仲揆传》）援沈明军遂兵分两部，数千川军随明将周敦吉与秦良玉之兄秦邦屏渡浑河，扎营桥北，主将童仲揆和陈策带三千浙军留守桥南。

这里稍微说一点儿题外话。明清战争时期的明军非常喜欢分兵，像杨镐的战略层面的"分进合击"也就罢了，具体在战斗中，

---

① 樊树志《重写晚明史：内忧与外患》，中华书局，2019年4月版，157页。

明军还习惯于二次分兵,美其名曰"互为掎角",从而将一支数万人的军队分拆得七零八落。如在萨尔浒之战中,明军西路军杜松兵分两路,北路军马林兵分三路,都是二次分兵的典型,大大降低了对手八旗军各个击破的难度。

浑河之战中,白杆兵首当其冲。八旗军趁秦邦屏还未布阵完毕,就率先抢攻,三次进攻皆被身着重甲手持长枪的白杆兵击退。《满文老档》称:"明之步兵,皆系精锐兵,骁勇善战,战之不退。我参将一人、游击二人被擒。"据《明史纪事本末》补遗中的戏剧性渲染,八旗军是依靠刚刚在沈阳抓住的明军炮兵战俘才最终击破白杆兵的:"李永芳得中国炮手,亲释其缚,人赏千金,即用以攻川兵,无不立碎者。"这可能是后金第一次在与明军的战争中大规模使用火器,而操盘人正是首个投降后金的明军将领李永芳。

川军全军覆没之后,浙军也同样进行了殊死抵抗。浙兵先用火器接敌,"多杀伤",等到火药用尽,才在肉搏战中被兵力居绝对优势的八旗军击溃。此战,浙军自主将陈策、童仲揆以下,共阵亡大小将校一百二十多人。

对于明军在浑河之战中的血性表现,《明史》评价称"自辽左用兵,将士率望风奔溃,独此以万余人当数万众。虽力绌而覆,时咸壮之";清人魏源在《圣武记》中更是将此战称为"为辽左用兵以来第一血战"。

攻取沈阳仅五天后,努尔哈赤发兵攻打明朝在辽东的首府辽阳。如辽阳这样城池坚固的大城,也只是支撑了一天,便被努尔哈赤拿下。袁应泰见大势已去,自缢于城楼之上。

辽、沈丢失之后,明朝中枢又念起了熊廷弼的好。于是熹宗再度起用熊廷弼为辽东经略,同时任命王化贞为辽东巡抚。但两人关系不睦,经略、巡抚不和闹得满朝皆知。

在此期间,明军倒是取得了一次意外的胜利。天启元年(1621年)七月,毛文龙率一百九十七名死士深入敌后,趁镇江堡(今辽宁省丹东市东北九连城镇)城中空虚,夜袭镇江堡,生擒努尔哈赤的妻弟、康熙帝的外祖父佟养真;随后又派陈忠等袭双山,擒斩后金游击将军缪一真等,史称"镇江大捷"。

严格说来,如果不考虑此战的规模远小于宁远之战的话,镇江之战才是明军在明清战争中的首胜。御史董其昌以顶礼膜拜的口吻称赞毛文龙:"立此奇功,真奇侠绝伦,可以寄边事者!如此胆略,夫岂易得?使今有三文龙,奴可掳,辽可复,永芳、养性可坐缚而衅之鼓下矣。"

天启二年(1622年)正月,努尔哈赤在探知熊廷弼与王化贞不和之后,率军进攻广宁(今辽宁省北镇市)。不知兵的王化贞连出昏招,最后被心腹孙得功出卖,努尔哈赤大军轻取广宁,王化贞弃城逃跑。

谁来为广宁之败担责?明廷将熊廷弼和王化贞逮捕下狱,两人先后被杀,熊廷弼被"传首九边"。

对于战败,尤其是所谓的经抚不和,熊廷弼当然要负部分责任。熊廷弼的性格有缺陷,据《明史·熊廷弼传》,"性刚负气,好谩骂,不为人下,物情以故不甚附","亦褊浅刚愎,有触必发,盛气相加,朝士多厌恶之",与王化贞甚至不无互相拆台之嫌。

但熊廷弼终究是一位才气、魄力兼具之疆臣,"如果熊廷弼能够大展宏图，辽事不可能如此一败涂地"①。

至此，明朝已几乎等同于丢失了整个辽东，再往后一步，就是山海关。

凭坚城以用大炮

广宁失陷后，熊廷弼的继任者、新任辽东经略王在晋对关外局势充满了悲观情绪，他在《三朝辽事实录》中写道：

> 东事离披，一坏于清、抚，再坏于开、铁，三坏于辽、沈，四坏于广宁。初坏为危局，再坏为败局，三坏为残局，至于四坏，捐弃全辽，则无局之可布矣。逐步退缩之于山海，此后再无一步可退。

王在晋的这番话说得文采斐然，但他"捐弃全辽，退守山海"的这一极端保守的战略却遭到了此时还寂寂无闻的袁崇焕的坚决抵制。他要求修筑山海关二百里之外的宁远城墙，为此袁崇焕冒着得罪上官的风险直接写信给朝廷中枢。

为此，时任兵部尚书的孙承宗决定亲自去辽东现场勘察，以决定辽东防务的重点：山海关还是宁远？

最终，亲赴辽东的孙承宗选择站在了袁崇焕这一边。他一面向明熹宗上书称，"欲复辽东，则必先复辽西。欲复辽西，则必先

---

① 樊树志《重写晚明史：内忧与外患》，中华书局，2019年4月版，180页。

固宁远";一面又要求朝廷撤换王在晋,"在晋既去,承宗自请督师"。就这样,天启二年(1622年)八月,孙承宗成了新一任的辽东最高军政长官。

在孙承宗的支持下,袁崇焕开始在宁远修筑城墙。从某种意义上来说,宁远之战在此刻就开始了。除传统意义上的加厚加高城墙以外,袁崇焕在修筑宁远城中也为其注入了火器战争的时代感,"袁崇焕修筑宁远城的创新在于:城墙四角各筑一座附城炮台,其三面突出墙外,既便于放置大型火炮,又可以扩大射角,其射界能达到二百七十度。它消除了以往城堡凡敌至城下而铳射不及之缺陷,可远轰奔驰而来之骑敌,亦可侧击近攻城墙之步敌,从而充分发挥火炮之威力"①。

袁崇焕修宁远城的主要助手是日后的登莱巡抚孙元化。孙元化是徐光启的学生,明末著名的火器专家。他的著作《西法神机》中还专门有关于修筑炮台的《铳台图说》一章。有理由推测,孙元化在修筑宁远城时已经部分采用了从徐光启和利玛窦那里来的西方筑城法,甚至有激进的说法称,宁远筑城部分取法了当时西方最先进的复兴城堡,即"棱堡"。②

客观而言,无论有无取法棱堡,宁远城修筑过程中的确是吸收了一些西式筑城的方法,建造可最大限度发挥新式火炮威力的炮台(铳台)就是其中的核心。

至天启五年(1625年),孙承宗督师辽东已四年,前后修复九

---

① 阎崇年《论宁远争局》,《故宫博物院院刊》,1995年第1期,107页。
② [美]欧阳泰,张孝铎译《从丹药到枪炮:世界史上的中国军事格局》,中信出版集团,2019年3月版,168—169页。

座大城,练兵十一万,建立十二个车营、五个水营、两个火器营。辽东明军自宁远又向北推进二百里,从而形成了以宁远为中心的宁锦防线。但正当孙承宗与袁崇焕稳步推进筑城练兵的战略时,魏忠贤以山海关总兵马世龙冒进兵败为借口,罢免了孙承宗,由高第代为经略。

换人也就罢了,高第守辽之策也与孙承宗相左。他上任后即效法王在晋,下令放弃关外四百里之地,关外兵民尽撤,等于是让孙承宗四年的筚路蓝缕付诸东流,将整个辽西最后几个重要据点拱手让予后金。

其中自然也包括袁崇焕的宁远城,但袁崇焕断然抗命,对着高第甩下一句慷慨淋漓的千古名言:"宁前道当与宁、前为存亡!如撤宁、前兵,宁前道必不入,独卧孤城,以当虏耳!"(《边事小纪》卷一)"宁""前"分别指宁远、前屯,袁崇焕负责宁前一线地区,遂自称"宁前道"。袁崇焕坚持不撤,高经略倒也不以介怀,他尽撤锦州、大凌河及松山、杏山、塔山守备,尽驱屯守兵民入山海关:袁崇焕如果不介意做一支关外孤军,想留就留吧。

努尔哈赤自然不会放过这个一举吞食全辽、与大明划关而治的时机,天启六年(1626年)正月二十三日,后金大军兵临宁远城下。

城下是拥兵十三万且久经疆场的六十八岁的努尔哈赤,城上是仅有一万余人且初历战阵的四十三岁的袁崇焕,这一战看起来毫无悬念可言。

袁崇焕将要面对的是怎样一支军队呢?事实上,与固有认知不太一样的是,八旗军起初并不是以骑射著称,反倒是以重甲步兵横行辽东。八旗骑兵是在之后的战争中慢慢锻炼出来的。叶赫人曾评价后金军称，"我畏奴步，奴畏我骑，力相抗也，技相敌也"（《明神宗实录》）；徐光启也曾有言，"奴之步兵极精，分合有法；而谈东事者但以为长于弓马而已"（《辽左阽危已甚疏》）。

但相对于缺乏野战能力的明军而言，后金军的比较优势还是骑兵。在大规模野战中，步兵也好，骑兵也好，步骑混编也好，后金军都对明军保持不败战绩，且是压倒性的优势。

袁崇焕的迎敌战略看起来很简单："虏利野战，惟有凭坚城以用大炮一着。"借助孙元化参用西法修建的宁远"坚城"有了，城上又架起了徐光启亲自从澳门采买的红夷大炮——作为此时大明朝境内最先进的大炮，这也是红夷大炮第一次投入实战。此时，经葡萄牙炮师训练的火器把总彭簪古，也被袁崇焕调到宁远培训炮手。

以现今的认知看来，将大炮架在城墙上似乎是一个很自然的行为，但在明末甚至可能是一个有争议的"新知"。火器在明代有着一种进攻性的基因，朱棣创建神机营的本意就是带着火器在野战中遏制蒙古骑兵的冲锋，守城反倒是后续的延伸作用；即使在守城中，明代最流行的火炮战法也是将火炮放在城壕附近的阵地上，依城防守。

针对炮台和火炮的关系，徐光启曾提出了著名的观点："以台护铳，以铳护城，以城护民"，"若能多造大铳，如法建台，数里之内贼不敢近，何况仰攻乎？"（《谨申一得以保万全疏》）更有针对性的是，徐光启还曾明确指出，后金军攻城时应采取坚壁清野、凭城坚守的战法，将过去放在城外的火炮移至城内各炮台，轰击攻城之敌，使敌无法接近城墙。

因此，徐光启才是"凭坚城以用大炮"理论的最早提出者，而袁崇焕则是实战第一人。

事实上，在此前八年明与后金的战争中，再坚固的城池几乎都是一天内攻克，但八旗军以正面强攻拿下坚城的战例相当罕见。在抚顺、清河、辽阳、铁岭、广宁、沈阳和开原这七座城池中，抚顺、辽阳、铁岭和广宁都是靠内奸开城因而被努尔哈赤轻松攻取的，广宁甚至是不战而降，沈阳和开原则都是主将出城浪战在先，奸细作乱在后，同样没让努尔哈赤付出多大代价就顺利夺城。严格说来，只有清河城算是后金军强攻拿下的，但清河又算不上明军重兵囤聚的坚城。

也就是说，看似夺城无数的后金军的强攻坚城的经验微不足道，这也正是袁崇焕的机会之一。

面对努尔哈赤的六万大军（努尔哈赤自称二十万，袁崇焕认定是十三万），袁崇焕手中仅有一万余人，唯一的优势就是采用了更利于火炮发射的西方筑城办法的宁远坚城，以及十一门红夷大炮。

努尔哈赤和后金军此前对明军的各类火器并无太多忌惮，尤其是对火器在野战中的表现颇为不屑，在萨尔浒之战中甚至有"火未及用，刃已加颈"的说法，但这次宁远城的红夷大炮注定将给他们一个全新的体验。

八旗大军抵达宁远城当天，即天启六年（1626年）正月二十三日，袁崇焕就命红夷大炮轰击城北后金大营，给了努尔哈赤一个下马威。茅元仪《督师纪略》称此战"遂一炮歼虏数百"。

"一炮歼虏数百"严重夸大了红夷大炮的杀伤力。当时"开花炮弹"尚未出现,标配的实心炮弹高速砸向地面后可依靠动能弹跳数次,碰到的人自然是非死即伤,但很难造成现代火炮所谓"一炸一片"的面杀伤效果。事实上,直到第一次鸦片战争,开花炮弹在西方军队的普及都没有最后完成。

之后两日是两军最激烈的城池攻防战,对于具体战况,双方官方口径和明人各路私家笔记众说纷纭,其中多有夸张渲染之处。

稍做梳理可见,八旗军的基本战法是以步骑兵的"万矢齐射城上"作为火力支持,以前方有五六寸厚的木挡板、裹有层层韧性强劲的生牛皮的楯车作为防御手段,掩护士卒运动到炮火薄弱的城墙下"用斧凿城"或"用铁裹车撞城"。

而明军的战法则是远程用十一门红夷大炮和各类火器轰击。红夷大炮的射程据说最远可达两公里。即使是后金军专为防御火器而设计出来的坚固楯车,红夷大炮也可一击即碎,所谓"每用西洋炮,则牌车如拉朽"(《明熹宗实录》)。

当八旗军突破炮火的狙击,攻至红夷大炮的火力死角——城下时,明军再祭出火攻,"火毯、火把争乱发下","更以铁索垂火烧之"(《明熹宗实录》)。明军还临阵使用了一种叫"万人敌"的秘密武器。"万人敌"被后世传得神乎其神,《明季北略》的描述极为夸张:"火大发,扑之愈炽,火星所及,无不糜烂,延烧数千人。"但所谓"万人敌",大概率就是一种土法火器,用芦花和棉被装裹火药点燃扔到城下,一烧一大片。

第一天的战斗一直持续到二更天,在城下留下无数尸体的八旗军方才散去。

次日战至下午,从未直面如此强大火力的八旗军的军心已濒

临崩溃,一向悍不畏死的满洲勇士远远躲在红夷大炮射程外,畏葸不前。《明熹宗实录》称:

> 贼无一敢近城,其酋长持刀驱兵,仅至城下而返。贼死伤视前日更多,俱抢尸于西门外各砖窑,拆民房烧之,黄烟蔽野。

宁远之战的最后一天其实就是走个形式,八旗军主力已转向进攻觉华岛,留下部分士卒继续攻城。双方不仅没有更新战法,交战激烈程度也远不及前两天。不过,这一天的唯一亮点是,明军可能击毙了后金某个高级贵族。张岱《石匮书后集》载:

> 炮过处,打死北骑无算,并及黄龙幕,伤一裨王。北骑谓出兵不利,以皮革裹尸,号哭奔去。

根据后金的史料,几日攻城,"共折游击二员,备御二员,兵五百"。一场如此激烈的城池攻防战,伤亡数字不太可能如此小,就连论史相对更倾向于清朝的阎崇年也认为,"这应是被掩饰而缩小了的数字"。当然,徐光启战后所称的"是役也,奴贼糜烂失亡者实计一万七千余人"更不靠谱。就宁远一战中后金军的伤亡,明兵部尚书王永光奏称的"前后伤虏数千"可能更接近战况实际。

当然,在宁远之战中,比伤亡数字更大的悬念是所谓的"努尔哈赤受伤之谜"。有一种流传甚广的说法是,努尔哈赤在宁远之战中为炮火所伤,导致伤重而亡。不仅"伤重而亡"这种说法无正史支持,且从努尔哈赤战后还亲征蒙古来看,恐怕就连"伤重"也不太靠谱。

不过,宁远之战后不到七个月,也就是后金天命十一年(明天启六年,1626年)八月十一日,努尔哈赤驾崩于清河。努尔哈赤之死可能与宁远之败难逃干系,樊树志先生有持平之论:"努尔哈赤自二十五岁征战以来,自称战无不胜攻无不克,在宁远城下败北,愤恨而死,不论是否受伤,他的死与宁远惨败直接相关。"①

不过,如果将觉华岛之战作为宁远之战的分战场的话,明军的完胜光环就要褪色不少。在觉华岛之战中,明军关外后勤基地被攻克,粮料八万余石和舟船两千余艘俱被焚烧,七千余名明军被杀,后金军仅折损两百余人。

可见,单纯就战术而言,明军在广义上的宁远之战中并未占得便宜,甚至是损失更重的一方。

据说为了定性宁远之战是否大捷,明朝中枢内部还一度有争议,最后天启帝采纳了兵部尚书王永光的建议:"辽左发难,各城望风奔溃,八年来贼始一挫,乃知中国有人矣!"天启帝下旨定调:"此七八年来所绝无,深足为封疆吐气!"

大捷!

宁远大捷的意义更多是战略和心理层面上的。此战打破了后金不可战胜的神话,"证明明军坚守城池,使用大炮,城炮结合,依靠坚城屏障,发挥洋炮威力,是阻止后金军强大攻势的有效手

---

① 樊树志《重写晚明史:内忧与外患》,中华书局,2019年4月版,195页。

段"①。通过实战,明军验证了"凭坚城以用大炮"战法的有效性,这也是双方开战八年来,明军找到的唯一一个有操作性的克敌制胜战法。

败走宁远后,后金仍未对红夷大炮有充分和清醒的认知,没有意识到这是一次划时代的火器革命。在后金的文献里,宁远战败的原因被归咎于军队的糟糕表现、质量低劣的武器(比如车梯和藤牌朽坏、器械无锋),甚至归咎于努尔哈赤的骄傲轻敌,而不是明军的红夷大炮。这一滞后的火器认知,将直接导致日后八旗军在辽东的另一次相似的重大受挫。②

从佛郎机到红夷大炮

如果不考虑袁崇焕本人,红夷大炮堪称宁远之战的第一功臣。战后,明廷还特意封一门红夷炮为"安国全军平辽靖虏大将军",礼部甚至奉旨差官祭拜大炮。

那么,红夷大炮是如何横空出世的?

本书前面曾重点写到了朱元璋和朱棣时代的火器进化,尤其是组建神机营后,明军的火器装备一度走到了同时代全世界的最前端。但是,这却是中国封建时代火器发展的最后一次领先。

军事科学院军史百科部研究员钟少异在接受《上海书评》采

---

① 阎崇年《袁崇焕传》,中华书局,2005年10月版,74页。
② [美]狄宇宙,赵世瑜译《与枪炮何干?火器和清帝国的形成》,《世界时间与东亚时间中的明清变迁》(下卷),生活·读书·新知三联书店,2009年12月版,176页。

访时曾表示：

> 到了明朝永乐时期，开始于北宋的中国早期火器的发展达到了一个高峰……达到这个高峰以后，中国早期火器的发展也就停顿了下来。永乐之后，从宣德到正德的一百来年，中国火器看不出有什么显著的发展表现，基本就处在停滞的状态。而且，与永乐火铳相比，从宣德到正德时期的铜火铳反而有退步的迹象，一是制造没有永乐时期精细，二是规范性降低了。所以这一百来年，总体上是停滞和退化。

仅仅依靠内生性的发展，明朝火器已长期停滞在火铳时代，那么，转机就只有来自外部刺激了。不过，先别急，红夷大炮还没那么快到来。

嘉靖元年（1522年）八月，明军在广东海道副使汪𬭎的指挥下，在西草湾海战中击败葡萄牙人，缴获了二十余门佛郎机。所谓"佛郎机"，是当时明朝对葡萄牙的称呼，因此炮来自葡萄牙，因此便被明人冠以"佛郎机"之名。

佛郎机代表着欧洲15世纪末至16世纪初的火炮制造水平，与当时明军装备的火铳相比，在射速、射程、发射安全性、机动性、威力和命中率上都有了全方位的提升，是超越了火铳一个时代的先进火器。

明朝很快就着手仿制佛郎机。嘉靖三年（1524年）四月，首批国产仿制佛郎机就在南京下线；嘉靖九年（1530年）九月，已升任都察院右都御史的汪𬭎上书嘉靖帝，建议大量仿制佛郎机，在九边地区大量装备,以应对蒙古骑兵。从此,佛郎机进入批量生产,取代了火铳的地位,成为明军火炮的制式装备之一,"明朝生产出来的各型佛郎机总数达三四万门,数量超过世界上任何其他国家"①。

佛郎机在嘉靖时代的迅速普及,一方面呼应了明朝自朱棣以来各代帝王发展火器对付蒙古骑兵的初衷,另一方面也反映了明朝北方边患的剑拔弩张。嘉靖朝正值蒙古各部进入土木堡之变以来的新一轮实力上行期,边患越严重,明军对新式火器的开放性越高。

在明军中,对装备佛郎机最有热情的就是有明一代最卓越的将领戚继光。某种程度上,戚继光和袁崇焕都是中国古代将领中的异类,他们不仅重视士气、训练、募兵、战术等中国传统军事资源中的强兵手段,还追逐和研究先进武器特别是火器,并根据先进火器来更新战法。这让他们两个更像近代式的军事管理者。

戚继光的部队在当时的明军中"装备佛郎机最多,种类最齐全"。戚继光的名著《练兵实纪》和《纪效新书》中,记载了总计十一种规格的佛郎机,还总结出了各尺寸型号的战场用途。②

但戚继光终究无法彻底超越时代,"从抗倭时代开始,他(戚继光)一直在呼吁提高火器生产的工艺水平,但当时中国缺乏近代的基础科学体系,弹道学、近代化学、制图学等都未出现,根本无法进行标准化的火枪火炮生产,故未能走上军事近代化之路"③。

---

① 李伯重《火枪与账簿:早期经济全球化时代的中国与东亚世界》,生活·读书·新知三联书店,2017年1月版,171页。
② 王兆春《中国火器史》,军事科学出版社,1991年3月版,126—127页。
③ 李硕《南北战争三百年:中国4—6世纪的军事与政权》,上海人民出版社,2018年1月版,190页。

几乎在佛郎机入华的同时，火绳枪也进入了中国。火绳枪在中国被称作"鸟铳"，得名有可能因为其枪机独特，形似鸟嘴，也有可能如明人范景文《律师》之说，"后手不用弃把点火，则不摇动，故十发有八九中，即飞鸟之在林，皆可射落，因是得名"。据郑若曾的《筹海图编》，火绳枪两次进入中国。第一次是在西草湾海战中，明军不仅缴获了佛郎机，还缴获了葡萄牙人的火绳枪。但因火绳枪当时发展尚不成熟，故明军未重视，而将注意力都投向了佛郎机。第二次是在嘉靖二十七年（1548年）的双屿港之战中，明军自岛上葡萄牙人和日本人处缴获了火绳枪。据说当时日本仿欧洲造的火绳枪青出于蓝，因此得到了明军的青睐，开始仿制日制火绳枪。故戚继光《练兵实纪》中有"此器中国原无，传之倭寇，始得之"的说法。

明代火铳传至欧洲被仿制后称为"火门枪"，火绳枪即火门枪的升级版。相比火铳（火门枪），鸟铳（火绳枪）因有了瞄准装置和改造得更细长的铳管而在射击精度和射程上都有了长足进步。但鸟铳最大的升级还是其发射装置，因增设了慢燃烧的火绳和扳机而提高了射速。

嘉靖三十七年（1558年），兵仗局成功仿制了第一批鸟铳一万支。而戚继光继佛郎机之后，再次成为鸟铳的拥趸。据戚继光的《练兵实纪》，戚家军步营有两千六百九十九人，装备鸟铳一千零八十支，装备鸟铳的人数约占步营总人数的40%。

自戚家军始，鸟铳逐渐取代火铳，成为明军装备的主要单兵射击火器。

为了对付蒙古重装骑兵的重甲，明末火器专家赵士桢对源自奥斯曼帝国的重型鲁密铳进行了改良，"设计出了一种射程更远、射击精度更高的火绳枪,威力比同期欧洲、日本和土耳其的火绳枪更大"[①]。

作为明军第一代火器,火铳是个宽泛的概念,包括了火炮和手铳等单兵火器两大谱系。在嘉靖年间,火铳遭到了来自西方新科技的迭代冲击,在火炮方面被佛郎机取代,在单兵火器方面被火绳枪取代,从而完成了向第二代火器的全方位升级,姑且称之为"第一次西炮东传"。

在明末,又有了第二次西炮东传,这次终于轮到了红夷大炮。

红夷大炮的入华与明清战争的爆发直接相关。万历四十七年(1619年),明军惨败于萨尔浒后,忧心国事的徐光启深感明军现有的火器已经无法应对新的战争形势,甚至连作为第二代火器的佛郎机也不足以震慑比蒙古骑兵战斗力更强的八旗骑兵。

因此徐光启决定联络李之藻等志同道合之人,以私人捐资的方式,向澳门葡萄牙当局求购更新一代的西洋火炮。泰昌元年(1620年),李之藻派门人前往澳门,购买了四门新型西洋火炮,后转运入京,是为红夷大炮入华之始。

明朝获得的第二批红夷大炮来自英国东印度公司沉船"独角兽号"。几乎就在李之藻澳门购炮的同时,"独角兽号"因台风触礁沉没于广东阳江沿海,广东地方官员打捞沉船得到三十余门红夷大炮,并将其中二十余门解京,还自澳门雇用了二十余名葡萄牙炮师随行入京,教授炼药、装放之法。至天启三年(1623年)四月,明朝通过购买和打捞两种途径共运入京师三十门红夷大炮。

[①] 李伯重《火枪与账簿:早期经济全球化时代的中国与东亚世界》,生活·读书·新知三联书店,2017年1月版,157页。

其中十八门守卫京师；一门在试炮中炸膛；十一门转运关外，即袁崇焕在宁远的那十一门炮。①

在天安门内的端门和午门之间，过去曾陈列着两门形制相同的西洋大炮，炮身刻有"天启二年"和"红夷铁铳"的铭文字样，甚至还有火炮编号，基本可以认定是当初留守北京那十八门红夷大炮中的两门。②

之所以叫"红夷大炮"，是因为明朝误以为这批炮产自荷兰，而明人称荷兰人为"红夷"，其命名方式与佛郎机同出一辙。

如果说火铳是明军装备的第一代火器，佛郎机及鸟铳是第二代，那么，红夷大炮就是明军装备的第三代火器。红夷大炮是英国在16世纪后期经过火炮改革后生产的一种早期加农炮，与佛郎机相比，在设计和制造上已融入一定的数理知识，在射程、杀伤力、安全性、射击精度方面又有了全方位的提升。明末军事专家焦勖在《火攻挈要》中盛赞："近来购得西洋大铳，精工坚利，命中致远，猛烈无敌，更胜诸器百千万倍。"

红夷大炮购炮第一人李之藻则将红夷大炮誉为"不饷之兵，不秣之马，无敌于天下之神物"。

红夷大炮后传

宁远之战后，明军还凭借红夷大炮打了两次胜仗。

---

① 黄一农《红夷大炮与明清战争》，四川人民出版社，2022年7月版，58—91页。
② 王兆春《中国火器史》，军事科学出版社，1991年3月版，226页。

第一次是天启七年（1627年）五月的宁锦之战。此时距宁远之战只有一年多，升任辽东巡抚的袁崇焕在短时间内构筑了一道"宁锦防线"，他亲自守宁远，爱将赵率教守锦州。宁锦之战中，皇太极亲自率军先攻锦州不克，再攻宁远不克，回攻锦州又不克。三次冒着红夷大炮的炮火强攻，后金损失之大甚至要大于宁远之战。当然，红夷大炮只是明军取胜的原因之一。

第二次是崇祯三年（1630年）五月的滦州之战。袁崇焕此时已蒙冤下狱，孙承宗复出督理军务，集结大军反攻皇太极在关内占的四座城。在滦州攻城战中，明军第一次用红夷大炮进攻坚城，击坏城垛，炸毁城楼，八旗军只得弃城逃跑，沿途被明军截击，斩杀四百余人。后金的关内统帅阿敏连续受挫之下，被迫放弃其他三座城池，狼狈撤回盛京。

除袁崇焕当初制订的"凭坚城以用大炮"以外，明军还结合战场实际和战力提升，围绕红夷大炮设计出了一系列新战术。

其一，炮骑协同战术。宁锦之战中，皇太极进攻宁远城，袁崇焕命大同总兵满桂和副将尤世威率骑兵出城迎战，但与一般的骑兵野战不同的是，明军骑兵始终活动在城墙附近的红夷大炮射程范围内，营造出"明军骑兵战于城下，红夷大炮则战于城上"的炮骑协同战术：明军骑兵与八旗骑兵短兵相接，大炮则轰击八旗军的后卫部队，造成了双重杀伤的效果；即使交战不利，明军骑兵也可在大炮的掩护下，安全撤回城中。

袁崇焕在宁锦大捷后盛赞敢于野战的明军骑兵："十年来，尽天下之兵，未尝敢与奴战，合马交锋；今始一刀一枪拼命，不知有夷之凶狠骠悍。"（《三朝辽事实录》卷一七）如果真有所谓的

"关宁铁骑",这可能就是其起源了。当然,袁崇焕话只说了一半,明军骑兵固然蹈锋饮血、异军突起,但所谓"一刀一枪拼命",却是选择性遗漏了"一炮"。

在广渠门之战(与德胜门之战、永定门之战都是北京保卫战的一部分)中,明军铁骑又在依城而战中惨胜八旗骑兵,袁崇焕本人亲自上阵横刀跃马,"两肋如猬,赖有重甲不透"。尽管史料中未见明确的炮骑协同,但明军骑兵的确享有依城而战的各项优势。

但这一战术的破绽是:操作不慎便会误伤友军。德胜门之战中,满桂的骑兵在与八旗骑兵对战时,"城上发大炮佐之,误伤桂军,桂亦负伤"(《明史·满桂传》)。可见炮骑协同战术的"协同"默契很重要,在宁远可以做到,在北京未必可以。

在稍晚的永定门之战中,满桂"移营永定门外二里许,列栅以待"(《明史·满桂传》),这里很可能已经超过了红夷大炮的有效射程(非最大射程),致使满桂大军难以得到城上火炮的充分火力掩护,被八旗骑兵合围歼灭。也有一种可能性是,满桂对城上炮兵的误击仍心有余悸,以至于冒险脱离红夷大炮的掩护。

但战场是最不会说谎的,事实证明,明军骑兵没有了炮骑协同,仍然无力与八旗骑兵一战。

其二,车炮协同战术。"在明代前期,战车仅作为运载工具使用。到了明代中晚期,战车逐渐被改进为配有火炮和防护装置、具有作战能力的炮车。"[1]自戚继光始,再到孙承宗和袁崇焕,一直致力于

---

[1] 李伯重《火枪与账簿:早期经济全球化时代的中国与东亚世界》,生活·读书·新知三联书店,2017年1月版,325页。

建立以火器为主的车营。战车不仅可以增强火炮的机动性，令火炮可以用于野战，还可以成为火器部队防御骑兵冲击的屏障。如赵士桢《防虏车铳议》所言："为今之计，无如用车自卫，用铳杀虏。"

在戚继光首创的车营中，装备佛郎机二百六十五门、各型火枪逾三千八百支，使用火器的士卒占到了全营编制总数的41%；在辽东，孙承宗把戚继光的步、骑、车、辎重四营合而为一，组建了十二个新车营，每营配备各型火枪近两千支、各型火炮逾三百五十门，所谓"御虏当急练车炮，不当尽倚骑卒"。①

甚至可以说，明代中后期是战车自战国衰落以来的第二次使用高峰。当然，此战车非彼战车了。

在第二次宁远防御战（宁锦之战的一部分）中，袁崇焕遣车营都司李春华率车营士卒一千二百人，掘壕以车为营，列火器为守御，构成了宁远城的第一道防线。再配合城上的红夷大炮和伺机而动的骑兵，这套立体防线比第一次宁远防御战时的"凭坚城以用大炮"更具杀伤力。毕竟，宁锦之战时的红夷大炮已不复是秘密武器。

在此，熟悉欧洲战争史的人很容易联想起15世纪捷克名将扬·杰式卡。他在胡斯战争中首创了战车堡垒（车堡）战术。捷克胡斯党人军队的基本战术单位即战车，再结合步兵、骑兵、炮兵的支持，在胡斯战争中屡次击败神圣罗马帝国和"十字军"的重骑兵，与戚继光及袁崇焕的车炮协同战术有异曲同工之处。

---

① 李伯重《火枪与账簿：早期经济全球化时代的中国与东亚世界》，生活·读书·新知三联书店，2017年1月版，333—335页。

总的来说，无论是炮骑协同，还是车炮协同，再或是车炮骑协同，明军在实战中都高度依赖城池这个物理屏障。这不仅是心理依赖，更是现实军事考量。毕竟，在真正意义上的野战中，无论是明军的红夷大炮、车营，还是传说中的关宁铁骑，都没有证明过自己。

宁远之战后，红夷大炮成为明朝中枢的新宠。明朝廷不吝财力地投入各种资源仿制和聘请西洋技师，在崇祯朝飞速实现了红夷大炮的量产。仅在崇祯三年（1630年）二月至八月这半年间，徐光启就仿制了四百余门西洋大炮。明朝的火器仿制能力为何突飞猛进，有一种解释是："如此快速的技术跟进和中国作为火器的发源地、拥有一定的技术基础是分不开的，另外，17世纪末以前西方火器的创新多属经验性质，较易为技术落后者追赶上。因此，在17世纪末期以前，中国火器和西方相比虽有差距，但在明清两朝的重视下，不但很快弥补了差距，并常能融合中西火器的长处，创造出性能更好的火器。"[①]

那么，问题来了，宁锦之战和滦州之战后，明军的红夷大炮为何神奇不再，再无机会创造战争奇迹了呢？

这里试着探讨两点原因。

第一，红夷大炮不擅野战。"十七世纪的红夷炮发射速度不快，每分钟虽有可能达到一至二发，但炮管无法承受持续射击，隔一段时间就需休息以冷却，故每小时平均只可发射八发，每天通常

---

① 李婷婷、朱亚宗《中国火器落后于西方的时间节点及原因初探》，《自然辩证法通讯》，2009年第2期，72页。

不超过一百发……当时的红夷炮对快速运动的步骑兵而言，仍无法有效达到防堵并歼敌的作用，但对攻城或守城而言，则效果显著。"[1]

第二，后金造炮后来居上。历经宁远之战、宁锦之战和滦州之战的挫败后，皇太极逐渐意识到，单纯依靠骑射已不能适应红夷大炮时代的战争需要，后金也必须造出自己的红夷大炮。后金天聪五年（明崇祯四年，1631年）正月，后金成功仿制出了第一门红夷大炮，定名为"天佑助威大将军"，后金"造炮自此始"。女真人避"夷"字之讳，故改称红衣大炮。在数月后的大凌河之战中，首次出战的红衣大炮就为皇太极立下奇功，外击来援明军，内轰大凌河城，逼得祖大寿开城归降。

崇祯六年（1633年），吴桥兵变平息后，孔有德、耿仲明和尚可喜相继归降后金，不仅给皇太极带来了二十门左右质量更精良的红衣大炮，还送上了一支受过葡萄牙人训练的工匠和炮手团队。这个团队掌握了教会中人一直视作不传之秘的火炮操作和瞄准技术，大大增强了后金的炮兵实力和军工技术。

而在明朝这边，继袁崇焕被冤杀之后，大明疆臣中最精通火器战法的登莱巡抚孙元化也受吴桥兵变牵连被杀，明军又失一火器干城。此消彼长之下，清军火炮部队已能与恃火器为长技的明军分庭抗礼。

在明清战争的决定性战役松锦之战中，清军击垮了由洪承畴率领的十三万步骑精锐，这也是明军在关外的最后一支野战军。

---

[1] 黄一农《红夷大炮与明清战争》，四川人民出版社，2022年7月版，338页。

清军的红衣大炮在此战中扭转乾坤，在东亚有史以来最大的火炮对战中，彻底压制了明军的炮兵。清军在进攻松山、塔山和杏山时，都是依靠红衣大炮的攻坚能力才攻陷这三座军事要塞的。

松锦之战后，明清火器强弱对比彻底逆转，驻扎于锦州的清军已拥有近百门红衣大炮，而逃回宁远的明军仅剩下了十门红夷大炮。[①]明辽东巡抚黎玉田哀叹称："我之所以制酋者，向惟火器为先，盖因我有而酋无，故足以取胜。后来酋虽有而我独多，犹足以侥幸也。……酋铸百炮而有余，我铸十炮而无力。"

就袁崇焕理想中的炮骑协同而言，此时的清军算是抵达了最终版本：骑兵野战无敌，炮兵无坚不摧，也就是金哀宗当年用来描述巅峰时代蒙古骑兵的那句话："恃北方之马力，就中国之技巧。"

纵观明代这三次火器革命，即洪武永乐时代的火铳、嘉靖时代的佛郎机和火绳枪、天启崇祯时代的红夷大炮，无不是受到某种严峻的外部军事挑战而做出的应对，且三次挑战都来自北方骑兵：前两次是蒙古骑兵，后一次是八旗骑兵。借用费正清经典的"冲击—反应"模式来探讨，即"满蒙冲击，大明反应"，朱元璋、朱棣、汪铉、戚继光、徐光启、袁崇焕、孙元化都是满蒙骑兵冲击下的回应者。

针对同样的历史事实，另一个异曲同工的解释框架来自威廉·麦克尼尔，其名著《竞逐富强：公元1000年以来的技术、军事与社会》阐释了一个道理：欧洲长期的列国林立带来激烈的军

---

① 黄一农《红夷大炮与明清战争》，四川人民出版社，2022年7月版，378页。

事和政治竞争，由此产生的生存压力迫使各国必须不断进行军事技术和军事体制变革。

明清鼎革之前长达二十余年的大规模军事对抗，为两大帝国营造出一个研发、装备和应用新型火器的绝佳竞争环境。

当说到朱元璋、朱棣、戚继光、徐光启、袁崇焕这些大明的人物时，也不要忘了那个叫作皇太极的人。从军事技术变革的角度来看，皇太极是以一己之力将后金从冷兵器骑兵帝国转变为火药帝国的强势主导者。作为先行者的明朝用两百多年的时间展开了三次火药革命，作为后来者的皇太极仅用了十七年时间就跨越性地走完了明朝两百多年的科技之路，让后金直接跨入红衣大炮的时代，为后来的清帝国成为骑兵、步兵、火器均超越明帝国的超级军事强权铺平了道路。

在黄一农先生看来，皇太极在中国乃至全球军事史上的地位被严重低估了。他认为，皇太极与同时代被誉为"近代战争之父"的瑞典国王古斯塔夫二世堪称"东西辉映"。[①]

最后，附上两段不谋而合的意见：

> 徐光启等天主教人士原本希冀能利用红夷大炮帮助明朝救亡图存，但历史的发展往往事与愿违，这种新型火器最后却转成为清朝得以吞并大明的利器。[②]

[①] 黄一农《红夷大炮与明清战争》，四川人民出版社，2022年7月版，381页。
[②] 黄一农《红夷大炮与明清战争》，四川人民出版社，2022年7月版，382页。

这场军事改革运动的最终结果,是这场运动训练出来的精锐部队的主体,不仅未能如晚明精英所希望的那样成为卫国之干城,反而为敌所用,成为新朝夺取明朝天下的利器。[1]

不妨再进一步设想下,如果没有红夷大炮的传入,明朝会不会还能多续命几年?

---

[1] 李伯重《火枪与账簿:早期经济全球化时代的中国与东亚世界》,生活·读书·新知三联书店,2017年1月版,344页。

第十三章

三藩之乱：吴三桂的散装联盟

康熙十二年（1673年）十一月，六十二岁的平西王吴三桂在昆明誓师反清，将北京城里的二十岁青年玄烨卷入了一场长达八年的殊死决斗中。

从战争史的角度观察三藩之乱，有两个问题似乎是无法绕开的：第一，为何是康熙帝胜，吴三桂败？第二，为何这场战争打了八年之久？

站在三藩的角度，这两个问题可以合并回答。吴三桂一方由多个反清势力构成，实力极其强劲，难以迅速击败；同时，他们又缺乏整合，各自为战——成也"多国部队"，败也"多国部队"。

西南鼙鼓动地来

康熙十二年（1673年）十一月二十一日，吴三桂起兵。此时距他下令用弓弦勒死南明末代皇帝永历帝已近十二年，距离中国大陆最后一支大规模抗清力量——夔东十三家的最后败亡已近十年。除台湾岛上的郑经之外，止戈休兵的大清帝国似乎可以一直这么岁月静好下去。

吴三桂起兵之初虽来势汹汹，但对坐拥天下的康熙帝而言似乎也没有那么凶险——至少远不像是一场需要打八年的持久战。从地域上看，吴三桂不过就是云南王而已，如果谈到势力范围，至多也就再加上一个贵州；纵然吴三桂本人控制着一支人数众多的军队，但终究是以边陲两省敌一国，实力差距一目了然。这可能就是康熙帝君臣敢于强行撤藩的根本原因："在平叛初期，圣祖和谋臣们对整个形势估计不足，总以为三桂一人造反，翻不了大局，平息不难。"①按照当时一些清军高级将领的预测，来年八月便可平叛成功，即所谓"进取云贵之期，不过八月"。

起兵后仅月余，吴三桂就毫无悬念地控制了贵州大部，巡抚、提督和总兵等一众清廷本省高官先后迎降，云贵总督甘文焜自尽。随即，吴三桂亲率八万大军进攻湖南，命爱将王屏藩率军四万进军四川。

康熙帝认为："今吴三桂已反，荆州乃咽喉要地，关系最重。"于是中线以荆州为重点，在湖南长沙、岳州（今湖南省岳阳市）和常德等地集结重兵，抵挡吴三桂的正面东进；在西线，派八旗兵由汉中进入四川，凡是从云贵进入四川的"险隘之地"，俱行坚守，构建川陕防线；在广西方向，授广西将军孙延龄以兵权，固守防地，自南面牵制吴三桂东进湖南的进程。

康熙帝的军事部署不可谓不周密，其目的是先将吴三桂的势力围堵在云贵一隅，再利用清帝国庞大的体量优势四处调兵，待聚集成绝对优势兵力后，就可以一举碾压势穷力蹙的吴军。

但战局的发展很快就超出了清廷的预料，特别是吴三桂的闪电进击，让康熙帝的部署变得漏洞百出。

康熙十三年（1674年）正月，吴三桂爱将王屏藩从贵州东部的镇远北进，自水路进入四川，得到了四川巡抚罗森和提督郑蛟

---

① 李治亭《吴三桂大传》，江苏教育出版社，2005年9月版，415页。

麟的响应，迅速席卷全川。吴军在四川北部的保宁（今四川省阆中市）大败清军，清军全线溃退，以致"全蜀尽失"。按照康熙帝的部署，八旗入川大军本应"克期抵定全川，并剿云贵"，谁料不仅丢掉了整个四川，还让跟踪追击的王屏藩杀入陕西，进入了攻略关中的必经之地——汉中。

起兵仅四个月，也就是到康熙十三年（1674年）三月时，吴三桂已拿下了常德、澧州（今湖南省常德市澧县）、沅州、衡州、长沙和岳州等多个湖南重镇。湖南巡抚卢震弃长沙而走，不战而降的守将更是比比皆是。至此，吴三桂几乎占领了湖南全境，并顺势建立了"大周政权"，并在檄文中自称"总统天下水路大师、兴明讨虏大将军"。按照康熙帝最初的部署，湖南本是清军倾力固守之地，却在吴三桂的闪电攻势下迅速沦陷。

经过前四个月的快速进军与令人炫目的胜利之后，吴三桂已基本控制了云、贵、川、湘四省。但因为满足于和清廷"划江而治"，且惧怕渡江以后遭到八旗铁骑的大举反击，吴三桂暂时放缓了在湖南方向的大举进攻。正当经历了初期大溃败的清军以为得到喘息之机时，战火又烧到了广西和福建。

恐怕连吴三桂自己都没有想到，广西竟然比他寄予厚望的福建先闹起来。康熙十三年（1674年）二月二十八日，广西将军孙延龄突然发难，杀掉了与己长期不睦的都统王永年，于桂林举旗自立，随即出兵，欲荡平广西全境。康熙帝在最初的部署中，还指望孙延龄从东南威胁吴三桂的云贵大本营，而今孙延龄反叛，与吴三桂军连成一片，康熙帝不得不操心广东的防务了。对清廷唯一的好消息是，孙延龄自立安远大将军，对吴三桂阳奉阴违，并未与吴军形成实质性的呼应,更别提统一的军事行动了。

再说福建。此时镇守福建的靖南王一系已世袭至耿仲明之孙耿精忠。吴三桂起兵前,很可能已经和耿精忠达成了共同反清的密约。康熙十三年(1674年)三月十五日,耿精忠应约起兵,虽然比孙延龄晚了一个月,但声势和决心远胜前者。他裹挟了福建巡抚刘秉政一同叛清,旋即席卷福建全省。紧接着,耿精忠派爱将曾养性走东路进军浙江,白显忠走西路攻略江西。

这时候,又一个令康熙帝揪心不已的军情传来:台湾的郑经也参战了。

更出人意料的是,郑经本是耿精忠邀请而来,约定在福建登陆,联兵共同反清的,但当耿精忠的开局势如破竹,不再迫切地需要郑经来援时,耿精忠便后悔前议,转而想阻止郑经登陆。而雄心勃勃的延平郡王郑经显然不从,声称昔日清朝全盛,郑军尚且"与之争衡吴越",今天耿精忠"区区一旅,何足道哉"。就这样,本是盟友的耿、郑两军竟在福建沿海大打出手,郑经一度占领了厦门、漳州和泉州,兵锋极盛。耿精忠这才服软,主动向郑经求和。

在盟主吴三桂的居中斡旋之下,康熙十四年(1675年)正月,耿、郑两军同意"共奉大明",约以枫亭(今福建省莆田市仙游县枫亭镇)为界,郑军在南,耿军在北。"至是两家交好",以"缟素三军,展拜孝陵"为重,达成了"吴耿郑联盟"。[①]

有证据显示,吴三桂早在起兵前,就曾与耿精忠、郑经有过

---

① 滕绍箴《三藩史略》(下),中国社会科学出版社,2008年1月版,1045—1048页。

反清联盟密约，据说还达成了"复兴明室"的共识。一个重要证据是，吴三桂起兵时的讨清檄文中，就特别提及了"吴耿郑联盟"：

> 本镇仰观俯察，正当伐暴救民，顺天应人之日也。爰率文武臣工，共襄义举，卜取甲寅年正月元旦寅刻，推奉三太子，郊天祭地，恭登大宝，建元周启。檄示布间，告庙兴师，刻期进发。移会总统兵马上将耿（精忠），招讨大将军总统使世子郑（经），调集水陆官兵三百六十万员，直捣燕山。

至此，起兵一年后，吴三桂一方已基本控制了云、贵、川、湘、桂、闽六省，形成了以吴三桂为首，耿精忠、郑经和孙延龄为辅的四方反清联盟。

康熙帝的至暗时刻

吴三桂联军坐拥六省后，又陆续将战火烧到了陕西、湖北、江西、广东、浙江和安徽六省。各地反清势力纷起。当大清帝国丧失半壁江山时，康熙帝收到的败讯还未完。

先是陕甘方向的王辅臣。王辅臣号为"马鹞子"，乃康熙初年名震天下的猛将，康熙帝待他极厚，曾将祖传的一对"蟠龙豹尾枪"其中之一赏赐王辅臣，以示"见此一枪如见朕"。但王辅臣也曾隶属吴三桂藩下，吴三桂对其百般笼络，凡"有美食美衣，他人不得，必赐王辅臣"。

一时间，王辅臣成为吴三桂与康熙帝政治招揽竞争的焦点人物。吴三桂交游广阔，善于笼络人心，故旧和人脉遍布举国上下，因此方能在起兵时"广发英雄帖"，应者云集。而吴三桂显然也没有遗忘王辅臣，起兵伊始就派使者积极联络这位老部下，但王辅臣感念康熙帝的厚恩，也更看好朝廷一方，便擒了吴三桂的使臣送往京师。

在王辅臣明确站队后，他不负众望，让王屏藩的陕西攻略化为泡影，甚至大有反攻四川之势。他本可以成为康熙帝在陕甘一带抵御吴三桂进犯的中流砥柱。但意外的是，康熙帝此时莫名其妙出了一着臭棋，派武英殿大学士莫洛主持陕甘战事。忠诚但执拗的莫洛迅速与王辅臣交恶，甚至滑向了满汉矛盾这一高危领域。

康熙十三年（1674年）十二月初四，王辅臣冲冠一怒，发动了"宁羌之变"，杀掉了莫洛，举旗反清。

纵观明末清初的这些将领来来回回的"反复"，包括王辅臣之反、孙延龄之反以及之后的尚之信之"反"，其中受个人层面的私怨和利益冲突的驱动，远超家国大义与政治倾向，给国家、社会造成重大影响。

王辅臣叛乱数月之间，秦州（今甘肃省天水市）、兰州、庆阳、绥德、延安、米脂等重镇相继失守。此时，吴三桂又不失时机地派王屏藩进军陕西，再加上各地兵变频发义军群起，清军在陕甘一带的重要支点只剩下西安。

从更大的战略层面而言，吴三桂联军就此已形成了西、中、东、南四大战线：西路的陕甘战线以王辅臣为主，吴三桂爱将王屏藩为辅；中线由吴三桂亲自领军，在湖南北端的城市岳州与八旗主力对峙；东线以耿精忠为主，在江西—浙江—安徽一线与清军打起了拉锯战；南线以郑经为主，孙延龄和吴三桂一部为辅，在巩固广西的同时，积极进攻广东，对此时还在清廷阵营的尚可喜施加了极大的军事压力。

这四路中，尽管吴三桂亲领的中路兵力最为雄厚，但与满蒙八旗主力陷入僵持。王辅臣的西线成为吴三桂联军新的战略进攻重点。

这还没完。王辅臣叛清三个月后，也就是康熙十四年（1675年）三月，蒙古末代大汗林丹汗之孙、察哈尔八旗右翼的布尔尼猝然对清廷发难。康熙帝本多次谕令布尔尼率兵南下与吴三桂作战，但这位素有光复蒙古帝国之志的大清额驸不仅拒绝出兵，还派人奔赴漠南各地，联络蒙古诸部起兵反清。

布尔尼叛清时，"诸禁旅皆南征，宿卫尽空"（《啸亭杂录》卷二），"京师无兵可调，盈廷震愕"（《郎潜纪闻初笔》卷十）。考虑到吴三桂军在各条战线上的咄咄逼人，特别是王辅臣叛清三个月以来一直肆虐陕甘，布尔尼举兵可谓康熙帝和清帝国在八年三藩之乱中的至暗时刻。

至暗时刻，广东几乎是康熙帝唯一的安慰。这里要澄清一下，所谓三藩之乱，一开始发起的其实只有吴三桂和耿精忠两藩，平南王尚可喜不仅没有加入吴耿一方，反而成为清廷的南天一柱，在四面受敌中苦撑大局。

但到了康熙十四年（1675年）下半年，尚可喜的局面已危在旦夕。郑经军和吴三桂军从东、西两个方向进逼尚可喜军，郑经麾下大将刘国轩大败尚可喜之子尚之信。陷入苦战时，尚可喜曾多次向康熙帝求援，但清廷此时自顾不暇，哪里有援军可派？

眼见广东形势危急，康熙帝方才征调一千五百名蒙古兵，自两江境内千里赴援尚可喜。而这支援军刚刚启程，广东方面就发生了惊变。

四面楚歌中，康熙十五年（1676年）二月二十一日，尚之信发动兵变，架空尚可喜，宣布尚藩易帜。

在历史上，尚之信易帜一事历来聚讼纷纷，"真降说"和"假降说"各执一词。但有一点是肯定的，"尚之信从'叛降'吴，到'归正'朝廷，共计二百八十余天，始终没出一兵一卒，没同清军交过一次锋。这期间，他坐镇广州，几乎没有任何军事活动"[①]。与其说尚之信降吴，不如说他退出了战争，不与吴军和清军任何一方作战，从参战方转成了保境安民的中立方，或者说，降吴不反清。

康熙帝得到尚之信"叛变"消息后，既未动怒，也未加声讨，更未出兵征伐，基本对广东任其自然，不予理睬。有一种解释是，康熙帝与尚之信达成了某种政治默契，"即圣祖理解之信'屈从'三桂之本意，只要保持广东方面安定，使清兵以全力用于湖南主战场，等待清兵入广时，作为'内应'，再公开'归正'"[②]。

在当时那种严峻情势下，即使康熙帝心中并不接受此种"默契"，对尚可喜、尚之信父子没有死战殉国佛然不悦，但也只有听之任之，退而求其次了。

细究尚之信"易帜"之原因，除了保固地方，防止吴军进逼

---

① 李治亭《吴三桂大传》，江苏教育出版社，2005年9月版，468页。
② 李治亭《吴三桂大传》，江苏教育出版社，2005年9月版，468页。

粤省沦陷之"公心"以外，其中也有尚之信的"私心"作祟：尚可喜在袭爵上没有考虑作为长子的尚之信，而是选择了次子尚之孝。尚之信对此愤愤不平，因此也想通过兵变让自己袭爵成为既成事实。但无论如何，尚之信确无反清的野心，也无反清的实际行动。"三藩之乱"的所谓"三"名不副实——当然，可以把孙延龄继承的定南王孔有德这一系视作"第三藩"。

此时的大清帝国，已是风雨飘摇，"三大事件将吴三桂叛乱史，推向高潮。王辅臣叛变后，吴三桂将战略攻击方向指向陕甘，坐镇松滋，重兵打压荆、襄地区；布尔尼起兵严重地牵制清军，并骚扰其后方；尚之信降周，使两粤沦陷。这些因素构成以吴三桂为代表的反清势力，处于战略进攻态势"①。

除了关外的龙兴之地，清帝国的所谓关内十八行省中，吴三桂势力最盛时已占据或基本控制了云南、贵州、四川、湖南、广西、福建和广东七省，陕西、甘肃和江西三省的大部，以及浙江、湖北和安徽三省的一部。在关内，清帝国没有被战火殃及的省份只有直隶、山西、山东、河南和江苏这寥寥五省，可谓处处烽烟、左支右绌了。

回过头来看，吴三桂战争前期的得势，核心原因就在于吴三桂并非孤军奋战，而是通过不间断的结盟、诱降和援助，组成了一个声势浩大的"反清统一战线"。即使不考虑坐观成败的尚之信，前后共计有吴三桂、耿精忠、郑经、孙延龄、王辅臣、布尔尼六大势力参战，再加上遍布全国、应声而起的反清势力，甚至还有

---

① 滕绍箴《三藩史略》（下），中国社会科学出版社，2008年1月版，1102页。

杨起隆假托朱三太子起事于京师，很容易让人联想到六国合纵抗秦，或是隋末的"十八家反王，六十四处烟尘"。

这是吴三桂的巅峰时刻。如果试着复盘，吴三桂联军最大的失误可能在于：郑经不应该和耿精忠在闽南大打内战，以至于白白消耗了有限的军力和时间窗口，而应当即刻开辟第二战场，效法其父郑成功十五年前功败垂成的北伐，攻陷南京，截断漕运，夺取作为清帝国财赋中心的江南，令清廷财政瘫痪。

最可叹的是，吴三桂其实早有此意，为耿、郑双方做过很有前瞻性的战略分工：耿精忠扼守钱塘江，郑经直取南京甚至天津，"断其粮道，绝其咽喉"。只不过，耿精忠和郑经同床异梦，各怀算计，并没有把吴盟主的方略当作一回事。

吴三桂的计划如果成真，康熙帝将不得不在战局最晦暗的时刻多面对一条新战线，被迫分散业已捉襟见肘的兵力，吴三桂联军得以在其他战略方向减轻压力。一旦失去江南，清帝国也就失去了打持久战最为关键的经济支撑，而此消彼长的是，地瘠、民贫、财殚、力尽的吴三桂联军，也将在得到这片膏腴之地后一举破局。

这可能是比所谓"吴三桂没有及时渡江北进"更为关键的失误，甚至可以视作某种意义上的"失去的胜利"。不然，吴三桂划江而治的战略意图将希望大增。

"多国部队"的命门

针对吴三桂一方的"多国部队"优势，康熙帝的回应手段更像是"以彼之道，还施彼身"。

既然吴三桂擅长诱降和招抚，那么清廷就用同样的方法去拆散吴三桂的多国部队。毕竟，康熙帝这一边拥有更多的经济资源和"大义名分"，而吴三桂的多国部队内部本就矛盾重重，在清军的"抚剿并用"的极限施压之下，分崩离析也在所难免。

康熙帝的招抚政策相当宽大，"不管谁在吴氏政权中任何种职务，犯有多么严重的'情罪'，只要放下武器，立即会得到极优厚的待遇，对以往之事，一概免究"[①]。

首先说一下布尔尼。布尔尼的特殊性在于，他出兵的时机几乎是清廷最虚弱之时，给其造成了穷途末路式的巨大心理冲击。但布尔尼叛军的人数实则相当有限，直属作战部队大约只有三千人。而在康熙帝这边，尽管号称"诸禁旅皆南征，宿卫尽空"，但参与平叛的满洲八旗兵就超过了三千人，更不要说，平叛部队中还有数千外藩蒙古兵，以及据说高达数万的八旗家奴。不过，在如二月河《康熙大帝》这样的文学作品中，将图海征召八旗家奴作为平叛的神来之笔，反而忽略了作为主要力量的满蒙骑兵，的确是过于戏剧化了，"从战争全局看，还是满洲、蒙古骑兵起决定作用，八旗家奴是辅助力量"[②]。

在清军绝对优势兵力的支持下，平定布尔尼的进程异常顺利，从他三月二十五日起兵叛乱，至四月底被平定，仅耗时一个月。

与布尔尼相比，王辅臣才是清廷心腹大患，"王辅臣坚守平凉期间，是吴三桂军事战略进攻达到顶峰时期"[③]。从某种程度上而

---

① 李治亭《吴三桂大传》，江苏教育出版社，2005年9月版，604页。
② 滕绍箴《三藩史略》（下），中国社会科学出版社，2008年1月版，1159页。
③ 滕绍箴《三藩史略》（下），中国社会科学出版社，2008年1月版，1162页。

言，陕甘战场此时就是两军争夺战略主动权的核心战场。为了迅速解决王辅臣，康熙帝除调动京城的八旗劲旅以外，还大举征调外藩蒙古兵。最能显示康熙帝的重视程度的是，他自开战以来首次从关外征调八旗军入关。

在康熙帝"陕甘优先"战略的帮助下，清军在短时间内就遏止了王辅臣在陕甘的战略进攻，还成功阻止了吴军大将王屏藩的会师图谋，仅用了不到半年的时间，就在反攻中接连收复了秦州、兰州、巩昌（今甘肃省定西市陇西县）等战略要地，迫使王辅臣困守平凉达一年半之久。

康熙十五年（1676年）二月，康熙帝命图海奔赴平凉前线总领陕甘军务，剥夺了畏战不前的八旗亲贵董鄂的指挥权。五月十七日，图海率援军到达平凉，总兵力据说高达十万人，第二天便发兵进攻平凉城外的制高点虎山墩——王辅臣仅在此地就派了万人驻守。锐气正盛的图海军仅用了一个上午，就不可思议地拿下了虎山墩。

虎山墩之战令图海一战威震陕甘，但此战后他却果断"转剿为抚"，虽然在高地架起红衣大炮轰击平凉城，但对平凉只围不攻，还单骑至平凉城下说降王辅臣。二十七天之后，即康熙十五年（1676年）六月十五日，王辅臣开城降清，"数日之间，关陇悉定"，进犯陕甘的吴三桂军也在大势已去之后撤回了汉中。

清军平定王辅臣叛清，仅用了一年零七个月。

至此，清军不仅在西线陕甘战场上取得了决定性的胜利，更由此夺回了整场战争的战略主动权。

康熙十五年（1676年）初，也就是清军在平凉围困王辅臣的同时，耿精忠在江西、浙江的战局也急转直下，远征军三大骁将曾养性、白显忠和马九玉望风披靡。恰在此时，一年多前刚与耿精忠达成停战协议的郑经，又在背后狠狠捅了耿精忠一刀，于当年五月占领了耿方的汀州。郑经这一让亲者痛、仇者快的背刺令耿精忠怒不可遏，称："本藩之屈意修好者，欲全力出攻浙右，会师江南。岂期共誓之墨迹未干，遂即寒盟背约，收我叛将，侵我疆土。"（江日昇《台湾外纪》）

没有了大局观，也就没有了大局。为了腾出手来对付郑经，耿精忠索性从江西建昌的抗清前线撤军。而此举很快被康熙帝看穿，他决定执行以战逼和的极限施压："耿精忠撤建昌诸贼，其为海寇所逼无疑，我兵宜乘机前进……勿坐失事机。"（《清圣祖实录》卷六十一）

郑经与耿精忠的二度失和，自然是郑经贪图小利、破坏同盟在先，但从根本上而言，还是双方的政治诉求迥然不同：郑经代表的是"反清复明"势力，与只反清但无心复明的吴三桂和耿精忠反目成仇是迟早的事。

在清军、郑军的夹击之下，耿精忠所部本就军心浮动，而此时康亲王杰书一边率大军逼近福州，一边按照康熙帝的策略，对耿精忠大打政治攻势，甚至允诺"率众归诚，当复尔王爵"。康熙十五年（1676年）十月初五，康亲王兵临福州城下，势穷力蹙的耿精忠归降。至此，清军平定耿精忠之叛，共用了两年半时间。

吴三桂起兵之初，"多国部队"的组建，其兴也勃焉；而今日暮途穷，"多国部队"的崩塌，其亡也忽焉。

在王辅臣和耿精忠这两个吴三桂的重磅盟友接连反正之后，

阵营中其他反清势力的心思也活泛起来。

先是尚之信。尚之信归降吴三桂本就是兵凶战危时的权宜之计。耿精忠反正后仅两个月，康熙十五年（1676年）十二月初九，尚之信就密疏清军要求反正，此时距离他降吴才过去了九个多月。此后，尚之信的角色就成了清军在广东的内应。康熙十六年（1677年）四月初，尚之信骤然发难，将吴三桂驻防广东的副将斩首，生擒吴三桂委派的广东总督，率领广州文武官民"剃发归顺"。

再就是孙延龄。康熙十六年（1677年）年中，孙延龄、孔四贞夫妇已决意投清，谁料此事被孙延龄的政敌——广西提督马雄所探知，遂密告吴三桂。当年十月初，吴三桂侄孙吴世琮接收到吴三桂的密令，以斡旋马、孙"二家讲和"为名，率兵抵达桂林，在孙延龄应邀出城议事时，借机杀掉了孙延龄。

最意外的是，甚至素来以一副"汉贼不两立"正义形象示人的郑经也和康熙帝谈判了。耿精忠反正后，合清军对郑经发动大反攻，从康熙十五年（1676年）十二月至十六年（1677年）四月，不到半年时间里，福建重镇邵武、汀州、兴化、泉州、漳州和广东潮州、惠州等地先后易手，郑经所部节节败退。

康亲王杰书此时又祭出"抚剿并用"大法，派人赴厦门招抚郑经，双方一度还达成了"照高丽、朝鲜例，则可从议"的共识。而在谈判的同时，清军也并未停止军事施压，至康熙十六年（1677年）十月，郑经的大陆远征军已全面溃败，连厦门都一并弃掉，被迫败归澎湖、台湾，在实质上已退出了这场战争。

郑经退出大陆战事时，距离"三藩之乱"开始已整整四年。在康熙帝的"抚剿并用"之下，王辅臣、耿精忠、尚之信、孙延龄和郑经接连退出了吴三桂苦心经营的反清大联盟，于是这场战事又回到了康熙十二年（1673年）十一月吴三桂誓师反清时的样子：以吴三桂一军对抗整个清帝国。用清人赵翼的说法就是："时东西两巨寇既降，乃得以全力办三桂。"

从这个角度出发，为期八年之久的三藩之乱可以分成两个阶段：反清大联盟阶段，康熙十二年（1673年）十一月，吴三桂起兵，至康熙十六年（1677年）十月，郑经被迫撤出大陆；吴军孤军奋战阶段，康熙十六年（1677年）十月，至康熙二十年（1681年）十月吴世璠自杀。两个阶段几乎都是四年。

反清大联盟土崩瓦解之后，纵然吴三桂军还苦苦支撑了四年，其间还有几次绝处逢生式的成功反击，但也就只是苟延残喘罢了，无法改变其战略上的颓势。简单说就是，清军在湖南战场、川陕战场和广西战场三路出击，特别是最终打赢了长达四年多、双方投入兵力均超十万的号称三藩之乱最大战役的岳州争夺战，一步步地将吴军从湖南、四川逼退回其云贵大本营，再将其从云贵逼至昆明孤城。

康熙十七年（1678年）三月初一，吴三桂在衡州称帝；康熙十七年（1678年）八月十七，吴三桂在心灰意懒中去世；康熙二十年（1681年）十月二十日，独坐愁城的吴三桂之孙吴世璠自杀。

如此而已。

多元大帝国的底蕴

相对看似声势浩大，但内部钩心斗角、难以整合的吴三桂联军,清廷纵使一开始没做好充分的战争准备,但好歹是一个政令通畅的中央集权大帝国。随着战争的长期化,清帝国很快就展现出了自身作为多元大帝国的几大优势。

清帝国作为多元大帝国的第一大优势是:重用汉将、汉兵。

作为清帝国的基本武力,满洲八旗在三藩之乱时不仅战斗力大不如前,而且兵力严重不足。在反清大联盟的阵营中,仅吴三桂直接控制的正规军就高达十二万人。进入湖南之后,吴军吸收了各地的归降兵将和被清政府称作"土寇""土贼"的地方反清势力,实力大涨。据估算,吴三桂此时的总兵力已膨胀到三十万人以上,仅在湖南前线的就高达二十万人左右。①

而起初只有万余人的耿精忠军进入江西和浙江之后,也经历了与吴军同样的扩编过程,每一路出兵都是数以万计。可以说,在数量庞大的吴三桂联军面前,已丧失了绝对质量优势、总兵力仅有十余万人,且需处处设防的满洲八旗兵,根本无力和吴三桂联军打一场由数条战线构成的全局性战争。

所幸还有绿营。康熙十五年(1676年)五月,康熙帝对举国绿营官兵加以勉励:"自逆贼煽乱以来,各省绿旗官员、兵丁剿御贼寇,恢复地方,戮力行间,著有劳绩。朕心时切轸念。"(《平定三逆方略》卷二十四)据统计,战争中康熙帝前后动员的绿营官兵可能高达四十万人。②

还有一个现实问题是,当战火烧到西南山区时,满蒙骑兵的

---

① 李治亭《吴三桂大传》,江苏教育出版社,2005年9月版,494页。
② 滕绍箴《三藩史略》(下),中国社会科学出版社,2008年1月版,1411页。

机动性优势无法发挥，故康熙帝曾有言："今贼既败遁负险，无容专恃马兵。若用绿旗步兵之力，于灭贼殊为有济。况我绿旗兵较之贼兵甚强。"（《清圣祖实录》卷八十五）

除兵力不足和战力下滑之外，满洲八旗此时碰见的更棘手的挑战是：开国之初将星云集的时代已经一去不复返。三藩之乱时，清军入关已有三十年之久，如阿济格、豪格、多尔衮、多铎和鳌拜这样的满洲名将都已凋零殆尽。除了图海和安亲王岳乐等人，三藩之乱时的清军高级将领不仅大多缺乏临阵指挥经验，甚至连尚武精神都所剩无几，在战场上时常显示出强烈的畏战怯战情绪，令频频催促进兵的康熙帝大为失望。① 有畏战"劣迹"的清军高级将领为数不少，如在浙江战场"瞻顾不前"的康亲王杰书，在王辅臣面前"退缩迟延"的贝勒董鄂，将红衣大炮埋在土里准备逃跑的贝勒勒尔锦，还有简亲王喇布等人。这些宗室贵族如此，八旗将军们更"不中用"：浙江将军图赖听到吴三桂反叛，立刻"瘫软不能起"，被时人嘲笑为"抬不动将军"；吴三桂麾下大将马宝被俘受审时，还曾当面嘲笑一位八旗将领是"逃跑将军"，称"慎勿多言，吾虽不识汝面，而熟识汝之背矣"。（《啸亭杂录》）

在满人高级将领青黄不接的境况下，康熙帝果断地提拔了一大批汉人高级将领，据魏源《圣武记》："张勇、赵良栋、王进宝、孙思克奋于陕；蔡毓荣、徐治都、万正色奋于楚；杨捷、施琅、姚启圣、吴兴祚奋于闽；李之芳奋于浙；傅宏烈奋于粤；群策群

---

① 刘凤云《清代三藩研究》，《明清史学术文库》，故宫出版社，2012 年 7 月版，230—231 页。

力,敌忾同仇。"康熙帝甚至给自己重用绿营军将找了一个很牵强的"以汉制汉"理由:"自古汉人逆乱,亦惟以汉兵剿平,彼时岂有满兵助战哉?"(《平定三逆方略》卷四十七)

清帝国作为多元大帝国的第二大优势是:八旗军的骑兵优势。

总体而言,就满洲八旗在三藩之乱中的作用,历史上争议很大。尽管笔者此前对八旗军的战斗力多有指摘,但八旗军的衰落此时更多体现在高级将领之上。总体而言,满蒙骑兵此时尚处于巅峰的尾期,只要将领得力,在平原野战中仍然占有较大优势。

康熙十三年(1674年)三月,吴三桂大军饮马长江时,之所以没有大举渡江北上,除了进取心不足,欲划江而治,另一个重要原因就是忌惮清军的骑兵威势。吴三桂曾告诫主张从速渡江的将领们,自己与八旗军交战多年,其骑射最不可当,己方依山阻水可守,若到平原,无法与八旗骑兵匹敌。在陕甘战场上,王辅臣起兵的中后期基本上都是被八旗军压着打,战局极其被动,只得困守平凉城。最终图海率领的八旗精兵仅用一个上午就拿下了万余人防守的虎山墩。在布尔尼之乱中,满蒙骑兵仅用了一个月时间就平定了这次直指帝国统治腹心的叛乱。在康熙十六年(1677年)三月的长沙攻防战中,吴三桂登长沙城观战时对身边将领轻松放话:"满兵向皆勇猛,今衰弱矣。"话音未落,满洲前锋统领硕岱率诸前锋军,攻至城下。吴三桂大惊,叹息称:"满兵仍前骁勇耶!"(《康熙起居注·康熙四十五年丙戌·十一月》)康熙二十年(1681年)十二月,康熙帝总结平叛胜利时说:"幸赖上天眷祐,祖宗威灵,满洲士兵之力,贼渠授首。"(《清圣祖实录》卷九十九）言语中对满洲八旗给予了等同于首功的高度肯定。

除了满洲八旗，蒙古骑兵在平叛中也劳苦功高。康熙帝曾发上谕赞赏蒙古将领"行间效力，身先士卒，冲锋陷阵，奋勇用命"。就连朝鲜方面也注意到了蒙古骑兵在三藩之乱中的奋勇用命，《朝鲜李朝实录》中载，清廷"请兵于蒙古，得正军一万四千，送于南方，战阵死亡及不习水土死者过半"。

清帝国作为多元大帝国的第三大优势是：财力和军事资源远胜于吴三桂。

在那个时代，最重要的军事物资无非是战马、火器和粮食，而清廷在这些方面都保持着压倒性的优势。有了来自蒙古诸部源源不断进献的战马，清廷将古代中原王朝的雄厚物力与游牧帝国的畜马优势进行了优化组合。而吴三桂一方的"滇马"虽也是名马，但体格较小，更适合云贵一带的山地运输，在平原上无法与蒙古马一较高下。

清军火器由耶稣会传教士南怀仁亲自督造，康熙十三年（1674年），上谕兵部："大军进剿急需火器，著治理历法南怀仁铸造火炮。"平叛期间，南怀仁造了三百二十尊西洋大炮，迅速反超了战争初期"深浚濠堑，多用火器"的吴三桂军。平凉之战前，南怀仁仅用二十八天就制成二十门大炮供给陕甘前线。清军夺下平凉城外高地后，图海即令架设大炮，直接轰击城中军营。平凉守军惊恐失措，王辅臣遂被迫投降。

粮食就更不必比了，帝国最富庶的区域江南始终控制于清廷手中，并且几乎没被战火殃及，在八年平叛中，"军需取给于江南，不下三千余万"，"保卫江南财富区，对于保障战争胜利具有决定意义"。①而吴三桂那边，云贵本就是荒烟蔓草之地，否则也不会在战前长期依靠清朝中央财政输血；而湖南和四川这些新占领区虽是钱粮丰裕之地，但因为地处交战频繁的战区，也远不能给予吴三桂政权有力支持。果不其然，战争打到第三年，吴军的战时经济就开始出现难以为继的迹象，据说吴军骑兵的军饷仅为满洲骑兵的8%，士卒生计困窘。无奈之下，吴三桂军只能靠在占领区横征暴敛，甚至命士卒直接向民间掠夺来维持战争，而这又导致军民关系极度恶化，"军士胥怨，民多远避"，导致新占领区始终无法成为吴三桂的有力依靠。

魏源在《圣武记》中说得贴切："各边虽乱，而江淮宴然，得以转输财赋，佐军兴之急，而贼惟以一隅敌天下，饷匮财竭，劳怨，遂臻瓦解。"穷困潦倒之时，不知吴三桂是否会后悔当年没有亲自挥兵直下江南，夺取清廷的钱袋子。

吴三桂一方以其政令不通、内讧不断、财力枯竭的"散装"反清联盟，一度撼动康熙帝坐拥满、蒙、中原的多元大帝国，后期更是凭借孤军与清军又周旋了四年之久，仅就军事上而言，吴军的表现堪称无可指摘了。这或许更能说明，吴三桂也的确是那个时代顶级的名将了。

以一人一军敌天下，可乎？

---

① 滕绍箴《三藩史略》(下)，中国社会科学出版社，2008年1月版，1399页。

第十四章

雅克萨之战：棱堡的秘密

康熙二十四年至二十五年（1685—1686年），中俄在黑龙江流域围绕小城雅克萨的得失，先后爆发了两次雅克萨之战。

作为那个时代幅员最为辽阔的两个大国，中俄雅克萨之战的烈度和规模其实相当有限，清军从未超过三千人，俄军更是一直不足一千人。

但是，作为火器时代的一次罕见的东西方交锋，雅克萨之战却也是观察当时中西方装备水平、战略战术及战争文化对比的一次绝佳战例。

俄式堡垒战术

清崇德八年（1643年），也就是清太宗皇太极驾崩那一年，黑龙江流域出现了当地索伦部落（一说是野人女真的一支，一说是鄂温克、鄂伦春、达斡尔的统称）此前从未见过的一小支武装。俄国人来了！

俄国人将黑龙江流域视作无主之地，就像1582年叶尔马克翻越乌拉尔山，征服西伯利亚那样，凭借哥萨克骑兵、火绳枪和堡垒战术这"远东三宝"，将索伦人打败。在顺治七年（1650年）的一次入侵中，达斡尔人战死者达到六百六十一人，而俄国人仅阵亡四人。

顺治九年（1652年），清帝国决意出兵反击，目标是哥萨克在乌扎拉村的堡垒。关于此战清军出动的兵力，有六百人到两千人多种版本，但有一点似乎是确定无疑的：辽东虽是大清龙兴之地，此刻却是兵力空虚的真空地带。

顺治元年（1644年），清军大举入关，除满蒙八旗之外，以辽人为主体的八旗汉军及归附大清的吴三桂所部也几乎悉数南下。顺治九年（1652年），清军主力正深陷关内战场，李定国率军"两蹶名王"，连续击败了定南王孔有德与敬谨亲王尼堪，军势大振。清军根本无力大举回师关外。可以说，此时的关外，除野人女真等当地人之外，几乎算是战略真空带。有一种说法是，此时清军在关外的正规军总共只有数千人而已，在黑龙江流域甚至都没有常备驻军。

乌扎拉村之战中，清军倒是依靠火炮炸开了俄国人的木制围墙，但在冲击缺口时遭到了俄国火炮的抵近射击，从而发生了恐慌式后撤。在哥萨克的反冲击下，清军彻底溃败。中俄首战，以清军惨败告终。

在顺治十二年（1655年）爆发的呼玛尔堡之战中，清军据说出动了一千五百名正规军（俄方数据渲染为一万五千人）和十五门"神威大将军炮"，但还是没拿下俄国人修建的呼玛尔堡。清军只能围而不攻，最后因军粮耗尽而被迫撤退。但俄国人的好运似乎就此耗尽。顺治十五年（1658年），清军宁古塔水师通过数次水战歼灭了哥萨克在黑龙江的主力，最后在顺治十七年（1660年）肃清了黑龙江全境的哥萨克，取得了第一阶段的胜利。

此时清军已经开始意识到，哥萨克在野战中并不可怕，但其步步为营的堡垒战术的确难以对付，清军在乌扎拉村和呼玛尔堡的先后两次失利都是败于无法攻破俄国人的堡垒。之后二十年，中俄保持了大致的和平状态。清军主力又一次撤出了黑龙江流域，对俄国人隔三岔五的小规模骚扰也是能忍则忍。但到康熙十九年（1680年）初，俄国人重返黑龙江的努力已取得了重大进展，据说在整个黑龙江沿线，俄国据点村庄里的成年男子总数已超过了一千五百人，甚至还形成了一条"黑龙江沿线俄国城堡走廊"。很显然，俄国在黑龙江的堡垒战略是在试图重演其对西伯利亚的蚕食史——以堡垒让骑兵望坚城兴叹。

但康熙帝再也不打算对俄国人的大肆扩张听之任之了。康熙二十一年（1682年），康熙帝东巡盛京，以行围狩猎的名义北上对宁古塔将军移驻地乌喇进行巡视。尽管他在松花江上还赋诗"我来问俗非观兵"，但很有些故作姿态了。康熙二十二年（1683年），清廷首次设置"黑龙江将军"，由宁古塔副都统萨布素升任，这些都是反击战即将打响的明确信号。

在康熙二十四年（1685年）雅克萨之战开战前，清军、俄军分别处于何种状态呢？

先说清朝。康熙二十年（1681年）底，吴三桂长孙吴世璠自尽，历时八年的三藩之乱结束。正是为了平定吴三桂，清廷不仅没有及时将兵力调往关外，抵御俄国，还从关外调兵入关参战，这才给了俄国人卷土重来的良机。

仅一年多后，也就是康熙二十二年（1683年）六月，康熙帝命施琅率水师出击台湾，在澎湖海域歼灭了郑军的水师主力，次月郑克塽向施琅请降，台湾岛就此纳入大清版图，清帝国境内最后一个有实质性反清实力的军事集团被扑灭。

可以说，平定三藩之乱和台湾郑氏军队后，清帝国的国力步入巅峰。不过，除黑龙江的边患之外，清帝国此时一个正在放大的隐忧是，噶尔丹正带着准噶尔骑兵在西北方向大举扩张，不仅基本整合了卫拉特（明代的瓦剌、漠西蒙古）各部，且占领了天山南、北两路，对大清对蒙古的控制权和宗主权构成了强有力的威胁。

在军力上，清帝国全盘继承了由徐光启、孙承宗、袁崇焕和孙元化等人开启的晚明军事改革的各项成果，基本完成了以红衣大炮为重心的第三次火器革命，短时间内即将清军从冷兵器时代拉入冷热兵器混用时代。

在炮兵方面，清军早在皇太极时代，就以乌真超哈为班底，组建了专门的炮兵部队，开始列装红衣大炮，并在掌握了葡萄牙人的技术后实现了量产。红衣大炮在清军荡平关外、在潼关之战决定性地击败李自成、扫平各路南明反清势力，乃至平定吴三桂叛乱中都起到了中流砥柱般的作用。

不过要说明一下的是，"红衣大炮"只是一个相当笼统的概念，多指继第一代的本土火铳和第二代的外来佛郎机之后，明末清初军队装备的"第三代大炮"，是欧洲16世纪末、17世纪初研发并装备的一种火炮。这个时代的清朝还多少保持了部分学习能力与开放性，基于红衣大炮的技术研发出了各型火炮，比如雅克萨之战中装备的"神威无敌大将军炮""神威将军炮""龙炮""子母炮"，重量减轻，口径变小，款式齐全。这些大炮都可以统称为"红衣大炮"。相对而言，在实战中，为了对抗俄国人的堡垒，清军的大炮更注重破城而不是直接杀伤敌军，可以看作"攻城炮"。

特别是"神威无敌大将军炮",是此时清帝国的最重型火炮。1975年,在清代黑龙江将军衙门驻地齐齐哈尔曾发现一门"神威无敌大将军炮",是此种炮现今唯一留存的实物。

正如传教士汤若望在明清之际"西炮东传"中曾起过的巨大作用一样,传教士南怀仁则是康熙时期造炮的灵魂人物。三藩之乱时,康熙帝曾传谕兵部,着南怀仁铸造大炮;康熙二十年(1681年)八月,南怀仁督造的二百四十门神威将军炮告成,试炮三个月,发弹两万一千六百发,命中率空前之高。亲临试炮现场的康熙帝褒奖南怀仁称:"尔向年制造各炮,陕西、湖广、江西等省已有功效。见今所制新炮,从未有如此之准者。"有数据显示,"有案可查的康熙年间造炮总数为905门,南怀仁设计制造的火炮占62%强"①。

在火枪方面,清朝此时已大批装备鸟枪(又称鸟铳,中式火绳枪),还涌现了像戴梓这样的天才火器研发专家。戴梓曾在三藩之乱时向康亲王杰书进献可以连发二十八弹的连珠火铳。尽管这种火铳并非像后世吹嘘的"连珠火铳是世界最早的机关枪"那么神乎其神,但的确"是一种由单装、单发向多装、单发、连射过渡的新式单兵用枪",不仅简化了装填手续,还提高了发射速度。只可惜,连珠火铳在当时并未受到重视,更未投入制造流程,不久就失传了。②

更可叹的是,清军还错过了燧发枪的风口。如果说明初的火铳(在西方是火门枪)是第一代火枪的话,那么嘉靖朝从葡萄牙引进的火绳枪就是第二代火枪,而16世纪中期由法国人马汉发明

---

① 王育成《火器史话》,《中国史话·物质文明系列》,社会科学文献出版社,2011年12月版,147页。
② 王兆春《中国火器史》,军事科学出版社,1991年3月版,275—276页。

的燧发枪则是第三代火枪。马汉将火绳枪用火绳点火的装置改进为用燧石作发火装置，扣动扳机，燧石落下，摩擦火花，引燃火药。燧发枪部分克服了火绳点火怕风的弱点，还简化了发射流程，提高了射击精度，增大了射程，提高射速至每分钟四至五发。自17世纪初法军和英军相继列装燧发枪之后，到17世纪中期，燧发枪已取代了火绳枪，成为欧洲列国军队的制式装备，一直使用到鸦片战争时期才退出历史舞台。

而在中国呢？其实早在崇祯八年（1635年），明末火器专家毕懋康就在其著作《军器图说》中首次介绍了燧发枪（书中称作"自生火铳"），但并未引起朝廷的重视。到了康熙朝，燧发枪倒是造出来了，但成为康熙帝打猎专用的宫廷摆设。

再说俄国。尽管自伊凡四世以来俄国一路向东扩张，鲸吞了广阔的西伯利亚，但在雅克萨之战前后，俄国的技术能力与军备水平仍无法企及西欧国家。

很多人或许会问，彼得大帝在雅克萨之战时不是已经即位了吗？彼得大帝在1689年，即雅克萨之战爆发后第四年才正式亲政，并且即使他亲政后启动了规模浩大的改革，也没有立刻见效：在1700年大北方战争的纳尔瓦之役中，三万多俄军惨败于八千瑞典军队，直到1709年的波尔塔瓦之役中，俄军才决定性地击败瑞典军队，正式确立了欧洲军事强权的地位。而此时，距离雅克萨之战已过去了二十四年。

不过，在雅克萨之战前讨论俄国国力和军力有些多余。清军即将面对的只是远离俄国核心统治区的少量军队，不足一千人的军队已经是俄国人在远东所能凑出的最大力量了：第一次雅克萨之战俄军只有四百五十人，第二次雅克萨之战俄军仅八百余人。这些人以哥萨克为主，俄军正规军为辅，尽管哥萨克的战斗力并不下于正规军，但其装备水平相对落后。

在雅克萨之战的可见记录中，哥萨克的单兵火器并未像俄军正规军中那样完成燧发枪的大规模列装，过时的火绳枪仍然是重要装备，相比清军的鸟枪并没有构成代差式的优势。当然，俄军的单兵火器普及率要高于冷热兵器混用的清军。

如果说在单兵火器上俄军还拥有一些优势的话，在火炮上，俄军则明显居于下风。因为劳师远征，俄军能千里迢迢运到远东的火炮数量本就有限，能分配至雅克萨的更是寥寥无几：俄军在第一次雅克萨之战时的火炮只有三门。数量不多也就罢了，更尴尬的是，俄军的火炮也不比清军更先进。这不仅因为大口径的火炮无法从欧洲运过来，也由于自红夷大炮入华以来，近一百年间欧洲火炮的研发制造也缺乏革命式的创新和颠覆。瑞典国王古斯塔夫二世的炮兵革新也着眼于战术而不是技术，只是提高了火炮的机动性，使其可以更快捷地参加野战。

那么，兵力占绝对劣势，装备水平也不占优势的俄军，在雅克萨之战中是否不堪一击呢？

此处稍讲几句题外话。在两次雅克萨之战中，并未见到闻名于世的哥萨克骑兵一展沙场雄风，更没有出现满蒙骑兵大战哥萨克骑兵的名场面——这种对决只要存在就必然会成为战史上的永恒话题。究其原因，可能还是和哥萨克兵力不足，只能据城防守有关，也有可能是哥萨克在远东的战马不足。至于哥萨克骑兵和满蒙骑兵之战力高下，就只能是未知数了。

即使缺乏火炮和骑兵，远东俄军自有其核心竞争力，那就是堡垒战术。

俄军在远东的所谓堡垒战术，分战略和战术两个层面。在战略上，俄军广修堡垒，形成了所谓的"黑龙江沿线俄国城堡走廊"。俄军的堡垒群很可能取法于路易十四时代的法国，"任何一个这样的城堡都可以作为行进中的军队基地，那里保证可以得到包括重炮武器在内的一切军需物资。而对敌人来说，要想一个接一个地攻克这些城堡则是极其棘手的事情"①。在战术上，俄军参考了最新的欧洲筑城工程学——特别是棱堡类工事——修筑可以运用交叉炮火、不留任何射击死角的坚固工事。当然，俄军在碰见清朝正规军前，在远东遇到的敌人基本是攻坚能力聊胜于无的草原游牧骑兵，对工事的要求也没那么高。

俄国人的堡垒战术早已引起了清廷的关注。据说康熙帝手边有一张黑龙江流域的地图，绘有整个西伯利亚地区，上面标明了所有的俄国城堡。康熙帝会召集官员观图详议，制订针对俄军堡垒战的作战计划。

火绳枪 vs 藤牌军

康熙二十四年（1685年）正月，康熙帝任命满洲正红旗人朋春为主帅，副都统郎坦、黑龙江将军萨布素和建义侯林兴珠等人

---

① ［美］T.N. 杜普伊，严瑞池、李志兴等译《武器和战争的演变》，军事科学出版社，1985年6月版，140页。

为辅,正式下达了直指雅克萨的军令。

这场事实上由康熙帝亲自部署的"大战"其实规模相当有限。根据《平定罗刹方略》中的相关记载,这支军队其实也就在三千人左右,其中包括关内四省征调来的一千名火器兵,还有四百二十名福建藤牌兵。

但按照俄方的说法,清军此次出兵被夸大为一万五千人,英国人拉文斯坦《俄国人在黑龙江》一书则采用了一万八千人的说法。似乎在后世的西方人眼中,如果没有压倒性的人数优势,清军战胜一支西方军队是无法想象的。

除了一线作战部队,如果算上后勤运输人员,以及负责屯田的本地驻军等,则此次清帝国动员总数达到近万人。清军虽是本土作战,有理论上的补给线优势,但当时关外尤其是黑龙江流域的道路、驿站等基础设施建设百端待举,所谓的本土作战并非易事。

清军在后勤准备上不遗余力:征取军粮一万两千石,足够三千兵士食用三年;令驻军一面备战,一面屯垦,在瑷珲(今黑龙江省黑河市爱辉区)城东北黑龙江东岸永戍屯田,这就是历史上著名的"江东六十四屯";在陆路上,清廷在自吉林城到雅克萨三千里沿线,修建了两条驿路,增设五十处驿站,驿丁除索伦人以外,不少都是被俘的吴三桂部下及家属;在水路上,清廷先后在乌拉造船厂修建了数百艘战舰和运输船,贯通了从盛京到瑷珲全长四五千里的水路运输线。①有西方学者叹服于清军的后勤能力,

---

① 军事科学院主编《清代前期军事史》,《中国军事通史》,军事科学出版社,1998年10月版,427—432页。

"清朝皇帝精心部署，制订计划甚至包括了驳船的尺寸、新建粮仓和驿站人员"，"就 17 世纪的全世界来说，清朝都堪称后勤保障大师"。①

有如神助的是，清军行军途中突然有数万头鹿冲下山，肉食匮乏的清军当即变身猎鹿人，捕获了五千多头鹿，不仅补充了军需，还振奋了士气。

出征雅克萨的这支清军有三大特点：第一，延续了清军在明清战争后期的终极军事模式，即"火器+骑兵"，满蒙八旗骑兵野战，红衣大炮攻城，这在雅克萨之战的时代仍然有效。第二，尽管此次随行出征的清军炮兵相当强大，带来了四十三门口径不一的火炮，但只装备了一百余杆鸟枪，甚至低于清军的平均水准。第三，清军出动了四百二十名福建藤牌兵。据清人刘献廷的笔记《广阳杂记》，康熙帝在雅克萨之战前一年，曾召见先后追随过郑成功和吴三桂，最后归降清朝的林兴珠，询问如何抵御俄国人的火绳枪。林兴珠提供了两个解决方案：一是将棉被裹在身上，再根据地形特点进退滚闪，理由是"柔能制刚"；二是用藤牌。康熙帝明显对藤牌更感兴趣，当即下令招募一支由五百名福建人组成的藤牌军，交由林兴珠指挥。康熙帝似乎也部分听进了林兴珠的第一点建议，他指示在藤牌外面再加一层旧棉花，将两套方案合二为一。

康熙二十四年（1685 年）五月二十二日，清军兵临雅克萨城

---

① ［美］欧阳泰，张孝铎译《从丹药到枪炮：世界史上的中国军事格局》，中信出版集团，2019 年 3 月版，184 页。

下。第二天，清军就水陆列阵，包围雅克萨。

攻城战一触即发之时，俄军的增援部队从水路赴援，不过只有一百多人。此时就轮到藤牌军出场了，据清人刘献廷的史料笔记《广阳杂记》：

> 众裸而下水，冒藤牌于顶，持片刀以进。罗刹众见之，惊所未见，呼曰"大帽鞑子"。众皆在水，火器无所施，而藤牌蔽其首，枪矢不能入，以长刃掠牌上，折其胫，皆踣江中，杀伤大半，余众溃而逸，兴珠不丧一人。

藤牌军此战击毙俄军三十余人，俘获十余人，己方据说竟无人伤亡。事实上，藤牌军在整个雅克萨之役中都不可思议地保持了零阵亡的纪录，其损失皆为非战斗减员："在沈阳坠马而死者一人，病死于途者三五人。"

但这毕竟只是清人笔记。藤牌军在雅克萨之战中很可能表现优异，但零阵亡过于神奇了。而加了老棉花的藤牌就可以"枪矢不能入"，这更像是一个编出来的故事。

击败俄国援军当晚，清军就开始炮轰雅克萨。五月二十五日凌晨，清军对雅克萨发动总攻。此时的雅克萨城中，约有四百五十名俄军及三门火炮，俄军在兵力和火力方面都处于绝对劣势。俄国人唯一占得上风之处就是装备了火绳枪，毕竟清军只有一百余杆鸟枪。

雅克萨俄军最明显的劣势是：第一代雅克萨城是一座木城，与此时欧洲盛行用巨石与夯土构成的棱堡相形见绌。清军此战出动了当时最强的火炮——"神威无敌大将军炮"——一种长管大型攻城炮,炮弹重六至八斤。尽管以欧洲的标准来看,这种炮的攻坚能力有限,无法奈何棱堡,但对付一座木城是绰绰有余了。何况,清军一带就是八门。

在大炮的火力覆盖之下,清军在四个方向同时发动强攻。清军强攻一昼夜,俄军阵亡人数超过一百人。此时朋春又下令在木墙下堆积干柴,准备焚城。眼见城内大势已去且外无援兵,雅克萨军政长官托尔布津只得听从神父的劝诫,向清军乞降,并立誓决不再来雅克萨。而清军做出的让步是,允许俄军官兵及其眷属自由带走武器和财产。

雅克萨与棱堡

第一次雅克萨之战就这么以清军全胜而速战速决了。战后,俄军残部撤至尼布楚。清军焚烧了雅克萨城内房屋之后,就匆匆撤离,没有半点在此地驻防之意,从而为第二次雅克萨之战的爆发留下了隐患。

事实上,隐患很快就爆发了。托尔布津一撤回尼布楚,就碰到了拜顿率领的六百名援军。俄国人随即派七十名哥萨克侦察兵潜回雅克萨,得到一则让他们喜出望外的情报:清军撤了个干净,雅克萨城堡虽被焚毁,但城外的庄稼未被收割走。

闻讯后,自感实力大增的托尔布津随即和拜顿率六百七十多名俄军重返雅克萨,一边重建雅克萨城,一边收割庄稼。此时,距离第一次雅克萨之战结束不过两个月。

托尔布津从一开始就没打算履行所谓不再踏足雅克萨的承诺，一切都只是权宜之计。

第二年年初，康熙帝才获知不守信义的俄军已卷土重来，盛怒之下决意二攻雅克萨："今罗刹复回雅克萨，筑城盘踞，若不速行捕剿，势必积粮坚守，图之不易。"

康熙二十五年（1686年）七月底，清军再次兵临雅克萨城下，第二次雅克萨之战爆发。这支清朝远征军由黑龙江将军萨布素统领，人数少于前次出征人数，约为两千一百人；火力上的削弱程度更甚，所带火炮从前次的四十三门下降到二十一门。不过一些西方史料似乎总是倾向于夸大清军的兵力：有一种说法称，有六千至九千名清军从水、陆两路进军雅克萨，其中仅骑兵就有三千人；更令人疑惑的是，该说法还称有二十个化装成中国人的欧洲人帮助清军使用大炮，似乎东方人是不可能学会使用火炮的。①

清军的兵力和火力均有所削弱，第二次雅克萨之战中的俄军实力却较前次有了较大增长：人数从四百五十余人增加到八百二十六人；大炮从三门增加到十二门；火枪从三百杆增加到八百五十杆，其中很大一批是燧发枪，而不再是老旧的火绳枪，这使得俄军单兵火力的优势更为明显；俄军甚至还携带了四百四十颗手榴弹，这在要塞攻防战中堪称利器。

但俄军进步最明显的是雅克萨城本身。俄军用了整整一个冬天重建雅克萨城，"这一工程是在受过训练、经验丰富的德国军事

---

① ［英］拉文斯坦，陈霞飞译，陈泽宪校《俄国人在黑龙江》，商务印书馆，1974年11月版，44页。

技师阿法纳西·拜顿的监督下进行的。这一堡寨有坚强的防御能力，为此拜顿颇受赞许"①。有资料称，俄国人"学会了一种建筑法，将黏土和树根绞合在一起制墙，砌出的墙和石头一样硬，坚不可摧"。尽管雅克萨城是否当时欧洲最先进的棱堡存在争议，但"至少是运用了'几何学防御'的一座要塞，和这一时期的许多俄国城堡一样"。②无论如何，雅克萨城远比之前更为坚固。很快，雅克萨城的要塞成色就将接受清军强攻的检验。

第一次雅克萨之战时，清军仅进攻一个昼夜就令俄军防守崩溃，而这一次清军的攻坚作战持续了一个多月都没有破城。清军的各款红衣大炮被证实连简化版的欧式城堡都无法摧毁。

强攻无果，清军只能转而对雅克萨城进行封锁和包围，在南、北、东三面掘壕筑垒围困，在城西的江面用水军封锁，彻底切断了雅克萨守军与外界的联系。根据俄方的军事档案，"中国人建筑防御工事，修建土垒和屏障，有十一米高，每个土垒上安置三门大炮和十五支火铳，并列以排炮之势。他们还环绕要塞挖出一条壕沟，防御工事和壁垒后面、下面、内部都有守卫"③。

令人惊异的是，清军这一战术，与同时代欧洲围攻棱堡工事时最盛行的战术大同小异，也就是放弃正面强攻，以工事对工事。"新的城堡防御工事以及对付它的攻城手段的进步，极大地刺激了

---

① ［美］弗·阿·戈尔德，陈铭康、严四光译《俄国在太平洋的扩张（1641—1850年）》，商务印书馆，1981年3月版，40页。
② ［美］欧阳泰，张孝铎译《从丹药到枪炮：世界史上的中国军事格局》，中信出版集团，2019年3月版，175—176页。
③ ［美］欧阳泰，张孝铎译《从丹药到枪炮：世界史上的中国军事格局》，中信出版集团，2019年3月版，178页。

古罗马时代以来在欧洲早就基本退化了的野战防御工事的构筑技术。"① 不过，清军这一战术未必源自西方，在1640年至1642年的松锦大战中，皇太极就是以掘壕围困、断敌粮道之法，大破洪承畴的十三万明军野战精锐部队的。

清军"立土垒，挖长堑"的持久战卓有成效。围城之初，雅克萨的最高指挥官托尔布津就被清军炮火所伤，几天后伤重而死。在此期间，尼布楚方面的七十名俄国援军被逼退，声称清军"防守严密，无论用什么办法都难以偷袭"。为了阻止清军工事逼近，俄国守军频繁从城内出击，虽然毁掉了清军的一些工事，但出城反击势必付出惨重的伤亡代价。其间还发生了一个意外：雅克萨城内粮仓被清军黑龙江水师的炮火击中，原本充裕的存粮一下子变得捉襟见肘。

到康熙二十五年（1686年）底，因战斗伤亡和缺乏新鲜食物导致的坏血病等疾病造成了减员，俄军开战伊始的八百二十六人只剩下不足一百五十人，弹药几近告罄。俄军还曾派两个人冒死冲出重围，向尼布楚求援，但尼布楚方面因受蒙古喀尔喀部的牵制袭扰也无力出兵。

而清军这边的状况也不太乐观。清军阵亡总数甚至可能过半，也就是超过了一千五百人。② 同时，凛冬已至，严寒导致的非战斗减员也让清军的战斗力大打折扣。因此，即使俄军衰弱如斯，清

---

① ［美］T.N.杜普伊，严瑞池、李志兴等译《武器和战争的演变》，军事科学出版社，1985年6月版，139页。
② ［美］欧阳泰，张孝铎译《从丹药到枪炮：世界史上的中国军事格局》，中信出版集团，2019年3月版，179页。

军仍然难以在雅克萨毕其功于一役。

在一些欧美学者看来,俄军在雅克萨败于疾病和饥饿,清军并没有在战场上击败俄军。"清军尝试了许多不同的办法想要攻破要塞,但是失败了。并且,俄国人靠着极少的枪炮和人丁寥落、病病恹恹的守军,给清军制造了可怕的损失。"①

无论如何,这仗,双方都不想再打下去了。

康熙帝此刻更关切的是,噶尔丹在漠北已成庞然大物,对清廷在蒙古的宗主权构成了实质性威胁,康熙帝再也无心和俄国人在雅克萨长期耗下去。退一步讲,即使拿下雅克萨,按照清军一贯的军事逻辑,很可能又是毁城撤军。谁能保证下一次俄国人不会再回来呢?

而俄国此时的战略重心是在欧洲与瑞典争夺波罗的海出海口,无力在远东投放更多的兵力与资源。说白了,俄国在远东的扩张战略本来就是以哥萨克为主的小股力量进行战略投机,与清帝国这样的强敌硬桥硬马地打消耗战,本就与这一战略不相容。

既然有着共同的停战需求,双方迅速达成了"先休战,再谈判"的共识。在康熙帝的亲自推动下,清军在雅克萨前线主动停止进攻,实质上结束了为期五个月的第二次雅克萨之战。继而在第二年,也就是康熙二十六年(1687年)四月,清军解除了对雅克萨的封锁。康熙二十八年(1689年)七月,双方签订了《尼布楚条约》。

针对雅克萨之战的草草了事,美国学者弗·阿·戈尔德在《俄

---

① [美]欧阳泰,张孝铎译《从丹药到枪炮:世界史上的中国军事格局》,中信出版集团,2019年3月版,176页。

国在太平洋的扩张（1641—1850年）》一书中的观点是：清、俄两大帝国任何一方的政治家都没有充分理解黑龙江的重要性。在俄国这边，"若是从开始起就有明确的行动计划，由正确及能干的领导人以及一支训练有素而又不那么残暴的军队去实现其计划"，清军要将俄国人从黑龙江流域赶出去就会举步维艰；在清帝国这边，"采取行动并非出自本意，只是在迫不得已时才这么干，但又从未干彻底。只要中国显示出几分像他的敌手那样的锐气和精力，黑龙江的问题早在1658年中国深受俄国祸害时就能解决"。假如清军在雅克萨及其以北的黑龙江沿线再建立几个要塞，"就可以把哥萨克限制在他们的本土，当然也就能够避免后来的骚乱"。

从战史而言，雅克萨之战，特别是第二次雅克萨之战，最重要的意义还是清军与俄军的要塞攻防战，这在某种程度上也呼应了"世界潮流"。在欧洲，"18世纪的主要作战形式是阵地战，因此，城堡像雨后春笋般地遍布整个欧洲。作战的主要对象是设防的城堡要塞、仓库和一些重要据点"[①]。

1661年至1662年，郑成功为收复台湾，在西方学者所称的"热兰遮之围"中，遭遇了比雅克萨城更为正宗的真正意义上的棱堡，在军队人数占有20∶1的压倒性优势下，一交战便遭到了热兰遮棱堡中交叉火力的痛击，随即像雅克萨城下的清军一样被迫转强攻为长期包围。"国姓爷的部队面对过许多城墙。他们的作战经验与受到战火洗礼的程度在全世界堪称数一数二，却从来不曾遇

---

① ［美］T.N.杜普伊，严瑞池、李志兴等译《武器和战争的演变》，军事科学出版社，1985年6月版，142页。

到过这样的堡垒。"①

一筹莫展之下,一个日耳曼降将向郑成功献上了破城之计,实际上与后来清军在雅克萨城下的作为并无二致:以工事对工事,即以攻城工事对防御工事。最终,郑成功花了九个月时间才拿下热兰遮城,而原计划是只用数周。

无论是清军的雅克萨之围,还是郑成功的热兰遮之围,无不说明,在这个时代的中西方战争中,由于西炮东传,欧洲人在火器方面的领先并没有想象中那么大,反而是棱堡等西式要塞赋予了他们更明显的优势,从而部分抵消了东方军队在人数和后勤上的优势。更广义地说,筑垒技术,而不是火器优势,才是俄国人在远东扩张的关键科技,"文艺复兴堡垒(即棱堡)被称为欧洲殖民扩张的关键科技,确实当之无愧"②。

再下一次中西碰撞,就是鸦片战争了。届时,军事科技将真正展现出沛然莫之能御的威势。

---

① [美]欧阳泰,陈信宏译《1661,决战热兰遮:中国对西方的第一次胜利》,九州出版社,2014年6月版,143页。
② [美]欧阳泰,陈信宏译《1661,决战热兰遮:中国对西方的第一次胜利》,九州出版社,2014年6月版,262页。

第十五章

康熙帝亲征：火器时代的骑兵对决

康熙二十七年（1688年）春，当清帝国还在为《尼布楚条约》与俄国反复拉扯之时，蒙古准噶尔部首领噶尔丹发动叛乱，率军三万越过杭爱山（东汉窦宪大破北匈奴"勒石燕然"之处），进攻喀尔喀蒙古。至八月，喀尔喀各部溃败，十余万喀尔喀蒙古人南下。

为了防止噶尔丹吞并喀尔喀蒙古坐大，甚至吞并全蒙古，威胁清帝国的统治，从康熙二十九年（1690年）开始，康熙帝连续三次对噶尔丹展开大规模战略进击，尽管前两次一负（乌尔会河之战）一平（乌兰布通之战），但在康熙三十五年（1696年）的昭莫多之战中取得了对噶尔丹的决定性胜利。

从战史的角度来看，这不仅是久负盛名的满蒙骑兵大规模对决，也是先后进入火器时代的清、准两军的火器对决，"火器时代的骑兵对决"可能是最准确的说法。两支同样奉行"炮骑协同作战"理念的强军，在蒙古大草原上一决生死，这听起来就令人血脉偾张。

噶尔丹的骆驼炮

康熙二十九年（1690年），平叛战争爆发时，准噶尔部叛军与清朝军队很难说是同样体量的对手。

先看准噶尔军。噶尔丹自1672年左右成为准噶尔部首领之后，击败了和硕特部，成为卫拉特蒙古（和硕特部、准噶尔部、杜尔伯特部、辉特部）的共主，称"博硕克图汗"。卫拉特蒙古即明朝时的瓦剌，在清朝时又称厄鲁特蒙古。如果置于全蒙古的地理概念中，卫拉特蒙古被称为"漠西蒙古"，与清朝入关前就已直接控制的"漠南蒙古"、清朝可行使宗主权的"漠北蒙古"（又称喀尔喀蒙古）并称。

在控制了天山以北的卫拉特人之后，噶尔丹控制的卫拉特人已达到二十余万户，六十余万人口。康熙十九年（1680年）左右，噶尔丹又征服了天山以南的叶尔羌，手中掌控的军事资源大增。准噶尔此时可制作精良的中亚风连环锁甲，"轻便如衣，射可穿，则杀工匠"；同时利用天山南路制造的火器，编练士兵，"令甲士持鸟炮短枪，腰弓矢佩刀"。

与康熙帝决战前，噶尔丹有进一步整合内部之意。康熙二十七年（1688年），噶尔丹派人暗杀侄子策妄阿拉布坦。谁料行刺失败，策妄阿拉布坦率五千亲信部众向西逃亡。噶尔丹亲率两千名骑兵追击，为侄子所败。策妄阿拉布坦顺势占据了水草丰美的博罗塔拉（今新疆维吾尔自治区博尔塔拉蒙古自治州）。

大战将至，准噶尔部却陷入分裂，实力大损。康熙帝收到情报后，判断噶尔丹"迫于内乱，食尽无归，内向行劫"（《圣祖仁皇帝御制亲征平定朔漠方略》卷六）。

噶尔丹的巅峰时代定格于此。

其最明显的衰退标志是，康熙二十八年（1689年）岁末，噶尔丹东袭喀尔喀部时，只带了两万人。

不过，噶尔丹的准噶尔军数量虽然有限，却是蒙古草原上一支前所未有的新型军队。简单说就是，既继承了蒙古人独步天下的骑兵传统，又在中亚地区的影响下完成了火器化革新，"准噶尔军队是配备火器的骑手，擅长纵深攻击，来去迅速"[1]。

有资料显示，尽管噶尔丹多次表达了向俄国购买火器的兴趣，但实际上俄国出于防范考虑长期对蒙古执行火器输出禁令，从未与准噶尔部开展过官方火器贸易，而1689年《尼布楚条约》签订后，俄国人更是直接抛弃了此前用来牵制大清的噶尔丹。当然，噶尔丹可以依靠走私从俄方那里获得零星的火器，但这远无法组织起一支庞大的火器部队。[2]

所谓俄国的大批军援支持，很大程度上只是噶尔丹拿来自吹自擂和恫吓对手的战略欺骗罢了。

不靠俄国，噶尔丹的火器从何处来？"准噶尔在火器装备与火器战术两方面均深受中亚伊斯兰国家的影响"，噶尔丹通过征服和贸易从中亚获得了稳定的火器来源。甚至还有一批中亚军人加入了噶尔丹的军队。[3]

准噶尔军还自奥斯曼帝国引入了"骆驼炮战术"，即运用骆驼运载轻型火炮，伴随骑兵机动。准噶尔军装备了一种介于炮与重型鸟枪之间的火器，称为"赞巴拉克"，在火力与机动性之间达成了相对平衡，被视作当时最适合骑兵长途机动的火器。清军日后对"赞巴拉克"进行仿造，使之成为乾隆时期八旗兵的重要

---

[1] 张建《火器与清朝内陆亚洲边疆之形成》，南开大学博士学位论文，2012年，131页。
[2] 张建《火器与清朝内陆亚洲边疆之形成》，南开大学博士学位论文，2012年，78—79页。
[3] 张建《火器与清朝内陆亚洲边疆之形成》，南开大学博士学位论文，2012年，80—81页。

装备。①

再看清军。在康熙二十八年（1689年）与俄国达成《尼布楚条约》后，清军摆脱了在东北与西北两线作战的隐患。清军在战略上的最大优势是，可以凭借多元大帝国的雄厚人力物力，得以在不影响财政正常运转的同时，动员骑、步、炮皆备的十余万大军，对只有两万军队动员能力的噶尔丹进行以多击少的消耗战。

在骑兵方面，从三藩之乱就可以看出，康熙朝的八旗铁骑已告别了巅峰时刻。但清军骑兵的资源优势仍然在——不仅有蒙古各部骑兵的助力，还有着几乎源源不断的战马供应，可以为骑兵军团远征打造一人双马的豪华配置。

在火器方面，早在皇太极时代，清军就快速完成了部分火器化，从各个规格的红衣大炮到火绳枪，清军的火器配置也较为系统化。在平定准噶尔战争爆发前，清军的火器刚刚在雅克萨之战中经过了俄军坚固工事的检验。当然，这两场战争作战形式不同，雅克萨之战是要塞攻防战，而平定准噶尔战争是纵横千里的野战。

在康熙时期，清军火器化的最大成就是，在南怀仁的督造下，清军造出并装备了如"神威无敌大将军炮"这样的重型火炮。但是，平定准噶尔战争几乎完全以野战为主，重型火炮不仅严重缺乏机动性，不利于远征，也丧失了要塞攻防这个最重要的应用场景。康熙二十八年（1689年），也就是平定准噶尔开战前一年，清朝又造出了超越"神威无敌大将军炮"的当时最重型火炮"武成

---

① 张建《火器与清朝内陆亚洲边疆之形成》，南开大学博士学位论文，2012年，82—95页。

永固大将军炮",炮弹重达十至二十斤,但这种代表了康熙时期造炮巅峰的攻城火炮在平定准噶尔战争中是英雄无用武之地。

事实上,像准噶尔军这种广泛配备火器的骑兵野战军团,清军在此前的历次战争中从未遇见过,缺乏相关作战经验。吴三桂军倒是装备了火器,但吴三桂军和清军的战斗以岳阳、长沙和平凉等地的城池攻防战为主,鲜少看到双方骑兵军团大规模野战的记录。在与俄军的两次雅克萨之战中,也几乎没有见到哥萨克骑兵出城与满蒙骑兵野战的案例。雅克萨之战是彻头彻尾的以火器为主导的要塞攻防战。

如果追溯到更远的明清战争中,袁崇焕时代的关宁铁骑不仅装备了火器,也敢与八旗铁骑一战,但这个野战也是打折扣的,得"依城而战",即离不开城墙上火炮的火力掩护。因此,在即将爆发的战争中,"这支受近东'火药帝国'影响,带有浓厚中亚色彩的新式军队,是清朝在蒙古高原上前所未遇的劲敌"[1]。

谁赢了乌兰布通之战?

很大程度上,正是因为不熟悉准噶尔军的炮骑协同战术,清军最初遭遇准噶尔军时,有些自负轻敌。

噶尔丹进攻蒙古喀尔喀部,一路如入无人之境。喀尔喀部紧急向清廷求援,康熙帝岂会置之不理?他调兵遣将,准备大举北

---

[1] 张建《火器与清朝内陆亚洲边疆之形成》,南开大学博士学位论文,2012年,82页。

上应援。

在主力出师之前,康熙帝派出了阿喇尼率领的两万清军作为先头部队。按照清军的战前部署,阿喇尼所部本应等到与主力会合后,再行决战。但阿喇尼或是因为求战心切,或是因为轻敌,竟主动逼近准军。要知道,阿喇尼的兵力不仅不占优势,很可能还略少于准军;而在火力上,这支清军全部轻装,不可能携带太多火器,尤其是重炮。

六月二十一日黎明,两军在乌尔会河(今内蒙古自治区东乌珠穆沁旗东)相遇。准军分两翼形成"弓形阵",从三面用鸟枪等火力密集覆盖进攻的清军,造成清军严重伤亡。清军溃退,噶尔丹遂令一支机动部队从阵地绕出,对溃败的清军形成夹攻,彻底击垮了清军。清军全部辎重被缴获,当时在噶尔丹军中的俄国人甚至说:"博硕克图汗把中国兵杀得一个不剩。"此说虽属夸大,但作为现场目击者,其说法也的确可以反映出清军当时伤亡之惨重。①

战后,阿喇尼将战败归咎于"厄鲁特多火器,而我火器营未至"(《圣祖仁皇帝御制亲征平定朔漠方略》卷六),这么说虽有为自己的轻率出击开脱的成分,但也可看出准噶尔军的火器杀伤力给清军留下了极深的印象。

乌尔会河之战作为清准首战,清军在兵力上不占优势,在火力上处于明显劣势,战败也在情理之中。"阿喇尼军队只是一支缺乏战斗力的非主力部队,显然不是噶尔丹亲自指挥的准噶尔精兵

---

① 黑龙《准噶尔蒙古与清朝关系史研究(1672—1697)》,上海古籍出版社,2015年3月版,144页。

之对手……清廷迟迟没有制定统一、具体的作战方案，致使先遣部队各行其是，未能发挥应有的作用。"①

乌尔会河大捷让噶尔丹陷入了非理性的顾盼自雄中，以至于带着些许君临天下的幻觉向清廷放话："今虽临以十万众，亦何惧之有。"（《大清圣祖仁皇帝实录》卷一百四十七）

当噶尔丹率军进逼距北京仅七百里的乌兰布通时，北京城陷入"恐准症"之中。据刘献廷《广阳杂记》："京师戒严，每牛录下枪手派至八名，几于倾国矣。城内外典廨尽闭，米价至三两余。"

事已至此，康熙帝下决心亲征。康熙帝深知，大败之后，如果不直面噶尔丹的挑战，喀尔喀蒙古各部就会在惊惧之下被迫投入噶尔丹的怀抱，进一步增强噶尔丹的实力……连锁反应下去，一旦漠南蒙古再落入噶尔丹之手，北京城就是噶尔丹骑兵刀俎下的鱼肉。

尽管在眼下，噶尔丹的实力还远不足以对清帝国造成致命威胁，甚至准噶尔军进军乌兰布通更大的目的也是抢掠自肥，根本谈不上什么争夺天下。"噶尔丹仅凭两万人的军队，要从大清国数十万军队手中夺取辽阔的漠南草原，建立割据统治，谈何容易，这点噶尔丹可能比谁都清楚。"②然而，清廷一旦放任噶尔丹坐大乃至吞掉全蒙，不仅会从根本上损害"满蒙联盟"之国策，还将使北方存在一个真正意义上同等体量的军事挑战者。对于熟悉历史的康熙帝而言，土木堡之变殷鉴在前，金末蒙古军任意肆虐金国

---

① 黑龙《准噶尔蒙古与清朝关系史研究（1672—1697）》，上海古籍出版社，2015年3月版，144—145页。
② 黑龙《准噶尔蒙古与清朝关系史研究（1672—1697）》，上海古籍出版社，2015年3月版，148—149页。

北方领土的历史记忆更是有切肤之痛,"恐日后各省脂膏,皆靡费于北边,又若前代矣"。更何况,噶尔丹也还大言不惭地说出了一句:"圣上君南方,我长北方。"康熙帝又如何能忍?

康熙二十九年(1690年)七月初二,康熙帝命裕亲王福全为抚远大将军,与皇长子胤禔率领西路军出古北口;以恭亲王常宁为安北大将军,与简亲王雅布一起率东路军出塞;康熙帝自领中路军,总揽全局。算上后勤辎重人员,三路大军共十万人以上。为了避免重蹈乌尔会河之战单兵突进的覆辙,康熙帝严令:"姑勿与战,以待各路军至齐发,毋致失利。"

在古代的通信及交通条件下,分进合击或许势在必行,但往往只是一个纸面上的完美计划,乌兰布通之战也不例外。常宁的东路军因为集结缓慢,暂缓进兵,康熙帝又因突患疟疾而中途回京,三路清军只剩下了福全的西路军。西路军的人数,各种史书语焉不详,但考虑到西路军是正面进攻的主力军,康熙帝回师前特遣汉军火器营和前锋护军支援,再加上阿喇尼的三千残部八月下旬也赶来会合,因此估计西路军总人数当在四万以上,战斗人员约三万人,仍多于噶尔丹军队的两万余人。除兵力占优势之外,清军在乌兰布通之战中最大的战力提升是"多派精兵,尽发火器",弥补了乌尔会河之战时"我火器营未至"的短板,大量配备了适合远征的如子母炮等各种轻型火炮,阵中的炮兵和鸟枪兵达到了五千余名。

自朱元璋和朱棣时代发明出真正有大规模实战意义的火器之后,火器在实战中一个始终无法规避的痛点就是射速过慢,无法有效抵御骑兵快速冲锋的问题。解决的方式无非有两种:第一是技术革新,即不断研发射速更快的武器。明代中期佛郎机和火绳枪相对火铳的升级，明末红夷大炮相对佛郎机的升级，提高射速都是题中应有之义。但到了康熙时期，技术革命已趋于停滞，比火绳枪更先进一代的燧发枪也未在清军中列装。第二是战术革新，而其中又分两种：一是针对火枪的战术革新，比如明初出现雏形的轮射战术；一是针对骑兵的防御战术革新，比如戚继光和孙承宗用车阻挡骑兵冲击的"车营战术"。而在乌兰布通之战时，清军也摸索出一套叫作"连环本栅"的新战术，正如福全的战报所言："日中见敌，设鹿角枪炮，列兵徐进。"

清军这一战术很可能取法自吴三桂军，后者曾用此法与清军骑兵对峙。所谓"连环本栅"战术，简单来说就是：战时将鹿角木（本栅）居前，阻碍骑兵冲锋，鸟枪手和炮手在后排成十队，依次在鹿角木后用轮射战术放射枪炮；然后派专人将鹿角木向前移动十步，火器兵再依次跟随前移并发射。如此反复前进发射，是为"连环"。[①]

清军有"连环本栅"，准噶尔军则有"驼城"。所谓"驼城"，"以骆驼布阵，上千匹骆驼被困住四足后，卧于地面。骆驼背上加了箱垛，用毡布吸水，覆盖于箱垛之上，使之形成城垛形状"[②]。在骆驼及箱垛间隙之间，是拿着火枪和轻型火炮，等着清军来进攻的准噶尔士兵。可以说，"驼城战术"与"骆驼炮战术"是一体两面的，行军时就是"骆驼炮"，防守时就是"驼城"，进攻时则前有骑兵冲击，后有大炮轰击。

康熙二十九年（1690年）八月初一，乌兰布通之战正式爆发，

---

① 张建《火器与清朝内陆亚洲边疆之形成》，南开大学博士学位论文，2012年，126页。
② 袁灿兴《清代准噶尔史话》，社会科学文献出版社，2018年1月版，47页。

战事实际上只持续了一天。《大清圣祖仁皇帝实录》载有战后福全第一时间发回的战报：

> 抚远大将军和硕裕亲王福全等疏报：七月二十九日，臣等闻厄鲁特屯于乌兰布通，即整列队伍。八月初一日黎明前进，日中见敌，设鹿角枪炮，列兵徐进。未时，临敌，发枪炮击之。至山下，见厄鲁特于林内隔河高岸相拒，横卧骆驼，以为障蔽。自未时交战，至掌灯时，左翼由山腰卷入，大败之，斩杀甚多；右翼进击，为河崖淖泥所阻，回至原处而立。本欲尽灭余贼，但昏夜地险，收兵徐退。其噶尔丹死于乱兵与否，俟后查明另奏。

福全的战报充满着大捷的气息，甚至声称有可能当场击毙噶尔丹。康熙帝收到战报后，大喜过望："览王等所奏，统领大军进讨厄鲁特至乌兰布通，大败贼众，斩杀甚多。王等调度有方，官兵奋勇可嘉，在事有功人员，著议叙具奏。"（《圣祖仁皇帝御制亲征平定朔漠方略》卷八）但如果仔细研究福全战报，就会发现有不少疑点和自相矛盾之处：夸大了准军的损失，掩饰了清军所受的重创。① 当时在清廷供职的法国传教士白晋在给法国国王路易十四的报告中曾提及此战："清军和厄鲁特交战时，受到巨大损失。在这次战斗中敌人得以避免彻底失败的原因，据说就是由于厄鲁特蒙古人利用出色的齐射，使清军遭到猛烈的火力袭击，致使清军

---

① 黑龙《准噶尔蒙古与清朝关系史研究（1672—1697）》，上海古籍出版社，2015年3月版，151—152页。

骑兵在交战前即被击退的缘故。"康熙帝的亲舅舅佟国纲甚至在骑兵冲锋中被准噶尔人的子弹击中，当场阵亡。

长久以来，关于乌兰布通之战的各类历史记录，特别是清代官方文献都异口同声地断定清军大胜准军惨败。但现有史料并不能证明驼城被清军击破，"清军尽管用大炮轰击噶尔丹的驼城，但大都无的放矢，未能有效歼敌"①。各种证据表明，清军在此战至多算打成平手。

准军的伤亡比清军少得多，从这个层面上说，准军自然是乌兰布通之战的胜利者；但在战略上，双方算是打成了平局：毕竟噶尔丹的南下计划被遏制，被迫迅速脱离战场返回漠北，但清军也没有完成围歼噶尔丹的战前规划。

清军为何没有获胜？原因至少有三点：其一，自然是没有实现三路大军围歼准军的战前规划，仅以一支西路军接敌。其二，乌兰布通是噶尔丹精心准备的战场，他在战前已占据了最有利的地形，做好了迎战准备，易于发挥火力。甚至可以说，"清军是被噶尔丹引诱到乌兰布通的"②。其三，清军虽有火炮优势，清军大炮"炮火齐发，自未至戌，声震天地"，对"驼城"造成了一定的伤害；但准军此战则将火枪优势发挥得淋漓尽致，对缺乏经验、队形过密的清军骑兵造成了重大杀伤。清代官方文献《圣祖仁皇帝御制亲征平定朔漠方略》记载："我军近与厄鲁特战，排列太密，

---

① 黑龙《准噶尔蒙古与清朝关系史研究（1672—1697）》，上海古籍出版社，2015年3月版，151—152页。
② 黑龙《准噶尔蒙古与清朝关系史研究（1672—1697）》，上海古籍出版社，2015年3月版，151—152页。

为贼人乱枪所中,且进退不鸣笳,此皆不习战阵之故也。自古兵法无不预加训练。前者,八旗之兵,春秋校猎,即训练武备之意。但校猎恐疲兵丁之马,今既停止校猎,其令八旗兵丁,春秋二季集于旷阔之地,布阵鸣笳,教练步伐。"说起来多少有些魔幻,蒙古人不是靠骑兵,而是靠火枪力挫清军骑兵的。

从康熙帝战后的一些检讨来看,他至少没有把乌兰布通之战视为胜仗。福全回至京师,"止朝阳门外听勘",不许进城,而先行返京的皇长子胤禔也被勒令取供。

虽然噶尔丹在乌兰布通之战损失有限,但在撤军途中却遭遇瘟疫,"日以北徙,人畜屡毙",队伍大量减员,两万余人仅剩数千。因此,对于噶尔丹而言,此次南下的确是一次得不偿失的冒失之举,"卫拉特帝国"越来越像是一场幻梦。

昭莫多没有奇迹

为了总结乌兰布通之战的得失,康熙帝战后还曾亲临战场探勘,得出的结论是:清军必须增加火器的配备数量。为此,清廷还从朝鲜那里搞来了三千杆鸟铳。

康熙三十年(1691年),也就是乌兰布通之战后一年,清廷继前几年设立汉军火器营后,又设立了八旗满洲火器营。康熙帝此举的用意之一就是想借重八旗的骑兵优势,建立骑术与火器射术皆精的"马上鸟枪兵",以在野战中具备与准噶尔火器部队相同的机动性。

加强火器配备的同时,乌兰布通之战后仅一个月,对清军散漫无序的作战习惯很不满的康熙帝就严令八旗军进行全面整训。

清军知耻而后勇，厉兵秣马，准军却是偃塞困穷、江河日下。乌兰布通之战后，噶尔丹所部不仅遭遇了持续将近一年的瘟疫，其侄儿策妄阿拉布坦又趁机向东进攻，攻占噶尔丹的大本营科布多，占领了天山南麓。

康熙三十四年（1695年）五月，噶尔丹再度对喀尔喀部用兵。与前次相比，准军此次声势大减，尽管仍然凑出了两万人，但其中一万人是负责后勤运输的妇孺老弱，战斗人员仅有一万。为了自壮声势，噶尔丹主动释放出假消息，"有兵二万，又借俄罗斯火器兵六万"，一度吓得康熙帝身边的重臣大惊失色。

康熙帝召集三品以上大臣讨论出兵事宜，结果赞成出兵者满朝不过三四人，主流的反对理由是忧虑进军路途过远。康熙帝力排众议，决意出师亲征。

为了对付噶尔丹这区区一万战兵，康熙帝这一次动员的军队甚至超过乌兰布通之战，仅作战部队就达到了十万人，总兵力则接近十五万人，大有狮子搏兔、志在必得之势。

康熙三十五年（1696年）二月，康熙帝出师亲征，为了毕其功于一役，分三路出兵：中路军由康熙帝亲自统率，直指克鲁伦河；西路军由费扬古统率，分别从宁夏、归化两路出发，会师后截断噶尔丹退路；东路由黑龙江将军萨布素统率。康熙帝的计划是，用绝对优势兵力分三路实施大纵深的战略包围，使"往来飘忽，踪迹无常"的噶尔丹无所遁形。

与乌尔会河和乌兰布通这两战相比，此战是真正的远征。前两个作战区域都在内蒙古境内，乌兰布通距离北京更是仅有七百里，而此战的进军地点克鲁伦河距离北京近两千里。很显然，噶尔丹虽号称南下，但自知兵力有限，不敢像乌兰布通之战一样深入清朝统治腹地，而是吸引清军远距离出击，力图形成以逸待劳之势。但噶尔丹还是太乐观了，考虑到清、准两军此时的巨大实力差距，此战唯一的悬念其实在于清军能否抓到噶尔丹的主力，乃至全歼准军。

在历史上，草原民族应对中原王朝北伐，最佳策略其实就是避而不战。中原远征军劳而无功几次，就无力组织下一次北伐了。比如在朱棣的五次北伐中，后三次都没有碰到蒙古军。当然，如果康熙帝像汉武帝那样，出塞时兵分几路，碰见草原骑兵的概率自然会高上数倍，但这样做的风险是，又有可能会被草原骑兵各个击破。也就是说，本土作战的草原骑兵无论兵力多寡，大体上掌握了战场的主动权，可任意选择战还是跑：只要发现对方是主力出击，撒腿跑就得了，反正战马不足的中原军队也追不上；万一发现对方是一支偏师，果断围歼就是了。

但此战的特殊性有两点：第一，清军在兵力上优势过于明显，几乎达到了 10∶1，即使没有实现"分进合击"，清军任何一路的硬实力都不逊于准军，中、西两路更是数倍于噶尔丹军。第二，由于清帝国的多元性，清军的战马资源极其充裕。据说昭莫多之战动员的战马接近三十万匹，几乎是一人三马的奢侈配置，在机动性上并不逊于准军，足以应付数千里的远征。

和乌兰布通之战相似的是，最终在昭莫多（今蒙古国乌兰巴托市西南）真正和噶尔丹交上火的其实也只有西路军一支。这次康熙帝亲征的中路军倒是一直没提前撤，但噶尔丹闻风逃遁，只是运气不好，还是被西路军逮到了。

康熙三十五年（1696年）五月十三日，当费扬古率领的西路军的一部在昭莫多遭遇准军时，费扬古手中的兵力仅有一万四千人。真正意义上的昭莫多之战，不是什么十万打一万，就是这一万四千清军对阵一万准噶尔军。有说法称，西路军这一部此时已断粮多日。

战斗一打响，宁夏总兵殷化行力谏费扬古先据小山："从来用兵，高处不宜让敌。"费扬古采纳了其建议，随即派兵抢占山顶，刚到山顶，发现准噶尔军也从另一侧登至半山。这座小山头的争夺战由此成为昭莫多之战的主战场。居高临下的清军充分发挥了火器优势，用包括子母炮在内的各种轻型火炮，以及火绳枪，对着攻山的准噶尔军进行密集轰击。危急时刻，噶尔丹和其妻阿努杀红了眼，冒炮矢，舍骑而斗。两军从中午战至傍晚，准军竟然在地形、火力、兵力都不如清军的情况下，"击伤相当，胜负未决"，足以显示这是一支值得康熙帝充分重视的强军。

此时，费扬古再次采纳殷化行的建议，动用两支奇兵，一支横冲入阵，一支袭准军辎重，加上正面部队，三路夹击。本就是苦苦支撑的准军立即阵脚大乱，乱战中，噶尔丹妻子阿努被鸟枪击杀，"金铠黄袍横尸道左"，噶尔丹仅率数十骑突围而走。此战准军被歼两千余人，被俘两千人。

昭莫多之战后，噶尔丹虽然撑了近一年，但已是冢中枯骨，对康熙帝而言就是一个可追可纵的流寇而已。

康熙帝此番亲征，从京城到克鲁伦河，来回总共九十八天，行程四千里，击溃了清帝国最危险的敌人。有学者将此行定义为"康熙之路"，"京城到克鲁伦河，确实是一条艰难的道路，然而也是大清王朝的康熙之路"。①但这也正是中国火器走向衰落的"康熙之路"。正是从康熙帝平定噶尔丹开始,清帝国周边再无可以危及其政权生存的竞争对手。康熙帝以降,各帝对民间私造火器做了种种严格的规定,"火器事业渐不复如前受到重视","中国火器在17世纪末期后逐渐衰落,甚至有所倒退"。②

康熙五十四年(1715年),山西总兵上言奏请自行捐造子母炮,康熙帝严令禁止:"子母炮系八旗火器,各省概造,断乎不可!"

乾隆三十九年(1774)年,乾隆帝规定:"私藏火炮及私造鸟枪者,系官革职,兵丁鞭一百革退,火炮鸟枪俱入官。"

"自10世纪发明火器以来,清朝对火器的限制是历朝中最为苛刻的。"在康熙时期,中国火器抵达了前所未有的巅峰时刻,但也正是在康熙时期,中国火器盛极而衰,"清朝自康熙平定噶尔丹以后,不但禁止进行火器研制,甚至将前代关于兵器的书籍列为禁书,致使火器知识失去传承……自南怀仁的《神威图说》和《穷理学》发表之后,直至鸦片战争以前,近一个半世纪内竟没有一本论及火器的兵书问世"。③

所谓的"康熙之路",也是通往鸦片战争之路。

---

① 齐木德道尔吉《康熙之路:纪康熙皇帝首次亲征噶尔丹》,《蒙古史研究》第六辑,2000年版,179—199页。
② 李婷婷、朱亚宗《中国火器落后于西方的时间节点及原因初探》,《自然辩证法通讯》,2009年第2期,70—74页。
③ 李婷婷、朱亚宗《中国火器落后于西方的时间节点及原因初探》,《自然辩证法通讯》,2009年第2期,70—74页。

主要参考书目

古籍

［汉］司马迁撰：《史记》，中华书局，2014年8月版

［汉］刘向集录：《战国策》，上海古籍出版社，1998年3月版

［汉］班固撰：《汉书》，中华书局，1962年6月版

［晋］陈寿撰，［南朝宋］裴松之注：《三国志》，中华书局，2011年10月版

［后晋］刘昫等撰：《旧唐书》，中华书局，1975年5月版

［宋］欧阳修、宋祁等撰：《新唐书》，中华书局，1975年2月版

［宋］司马光编著：《资治通鉴》，中华书局，1956年6月版

［元］脱脱等撰：《宋史》，中华书局，1985年6月版

［元］脱脱等撰：《金史》，中华书局，2019年11月版

［明］宋濂等撰：《元史》，中华书局，2016年3月版

［清］张廷玉等撰：《明史》，中华书局，2015年5月版

［明］王在晋撰：《三朝辽事实录》，全国图书馆缩微文献复制中心，2002年1月版

［清］计六奇撰：《明季北略》，中华书局，2012年6月版

［清］谷应泰撰：《明史纪事本末》，中华书局，2018年10月版

近人论著：

李硕著：《南北战争三百年：中国4—6世纪的军事与政权》，上海人民出版社，2018年1月版

［美］威廉·麦克尼尔著，孙岳译：《竞逐富强：公元1000年以来的技术、军事与社会》，中信出版社，2020年12月版

杨泓、李力著：《中国古兵二十讲（插图珍藏本）》，生活·读书·新知三联书店，2013年1月版

杨泓著：《古代兵器通论》，《中国考古文物通论》，紫禁城出版社，2005年12月版

军事科学院主编：《战国军事史》，《中国军事通史》，军事科学出版社，1998年10月版

宋杰著：《先秦战略地理研究》，首都师范大学出版社，1999年7月版

杨宽著：《战国史》，上海人民出版社，2016年7月版

陈恩林著：《先秦军事制度研究》，吉林文史出版社，1991年10月版

刘勃著：《战国歧途》，百花文艺出版社，2019年5月版

钮先钟著：《中国历史中的决定性会战》，安徽教育出版社，2005年1月版

李开元著：《楚亡：从项羽到韩信》，生活·读书·新知三联书店，2015年5月版

辛德勇著：《历史的空间与空间的历史：中国历史地理与地理学史研究》，北京师范大学出版社，2005年1月版

军事科学院主编：《西汉军事史》，《中国军事通史》，军事科学出版社，1998年10月版

郭建龙著：《中央帝国的军事密码》，鹭江出版社，2019年9月版

［美］费正清、［美］小弗兰克·A.基尔曼编著，陈少卿译：《古代中国的战争之道》，民主与建设出版社，2019年8月版

［日］泽田勳著，王庆宪译：《匈奴：古代游牧国家的兴亡》，内蒙古人民出版社，2010年12月版

［法］勒内·格鲁塞著，蓝琪译：《草原帝国》，商务印书馆，1998年5月版

［美］狄宇宙著，贺严、高书文译：《古代中国与其强邻：东亚历史上游牧力量的兴起》，中国社会科学出版社，2010年9月版

［美］托马斯·巴菲尔德著，袁剑译：《危险的边疆：游牧帝国与中国》，江苏人民出版社，2011年7月版

宋杰著：《三国兵争要地与攻守战略研究》，中华书局，2019年1月版

史念海著：《河山集》，生活·读书·新知三联书店，1963年9月版

田余庆著：《秦汉魏晋史探微（重订本）》，中华书局，2004年2月版

田余庆著：《东晋门阀政治》，北京大学出版社，2012年4月版

台湾三军大学编著：《中国历代战争史：三国》，中信出版社，2013年1月版

饶胜文著：《大汉帝国在巴蜀：蜀汉天命的振扬与沉坠》，中国文史出版社，2016年12月版

何兹全著：《三国史》，北京师范大学出版社，1994年10月版

苏小华著：《北镇势力与北朝政治文化》，中国社会科学出版社，2012年10月版

军事科学院主编：《两晋南北朝军事史》，《中国军事通史》，军事科学出版社，1998年10月版

王永兴著：《唐代前期军事史略论稿》，昆仑出版社，2003年4月版

汪篯著：《汉唐史论稿》，北京大学出版社，1992年12月版

赵克尧、许道勋著：《唐太宗传》，人民出版社，2015年4月版

韩昇著：《东亚世界形成史论（增订版）》，中国方正出版社，2015年5月版

[加]王贞平著，贾永会译：《多极亚洲中的唐朝》，上海文化出版社，2020年6月版

邓广铭著：《岳飞传》，生活·读书·新知三联书店，2007年3月版

邓广铭著：《邓广铭治史丛稿》，北京大学出版社，1997年6月版

王曾瑜著：《尽忠报国：岳飞新传》，河北人民出版社，2007年10月版

顾宏义著：《细说岳飞》，华中科技大学出版社，2017年9月版

顾宏义著：《天裂：十二世纪宋金和战实录》，上海书店出版社，2012年3月版

王曾瑜著：《辽金军制》，河北大学出版社，2011年1月版

曾瑞龙著：《经略幽燕：宋辽战争军事灾难的战略分析》，浙江大学出版社，2019年7月版

曾瑞龙著：《拓边西北：北宋中后期对夏战争研究》，浙江大学出版社，2019年7月版

军事科学院主编：《南宋军事史》，《中国军事通史》，军事科学出版社，1998年10月版

刘浦江著：《松漠之间：辽金契丹女真史研究》，中华书局，2008年7月版

［日］三上次男著，金启琮译：《金代女真研究》，黑龙江人民出版社，1984年2月版

陶晋生著：《女真史论》，台湾食货出版社，1981年4月版

［美］梅天穆著，马晓林、求芝蓉译：《世界历史上的蒙古征服》，民主与建设出版社，2017年10月版

［德］克劳塞维茨著，张蕾芳译：《战争论》，译林出版社，2012年6月版

［美］T.N.杜普伊著，严瑞池、李志兴等译：《武器和战争的演变》，军事科学出版社，1985年6月版

［英］J.F.C.富勒著，胡毅秉译：《第二次世界大战史：战略与战术》，台海出版社，2018年6月版

王兆春著：《中国火器史》，军事科学出版社，1991年3月版

李新锋著：《明前期军事制度研究》，北京大学出版社，2016年3月版

商传著：《明成祖大传》，中华书局，2018年1月版

军事科学院主编：《明代军事史》，《中国军事通史》，军事科学出版社，1998年10月版

李伯重著：《火枪与账簿：早期经济全球化时代的中国与东亚

世界》，生活·读书·新知三联书店，2017年1月版

［美］石康著，周思成译：《龙头蛇尾：明代中国与第一次东亚大战：1592—1598》，民主与建设出版社，2023年12月版

［加］塞缪尔·霍利著，方宇译：《壬辰战争》，民主与建设出版社，2019年7月版

黄一农著：《红夷大炮与明清战争》，四川人民出版社，2022年7月版

樊树志著：《重写晚明史：内忧与外患》，中华书局，2019年4月版

阎崇年著：《袁崇焕传》，中华书局，2005年10月版

王育成著：《火器史话》，《中国史话·物质文明系列》，社会科学文献出版社，2011年12月版

滕绍箴著：《三藩史略》（下），中国社会科学出版社，2008年1月版

李治亭著：《吴三桂大传》，江苏教育出版社，2005年9月版

蒋兆成、王日根著：《康熙传》，人民出版社，1998年7月版

军事科学院主编：《清前期军事史》，《中国军事通史》，军事科学出版社，1998年10月版

［美］欧阳泰著，张孝铎译：《从丹药到枪炮：世界史上的中国军事格局》，中信出版社，2019年3月版

［美］欧阳泰著，陈信宏译：《1661，决战热兰遮：中国对西方的第一次胜利》（1641—1850），九州出版社，2014年6月版

［美］弗·阿·戈尔德著，陈铭康、严四光译：《俄国在太平洋的扩张》，商务印书馆，1981年3月版

［英］拉文斯坦著，陈霞飞译，陈泽宪校：《俄国人在黑龙江》，商务印书馆，1974年11月版

［苏］谢·弗·巴赫鲁申著，郝建恒、高文风译：《哥萨克在黑龙江上》，商务印书馆，1975年7月版

黑龙著：《准噶尔蒙古与清朝关系史研究（1672—1697）》，上海古籍出版社，2015年3月版

［日］宫胁淳子著，晓克译：《最好的游牧帝国：准噶尔部的兴亡》，内蒙古人民出版社，2005年4月版

［俄］伊·亚·兹特拉金著，马曼丽译：《准噶尔汗国史》，商务印书馆，1980年12月版

袁灿兴著：《清代准噶尔史话》，社会科学文献出版社，2018年1月版

后　记

这本书初版于2020年，原先的书名是《纸上谈兵》。

那时，我们周遭的世界基本上还是和平的，战争离我们似乎还很远；而在《大争之世：改变古代中国的十五次战争》出版的当下，这个世界正同时面临着两场大规模军事冲突：一场在中东，一场在东欧。

因此在大幅修订这本书时，我的心境与几年前迥然有异。那时候我对战争的态度多少还是有些轻浮的，而当下则是充满敬畏，对"兵者，凶器也"这句话有了更深的理解。

名为"修订"，但这本书几乎算是重新创作：不仅新写了两章（《唐灭高句丽：七十年的持久战》《万历朝鲜战争：东亚火器争霸赛》），对原本的章节也大幅删改，增添了很多引注，让这本书看起来更厚重，引据也更加可靠。

《大争之世：改变古代中国的十五次战争》与《纸上谈兵》的关系与其说是内容上的增订，不如说是精神脉络上的传承。

这本书保留了当时写作的初心，我当时在《纸上谈兵·后记》中写道：

> 对于很多国人来说，他们对中国古代战争的理解恐怕至今仍然没有超越《三国演义》《水浒》《说唐》和《说岳》这

些古典小说所建构的"平行世界"……大多数人和曾经的我一样,已经知道小说里描写的战争场面不靠谱,但中国古代战争究竟怎么打,还是不知道怎么回事。但不知道一点都不丢人,中国历朝历代的史官也未必搞得清楚,而那些搞得清楚的古代武将,又大都没文化,没什么机会记下来传世。

我也很喜欢看《说唐》《说岳》一类古典小说,至今也对其中的战争场面如数家珍,但我们必须明白,这些描写和真正的战争场面是完全不一样的。真正的古代战争,没有那么多"奇谋",没有那么多"羽扇纶巾",没有那么多"武将单挑",更没有那么多的传奇桥段。

战争的底色,始终是残酷而血腥的。如果身处古代战场,你听到更多的会是绝望的嘶叫,看到更多的是尸横遍野、流血漂橹。

不知道古代战争是怎么打的,就有可能滑入一个将战争演义化、传说化,乃至浪漫化的误区。

这背后的逻辑,与抗战"神剧"的危害差不多。如果一个人想到战争、提到战争时的第一印象是热血沸腾、豪情万丈,而不是残酷与悲悯,那么他很可能就不知道何谓真正的战争。

中国古代战争史,长期被谣言、传说、文人的想象、似是而非的史实所裹挟,即使在正史中这些谣言和想象也俯拾皆是。比如说战争中的兵力,正史中动辄是"带甲百万",但"十万""百万"这样的数字很大程度是虚数,并不能当真。

不把古代战争中一些有违基本常识的"史实"厘清,又怎么能做到客观认识战争,乃至客观认识历史呢?

就像伟大的反战小说《西线无战事》一样，研究战争史，阅读战争史，写作战争史，最终的目的都是使人敬畏战争。

谨以《西线无战事》的卷首语作为本书的结语：

我只是试着描写被战争毁掉的一代人——即使他们躲过了炮弹。

图书在版编目（CIP）数据

大争之世：改变古代中国的十五次战争 / 张明扬著.
成都：天地出版社，2025. 4 -- ISBN 978-7-5455
-8848-4

Ⅰ．E291-49

中国国家版本馆CIP数据核字第2025J94C86号

DAZHENGZHISHI：GAIBIAN GUDAI ZHONGGUO DE SHIWUCI ZHANZHENG
大争之世：改变古代中国的十五次战争

出 品 人	陈小雨　杨　政
作　　者	张明扬
责任编辑	魏姗姗
责任校对	曾孝莉
装帧设计	东合社
责任印制	王学锋

出版发行	天地出版社
	（成都市锦江区三色路238号 邮政编码：610023）
	（北京市方庄芳群园3区3号 邮政编码：100078）
网　　址	www.tiandiph.com
电子邮箱	tianditg@163.com
经　　销	新华文轩出版传媒股份有限公司

印　　刷	北京文昌阁彩色印刷有限责任公司
版　　次	2025年4月第1版
印　　次	2025年4月第1次印刷
开　　本	880mm×1230mm 1/32
印　　张	12.5
插　　页	16p
字　　数	279千字
定　　价	88.00元
书　　号	ISBN 978-7-5455-8848-4

版权所有◆违者必究

咨询电话：(028) 86361282（总编室）
购书热线：(010) 67693207（营销中心）

如有印装错误，请与本社联系调换

凡本書首創文字，分按乙法辦理

天喜文化